참사람의 행복연습

참사람의 행복연습

광원 환성 지음

들어가는 말

참 부끄럽다.

그간의 삶을 책으로 엮어보려 하니 드러내 보일만한 그 무엇도 찾아낼 수 없으니 부끄럽다. 인생살이 칠십 평생을 돌아보아도, 시주밥 축내기 반백년을 들추어보아도 내세울만한 것이 철저히 없는 꼴이라니……

이 글은 수필도 되지 못하고 산문도 아니고 더 더구나 법문집도 되지 못한다.

산골 절 주지 살면서 신도들에게 막연한 의무감으로 매월 보내는 소식지에 게재했던 이야기들을 모은 평범한 글들이다.

이렇게 무엇도 아녀서 부끄러운 글을 굳이 책으로 엮은 이유는 있다. 다수의 신도들이 책으로 내면 좋겠다는 부추김과 수년전부터 출판비용 걱정 말라시는 노거사님의 청을 거절하지 못함이다.

작은 기대도 있다.

단 한 분의 독자에게라도 어느 한편의 글이 유의미한 메시지가 될 수 있지 않을까 하는 기대다.

그렇게만 되어도 많은 부끄러움을 무릅쓸 만 하다는

마음이다.

모든 글들은 자기체험의 말일 수도 있고 혹은 남의 말들, 다양한 이웃 정보들을 조합하고 윤색한 것일 수도 있다고 생각한다.

산승이 조합한 글 가운데 가장 잘 되었다고 생각하는 언어가 있어 들어가는 말에 가름하고자 한다.

> "마음은 모든 일의 근본
> 세상만사 이놈의 조화라
> 오늘의 내 모습 이놈의 어제 그림자
> 오늘의 요동친 맘 내일의 내 모습
> 한 번 착하면 만 년 행복
> 한 번 악하면 만 년 불행"

이 기회에 산승이 중이게 해주신 부모님 스승님들 도반 단월 그리고 출판의 마음을 끌어내어 주신 노거사님과 불자 여러분께 감사드린다.

아울러 흐트러진 글들을 잘 편집해 주신 불교수행서적 전문출판사 비움과소통 대표 慈航거사님께도 심심한 감사드린다. 나무아미타불!

세존응화 2643년 기해 11월17일 아미타불탄신일
世宗永平 病衲 光源幻惺 두손모음

목 차

들어가는 말   4

제 1부. 마음 닦기

보는 자가 부처라   13
샛별을 본 곳은 어디인가?   18
나고죽음 없음을 알라   25
본래 마음을 회복합시다   31
마음을 밝힙시다   33
이미 부처님이시니   37
나무를 보라   43
낙엽은 뿌리로 돌아간다   46
마음 밭을 가꾸자   50
쉬어갑시다   55
주시자가 되라   57
동지팥죽 공양법   62
스승님! 그립습니다   67
당신은 '유아독존'의 귀한 존재   71
당신이 부처님이십니다   78
당신 삶의 섣달그믐은 언제?   81
'나' 찾는 일, 행복 얻는 일   87
나는 내가 만든 작품이다   93

제 2부. 참회와 공덕 닦기

참회 · 서원합니다   100
지혜로운 생활   108

지옥 가는 법, 극락 가는 법　113

종자불실種子不失　116

부자 되는 법　122

무슨 권리로?　129

음덕陰德을 쌓아야　136

등불을 켜는 바른 마음　140

등공양은 진정한 행복의 불씨　147

뺏고 훔친 중죄, 지심참회　156

간병은 큰 공덕이 된다　161

천년을 누릴 행복의 씨앗　168

부처님 행동을 따라서 연습하자　176

부처님 은혜에 보답하는 보살불교운동　186

포교는 최고의 공덕 닦기　192

선행원력善行願力을 공양 올리자　197

인생은 부메랑인 것을!　202

제 3부. 큰 사랑의 실천, 행복연습

이대로 행복합니다　208

절대 긍정의 사랑　210

큰 사랑의 마음　212

천년행복千年幸福　219

만년행복　227

행복의 방법　236

당신은 무엇 때문에 언짢은지요　242

어떻게 변화시킬 것인가　246

나누면 행복해집니다   251
좋은 말만 합시다   256
정신의 새마을 운동을 일으키자   263
원력의 삶을!   268
기분 좋음이 행복   274
모두 놓아버리자   276
멸사봉공滅私奉公은 부처님의 삶   280
인디언의 지혜   284
부처님의 효   290
효도 어떻게 할 것인가?   296
효심불심   303

제 4부. 무량광명의 노래

오직 참 '나'에 살분!   310
극락정토 가렵니다   312
부설거사 4허부구게虛浮漚偈   320
뿔 달린 호랑이   326
어서 오소서   330
사랑은 아픔이다   332
仙母花(구절초 꽃)   333
仙母花   335
구절초 꽃   337
방생은 윤회의 고리를 끊는 일   339
행복의 실천 강령   346

맺는 글 : 불멸의 행복이란 무엇인가   352

南無阿彌陀佛

세상을 구함이 가장 시급하다(救世最急)는 것은

말세 중생은 근기가 우둔하고 장애가 깊어

해탈과 선정을 매우 얻기 어려우니,

부처님이 큰 자비로 이 정토문을 열어

생사를 가로질러 절단하고 급히 중생을 구원하시니,

오직 힘이 미치지 못할까만 걱정한 까닭에

간청을 기다릴 여유가 없었던 것이다.

－운서주굉, '불설아미타경소초'

제 1부. 마음 닦기

이 주장자를 보십니까?
보는 그것, 능히 볼 줄 아는 그것이 부처입니다.
이 주장자 내려치는, 이 소리를 들었습니까?
듣는 그것, 능히 들을 줄 아는 그것이 부처입니다.
선을 선택합니다. 능히 선을 선택할 줄 아는 그것이 부처입니다.
악을 버립니다. 능히 악을 버릴 줄 아는 그것이 부처입니다.
나와 모든 이웃 생명이 지금 이대로 부처님이십니다.
당신이 부처임을 깊이 믿어 진실로 공경합니다.

二千七가을
將軍山
永平寺를
그리다
素岩

조희성 作

보는 자가 부처라

(주장자를 들어 보이며) 보셨습니까?
보는 그것, 능히 볼 줄 아는 그것이 부처입니다.
(주장자를 내려치고) 들었습니까?
듣는 그것, 능히 들을 줄 아는 그것이 부처입니다.
선을 선택합니다. 능히 선을 선택할 줄 아는 그것이
부처입니다.
악을 버립니다. 능히 악을 버릴 줄 아는 그것이 부처
입니다.

불기 2560년, 제 2640회 부처님오신날을 봉축하는 사
부대중 여러분! 우리 모두 함께 마음을 모아 공동선언
으로 부처님이 가장 좋아하실 생신선물을 드립시다.

합장하시고 따라하십니다.

나와 모든 이웃생명이 지금 이대로 부처님이십니다.
옆에 분과 덕담을 나눕니다.
당신이 부처임을 깊이 믿어 진실로 공경합니다.
공중을 향하여 공중의 모든 생명들에게 전합니다.
하늘을 날아다니는 당신들도 부처임에 틀림없으므로 진
실로 공경합니다.

땅을 향하여 모든 생명들에게 전합니다.
땅 속에 살거나 땅위를 기고 걷고 뛰어다니는 당신들도
부처임에 분명하므로 진실로 공경합니다.
물을 향하여 모든 생명들에게 전합니다.
강 호수 바다에 유유히 헤엄치거나 시궁창에 꼼지락거
리는 당신들도 부처임에 틀림없으므로 진실로 공경합니
다.

부처님께서는 이 사실, 모든 생명이 부처라는 이 사실
을 깨우쳐 주시기 위하여 사바세계에 일부러 오셨습니
다. 자기가 부처임을 자각해야 참삶을 알게 되고 참다
운 삶을 살아야 진정한 행복을 얻게 되고 진정한 행복
을 얻은 자만이 세계평화를 노래할 수 있기 때문입니
다.

사부대중 여러분! 절대로 망각하지 마십시오.

당신이 부처요, 모든 이웃생명들이 조금도 부족함이 없
는 참 부처님임을 절대로 망각하지 마십시오. 그리고
이후의 삶을 '범부중생이라는 착각에서도 깨어나고, 원
죄가 있다는 어리석음'도 내려놓고 당당한 부처로 살아
갑시다.

모든 이웃생명을 나의 생명처럼 사랑하고 살려내는 일
이 부처행이니, 그렇게 하는 당신 행복이 무궁할 것이
요, 이웃생명을 괴롭히고 목숨을 빼앗는 일이 중생놀음
이니 그렇게 하는 당신 고통이 한량없을 것입니다.

모든 이웃이 물질적 풍요를 얻고 사회적 지위를 얻도

록 돕는 일이 부처행이니 그렇게 하는 당신 부귀공명 끊임없을 것이며, 이웃의 부를 빼앗거나 훔치고 출세를 방해하는 일 중생놀음이니 그렇게 하는 당신 빈천하열 을 면하지 못할 것입니다.

이성교제에 있어 순결과 정조를 지키는 일이 부처행이 니 그렇게 하는 당신 가정의 평화와 행복이 무궁할 것 이요, 성도덕을 문란 시키는 일 중생놀음이니 그렇게 하는 당신 가정의 화목은 기대할 수 없을 것입니다.

진실한 말, 이익 되는 말, 화합시키는 말, 허물과 비밀 을 덮어주는 덕스러운 말 등 건전한 언어를 쓰는 일이 부처의 언행이니 그렇게 하는 당신, 신의 사회를 선도 하여 가는 곳마다 환영 받을 것이요, 거짓말 꾸며대는 말 이간의 말 악담험담 등 불건전한 언어를 쓰는 일 중생놀음이니 그렇게 하는 당신 신뢰를 잃어 설 자리 가 없게 될 것입니다.

술이나 향정신성 물질을 멀리하는 일 부처행이니 그렇 게 하는 당신 총명지혜를 얻어 뭇 중생을 제도할 것이 요, 음주와 향정신성 물질을 가까이하는 일 중생놀음이 니 그렇게 하는 당신 암흑의 세계로 향할 것입니다.

자! 이제 부처의 삶과 범부중생의 삶 가운데 하나를 선택하십시오. 선택의 권한은 전적으로 자기의 주인인 자신에게 있습니다.

산승은 서슴치 않고 부처의 삶을 선택하겠습니다.

대중 여러분도 그러하시겠죠?

예, 좋습니다. 2640회 부처님오신날 부처의 삶을 선택하신 세종시민과 불자 여러분이 부처님께서 가장 기뻐하실 생신 선물을 드렸습니다.

부처의 행을 선택하신 당신, 태어날 적마다 부귀공명 무병장수 만사형통 무량행복이 연속될 것입니다.

오늘 참으로 좋고 좋습니다.

나무아미타불!

샛별을 본 곳은 어디인가?

성불하십시오. 성불하셨습니다.

오늘 이 법회는, 동참대중은 물론 일체 유정무정이 2600여 년 전 섣달 초여드렛날 카필라국의 태자 싯다르타와 함께 성불하였다는 사실을 확인하는 뜻 깊은 자리입니다.

불교에는 4대 명절 즉 네 개의 큰 기념일이 있습니다.

날짜 순서로 살펴보면, 2월8일은 인도 카필라국의 싯다르타 태자가 결정되어 있는 제왕의 권좌와 부귀영화를 버리고 진정한 행복, 일체중생의 행복을 찾아 야반도주한 출가일(出家日)입니다. 2월15일은 태자로써 호화로운 궁중생활 29년, 수행자로 혹독한 고행 6년, 부처님으로 중생제도 하시기 45년, 이렇게 드라마 같은 80년의 생애를 접고 열반에 드신 열반일(涅槃日)입니다. 4월8일은 지구촌에서 가장 덕스럽고 깨끗한 품성을 지닌 카필라의 국왕 정반왕과 왕비 마야부인을 부모로 선택하여 중생의 몸으로 오신 탄신일(誕辰日)이며, 12월8일은 도를 이루신 성도일(成道日)이 그것입니다. 이 가운데 부처님 되신 성도일은 가장 뜻 깊은 기념일이지요.

싯다르타가 도를 이루지 못했다면, 부처님이 되시지 못

했더라면 일개 태자의 생일이나 국왕의 죽음 혹은 그 생애 따위를 많은 사람들이 기억해야할 하등의 이유가 없었겠지만 부처님이 되심으로 말미암아 많은 사람들이 인류 최고의 스승으로 추존하면서 탄생 출가 그리고 죽음까지도 삼천년을 두고두고 성대하게 기념하는 날이 된 것입니다.

싯다르타가 도를 깨달아 부처님 되었다는 이 사실은 인류 역사상 가장 놀랍고 신선하고 긍정적인 사건입니다. 이 큰 사건, 성도가 없었다면 오늘날 인류의 삶은 어떠한 모습이었을지 가늠하기 어려울 것입니다.

싯다르타가 부처 되었다는 이 사실은 인류문명을 완전히 바꾸어 놓은 정신문명의 일대혁명적인 사건입니다.

도를 이룬 싯다르타, 즉 싯다르타가 부처 되는 그 순간 이렇게 선언하십니다.

"신기하다, 정말로 특별히 신기하도다!"

깨달은 안목으로 보니 이 세상 유정무정 일체중생이 모두 본래 부처의 지혜덕성인 깨달음의 종자를 갖추어 있구나! 부처종자를 갖추고 있구나!

나는 이미 이룬 부처요 나머지 중생들은 앞으로 이룰 부처로구나! 내가 깨닫지 못했을 때는 생사고통에 헤매는 중생인 줄 알았는데 깨닫고 보니 생명 있는 것이거나 생명 없는 것이거나 모두 부처이건만 다만 삼독번뇌로 덮여 스스로 알지 못할 뿐이구나!

모든 중생이 앞으로 이룰 부처라는 이 말은 중생이 중

생이 아니라 이미 부처로써 일체중생이 평등하여 차별이 없다는 의미이며 일체중생의 무한가능성을 천명하신 것입니다. 또한 모든 중생은 부처를 지향하고 있어 시간적 차이는 있을 지언정 부처 되지 못할 중생은 없다는 희망의 메시지입니다.

21세기 첨단과학의 시대에도 인류 가운데 많은 사람들이 미지의 신, 아직도 확인 되지 않는 신에게 삶의 전반을 의존하고 있지만 그 당시의 사람들은 우주 삼라만상을 어느 신이 창조하고 조정한다고 믿어 그 신에 예속되어 있는 종으로 생각하였습니다. 더 웃지 못할 일은 그 신의 피조물인 사람들은 다시 하늘신 땅신 태양신 달신 별신 바다신 강신 산신 불신 바위신 등 가지가지 신들을 창조하고 자기들이 만들어 놓은 그 신에게 매달려 복을 구걸하고 구원을 구걸하는 암흑의 시대였습니다.

그러한 시대에 중생이 모두 부처된다는 이 말은 가히 폭탄과도 같은 선언이었습니다. 자기가 자기의 주인으로서 자기의 삶은 전적으로 자기의 책임인 줄 알아 조상에게도 신에게도 의존하지 않고 행복도 불행도 자기가 만드는 것인 줄 알게 되었으니, 혁명적인 사건이 아닐 수 없는 것입니다.

행·불행이 자신의 노력의 결과이며 신분의 귀천도 자기행위의 문제임을 알게 되어 주체적인 삶을 살게 되었습니다.

인류는 비로소 신에 의존하던 신본주의(神本主義)에서 인본주의(人本主義)로 정신문명의 전환을 이루게 되었고, 중생마다 자기가 자기의 주인임을 알게 하는 부처의 종자를 갖추고 있다는 사실을 설파한 석가모니 부처님을 인류 최고의 스승으로 기록하는데 그 누구도 이의 제기를 하지 못하게 되었습니다.

그러면 그 부처의 지혜덕성, 부처 종자는 무엇인가를 알아야 합니다. 산승이 아주 친절하게, 아주 쉽게 알려 드리겠습니다.

싯다르타 태자가 6년 고행 끝에 35세 되는 섣달 초여드렛날 새벽에 찬연히 떠오르는 샛별을 보는 순간 진리를 깨달아 부처님이 되셨다 합니다.

그러면 싯다르타가 샛별을 본 곳은 어디 이겠습니까?

어느 곳에서 샛별을 보았을까요?

싯다르타가 샛별을 본 곳, 그곳이 바로 부처의 종자, 깨달음의 종자입니다.

어렵습니까? 모르겠습니까? 그러면 더 쉬운 방편을 보이겠습니다.

몸을 전후좌우로 흔들어 긴장을 풀어주고 심호흡을 하십니다. 심호흡을 하시면서 들숨날숨을 한순간도 놓치지 아니하고 온전히 느낍니다. 온전히 느낍니다.

들숨날숨을 온전히 느낄 줄 아는, '아'는 이것은 무엇입니까?

느낄 줄 '아'는 그것이 부처종자입니다.

섣불리 마음이라고 말하지 마십시오. 마음이라고 말하

는 즉시 영원히 흑암지옥에 떨어지게 되리니 삼가십시오.

이 부처의 지혜덕성을 본 사람, 깨닫는 종자를 본 사람을 부처라 하며 부처는 가장 참된 사람, 가장 자유로운 사람, 가장 행복한 사람이니 우리 모두 하루 속히 부처님이 되어 부처로 살아야 합니다.

부처가 된 사람의 삶은 참(眞)됩니다. 부처의 종자, 깨달음의 종자를 다른 말로 표현하면 참(眞)이라 할 수 있습니다. 참은 진리입니다. 부처는 진리대로 삽니다.

부처가 된 사람의 삶은 자유롭습니다. 자유란 조화(造化)입니다. 모든 이웃과 잘 어울리는 자유가 진정한 자유입니다.

부처가 된 사람의 삶은 행복합니다. 진리대로 살고 모든 이웃과 잘 어울려 일체중생의 행복을 도우니 진정한 행복입니다.

모든 생명들의 삶의 목적은 행복입니다. 신분여하 생명의 종을 막론하고 아무리 고상한 이상을 가졌다 해도 그 목적은 결론적으로 행복이라는 것 그 이상도 이하도 아닙니다.

행복추구라는 차원에서 보면 사람의 몸부림이나 파리모기의 날갯짓이 아무런 차이가 없는 것입니다.

싯다르타의 출가도 바로 그 행복, 일체중생의 행복을 찾아서 길을 떠난 것입니다.

국왕의 권좌가 결정되어 있었으니 상식적으로는 행복

의 조건은 이미 충족되어 있었는데 고행의 수행길을 선택한 까닭은 그는 일찍이 죽음 앞에 권력도 재산도 그 어떠한 능력도 무기력하다는 사실을 철저히 깨달았기 때문입니다. 그리고 출가수행으로 그 죽음의 고통을 초월하여 참사람, 대 자유인, 최고의 행복자, 부처님이 되어 중생계에 큰 희망의 메시지를 주신 것입니다.

싯다르타 태자가 부처님 되심을 기념하는 성도재일 법회는 생명계의 공존공영을 이끌어갈 부처의 지혜덕성이 자신에게 갖추어 있음을 확인하는 자리여야 합니다.

이미 2600여 년 전 싯다르타 태자와 함께 성불하였음을 확인하여 참사람 부처로 살아가고자 다짐하는 자리가 되어야 합니다.

참사람 부처는 해야 할 일은 적극적으로 실천하고 해서는 안될 일은 절대로 하지 않습니다.

해야 할 일이란 나와 더불어 모든 이웃이 행복해질 일이고, 하지 말아야 할 일이란 나와 더불어 단 한 중생이라도 불행해질 일입니다. 부처의 삶과 중생의 삶이 분명해졌습니다.

불기 2560년 성도일을 봉축하는 착한 불자 여러분!

이제 선택하십시오. 선택은 순전히 각자 자기의 몫입니다. 잘 선택하시기를 간절한 마음으로 바랍니다.

나무석가모니불 나무석가모니불 나무시아본사석가모니불!

불기 2560년 성도재일 세종시불교사암연합회 합동법회

나고죽음 없음을 알라

태어난다 하니 어느 곳에서 왔으며 죽는다 하니 어느 곳으로 가는가? 태어남은 허공에 한 조각구름이 일어나는 것과 같고 죽는다는 것 또한 떠돌던 한 조각구름이 흩어지는 것과 같도다.

떠도는 구름이 본래 실체가 없듯이 나고 죽음 또한 그와 같도다. 이 가운데 한 물건이 뚜렷하고 영롱하게 드러나 시간과 공간 밖에 소요자재 하도다.

부처님의 2638회 탄신을 봉축하는 사부대중 여러분!

그리고 세월호 침몰 희생 여러 애혼 불자 영가시여!

이와 같이 모든 존재의 참 생명은 나거나 죽는 그러한 유한의 존재가 아님을 분명히 알아야 합니다. 뿐만 아니라 이 세계 우주가 생겨나고 없어지기를 억 천만 번을 거듭하더라도 여러분의 참 생명은 죽지 않습니다.

부처님께서는 2600여 년 전 지구촌의 중생 곁으로 오신 이래 장장 45년간 이 도리, 나고 죽음 없는 도리를 설하시어 전 우주 모든 중생을 편안케 하셨기에 부처님 오심을 이렇게 받들어 찬탄하고 성대하게 축하하기를 멈추지 아니하는 것입니다.

또한 세월호 희생 영가들께서는 죽음이라는 모습을 빌

려서 부처님께서 남기신 불후의 명언이며 절대 진리인 '모든 현상은 늘 변하여 오래 머물지 않는다'는, 즉 그 어느 것도 영원할 수 없다는 무상의 큰 도리를 보여 남아있는 우리들을 깨우치고 있기에 온 국민이 깊은 애도 속에 영가들을 위로하고, 2638회째 부처님 생신을 봉축하는 사부대중은 영가들이 모든 원한과 두려움의 고통에서 벗어나 극락왕생 하시거나, 인도환생 하시어 못다 이룬 꿈을 다 이루시기를 간절하게 발원하는 것입니다.

참사 희생 애혼불자 영가와 법계 유주무주 영가시어! 그리고 사부대중 여러분! 분명히 알아야 하며, 반드시 알아야만 합니다.

참 생명은 생사가 없을 뿐만 아니라 희로애락 우비고뇌도 없으며, 아무리 부귀하고 이름이 높아져도 이 참 생명을 더 귀하게 만들지는 못하며, 아무리 탐진오욕에 찌들고 빈천하열에 떨어지더라도 당신들의 참 생명은 더럽혀지거나 천박해지지 않나니 설사 지금 당장 죽는다 해도 조금도 억울할 것 없고 억만년을 더 산다 해도 더 즐거울 것도 없는 것입니다.

그러하다면 무엇을 일러 참 생명이라 하는고?

(주장자를 들고) 보십시오. 볼 줄 아는 놈, 이놈이 그것입니다.
(주장자를 한 번 내려치고) 들으셨죠? 들을 줄 아는 놈, 이것이 당신들의 참 생명입니다.

노파심으로 다시 다른 방편을 빌려 저 모기파리 등 어

별곤충으로부터 하늘의 신, 부처님에 이르기까지 평등하게 가졌으며, 각자 자기 분상에서 조금도 부족함이 없이 자유자재로 쓰고 있는 이 참 생명을 분명하게 잡으시도록 도와 드리겠습니다.

잠시 산승의 안내를 따라주시기 바랍니다.

자세를 반듯이 합니다. 눈은 가볍게 감습니다.

숨을 들이쉬면서 들숨을 알아차리고, 내쉬면서 내쉬는 줄을 알아차립니다. 들숨날숨을 한 순간도 놓치지 아니하고 알아차립니다.

들숨날숨을 온전히 알아차리면서 지금까지 염치와 체면도 불고하며 탐착해온 부귀공명은 영원하지 못하여 진실한 재산이 아님을 인식합니다.

들숨날숨을 온전히 알아차리면서 처자권속 등 아무리 사랑스러운 사람도 나의 진정한 짝이 아님을 인식합니다.

들숨날숨을 온전히 알아차리면서 김 아무개 박 아무개라고 불리어지는 이름도 자신의 참 이름이 아님을 인식합니다.

들숨날숨을 온전히 알아차리면서 남편 부인 아들딸 어머니 아버지 선생님 박사님 사장님 등등으로 불리어지는 그 어떠한 이름도 자신의 참 이름이 아님을 인식합니다.

들숨날숨을 온전히 알아차리면서 이 모든 이름 모든 현상은 참 자기의 그림자에 불과함을 인식합니다.

들숨날숨을 온전히 알아차리면서 잘생겼거나 못생겼거나 자신의 얼굴 손발 신체도 참 자기가 아니라는 사실을 인식합니다.

들숨날숨을 온전히 알아차리면서 나무아미타불을 염불합니다. 염불할 줄 아는 그놈이 당신들의 참 생명이며 만 생령, 부처와 중생의 뿌리인 참 생명입니다.

오늘은 참으로 기쁜 날입니다.

생사의 한 가운데서 나고 죽음 없는 참 생명을 바로 보여 중생의 고통을 영원히 끊어버리게 해주신 부처님 오심을 찬탄하고 축하하는 이 자리가 어찌 기쁘지 아니하며, 세월호 침몰 희생 영가님들과 법계 유주무주 여러 영가와 사부대중 모두 참 생명으로 다시 태어난 진정한 생일날이니, 이보다 더 기쁜 일은 어디에도 없습니다.

세월호 침몰 희생 여러 영가시어! 그 누구도 미워하지 마십시오. 갑작스런 죽음을 억울해하거나 두려워하지도 마십시오.

그리고 사부대중 여러분! 슬퍼하거나 괴로워하지 마십시오.

참 생명에 있어서는 나고 죽음이 없을 뿐만 아니라 미움과 사랑, 원망과 은혜, 슬픔과 기쁨, 고통과 안락도 없기 때문입니다.

2638회째 부처님오신날을 기하여 사부대중과 세월호 침몰 영가님들이 다 함께 참 생명으로 태어났으니 기

쓰고 기쁩니다. 이제 모든 시름 다 놓아버리고 참 생명으로서, 보는 자로서, 나무아미타불 염불하는 자로서 존재하십시오. 이 일이야말로 영가들께서 일시에 극락왕생하는 일이며, 법계중생이 일시에 성불하는 일이며, 중생이 이러할 때 부처님은 기뻐하시고, 부처님께서 기뻐하실 일을 해야 부처님 오심을 진정으로 봉축하는 일이 되는 것입니다.

부처님 오심을 봉축하면서 세월호 참사 희생 애혼불자의 극락왕생을 발원하시는 사부대중 여러분!

참 생명을 회복한 불자로서, 모든 이웃·생명의 평화와 행복을 도와주는 보살로 살아가자는 제언을 드리면서 법어에 가름합니다.

나무아미타불!

본래 마음을 회복합시다

부처님께서는 마음은 모든 일의 근본이며 마음의 주인은 자기여서 그 주인이 착함을 생각하면 선행이, 악함을 생각하면 악행이 이루어진다고 하시면서 마음 씀의 중요함을 말씀하셨습니다.

또 역대 조사스님들은 '중생이 곧 부처다', '중생 마음이 곧 부처 마음'이라고 하셨습니다. 이처럼 불교만큼 마음을 중요하게 여기고 많이 이야기하는 종교도 없을 것입니다. 그래서 불교는 마음의 종교라고까지 하지요.

중생심이 불심이고 마음이 부처라면 빈부귀천 남녀노소를 막론한 모든 사람이 마음이라고 마음 하는 그 마음의 본질에 있어서 동일한 것이란 결론을 얻을 수 있습니다.

저는 모든 존재의 이 동일한 마음을 '본래마음', '부처님', '하느님', '참나'라고 부릅니다. 그러면 그 마음이 어떻게 되면 중생심이 되고 어떻게 작용하면 부처마음이 될까요?

본래의 마음을 회복하면 부처마음이고, 본래마음을 등지면 중생마음이 되는데 자기를 위하는 마음, 즉 이기심 때문에 본래마음을 등져서 중생이 됩니다. 자기 몸에 얽매인 이기적인 사고를 가지면 탐내고 성내는 어리석음에 덮여 중생마음이 되고 이타적인 사고를 가지면 무한히 나누고 모두를 사랑하는 지혜가 생겨 부처마음이 됩니다.

불자님들이 "성불하십시오"라고 하는 인사말은 바로 본래마음을 회복하라는 축원의 말입니다. '당신은 부처가 될 수 있습니다', '당신은 이미 부처입니다'라고 하는 말로서 이 세상에 존재하는 어떠한 덕담보다도 덕스러운 최고의 덕담입니다. 다시 말해서 자기중심적인 삶, 개체적인 삶에서 벗어나 베풀고 사랑하는 이타적인 삶을 살자는 말이며, 모든 존재와 화합하는 일체적인 삶, 공동체적인 삶을 살자는 다짐입니다.

불자 여러분, 여러분은 이제껏 어떤 삶을 살아왔습니까? 또 앞으로는 어떤 삶을 선택할 것입니까?

나무아미타불!

불교TV 〈3분 설법〉 중

念佛憶佛 唯佛是念
그리워하고 염할지라
오직 아미타부처님만

모든 사람이 보살이고 오직 나만 범부라고 보아라.
단지 자신만 상관하고 다른 사람은 상관하지 말라.
단지 좋은 점을 볼 뿐 나쁜 점을 보지 말라.
아침부터 저녁까지 오직 부처님만 염할지라(唯佛是念).
－인광대사

오직 아미타부처님 성호만 마음에 두고
잃어버리지 않는 것이 정토교법의 핵심이다.
우리들의 평상시 기도일과는
부처님의 공덕을 자신의 공덕으로 삼아
부처님을 재연하고, 중생을 일과로 삼아
일상생활에서 여래각如來覺을 실천하는 것이다.

세종시 영평사 아미타부처님

마음을 밝힙시다

초파일이 얼마 남지 않으니 온 도량과 거리가 연등으로 장엄될 부처님오신날이 그리워집니다. 불자님들께서는 금년 부처님오신날은 어떤 마음가짐으로 등을 밝히시려는지요.

부처님이나 부모님께 감사하는 등도 있겠고, 다생겁래(多生劫來)로 저질러 온 모든 악업을 참회하는 참회의 등, 스승이나 은인, 이웃 친지들에게 보은하는 보은의 등도 있을 것입니다. 또한 건강 발원의 등, 소원 성취 발원의 등……, 이런저런 여러 의미와 발원의 연등에 온 정성을 담아 부처님께 올리겠지요.

이것 모두 훌륭한 의미의 등공양으로서, 불자님들의 업장은 모두 소멸되고 소원은 모두 원만히 성취될 것입니다. 하지만 산승은 모든 불자님들께 간곡히 권청하고자 합니다.

금년 초파일에는 다 함께 오직 마음을 밝혀 참마음을 회복하고자 하는 서원의 연등 공양을 올리도록 하십시오. 중생의 불행은 한량없는 세월 속에서 참마음을 가리는 일(악업)을 저질렀기 때문입니다.

태양은 본래 밝은 빛을 발산하지만 구름 앞에는 용맹이 없는 것과 같이 중생의 마음이 본래 부처이지만 무명(無明)의 구름에 덮여 중생살이를 거듭하는 것입니다.

마음이 어둠에 정복 당하면 불행이 있을 뿐이요, 마음이 어둠을 정복하면 영원한 행복이 있게 됩니다. 행복을 두고 불행의 길을 선택하시지는 않겠지요.

마음의 어둠이란 무엇이겠습니까?
다름 아닌 탐욕이요, 성냄이며, 어리석음입니다.
소위 말하는 탐·진·치 삼독의 구름은 어째서 생기는 것입니까?
'나', '내 것'이라고 여기는 이기심에 의존하여 삼독의 먹구름은 일어납니다.
태양을 가리는 구름은 대기의 변화에 의하여 객관적이고 자연적으로 발생하는 것이지만, 사람의 본래마음을 가리는 삼독의 먹구름은 지극히 인위적이고 주관적인 것입니다.

이기심은 아상(我相)에서 비롯됩니다.

아상! '나', '나가 있다', 이러한 인식은 중생의 착각입니다. **부처님은 "'나'가 없다', 아무리 생각해봐도 '나라고 할 만한 그 어떤 것도 존재하지 않는다'고 가르치십니다.**

눈, 귀, 코, 혀, 살갗, 힘줄, 터럭, 뼈, 골수, 내장, 정신, 그 어느 것도 '나'가 아니며 몸과 정신을 다 합친 것도 '나'라고 할 존재가 못 된다 하십니다.

눈이라 할 때 눈 자체로서 혼자 존재할 수 없기 때문입니다. 하나의 눈이 있기 위해서는 수많은 요소와 조건들이 조합되어야 하고, 그 수많은 요소들 또한 낱낱이 수많은 요소와 조건들의 조합일 뿐, 독립적인 실체로서 존재하지 않기 때문입니다. 정신 또한 육근(눈·귀·코·혀·몸·뜻)과 주변 경계가 만들어 낸 그림자일 뿐, 그 실체적 존재는 없기 때문에 '나'가 없다고 하는 것입니다. 그런데 중생은 '나'가 있는 줄 알고, 그 '나'에 집착하고, 그 '나'에게 이롭다고 느끼는 방향으로만 생각하고 행동합니다.

탐욕의 먹구름은 아상인 '나'를 위하여 무엇인가를 충족시키려는 욕구에 의해 일어나게 됩니다.

가지려고 욕심내고 노력해도 잘 안 되니까 성질을 부리는 진에(瞋恚)의 먹구름이 일어나고, 탐욕하고 성질 부려도 안 되니 온갖 비도덕적, 비양심적인 방법을 동원하는 우치(愚癡)의 먹구름을 초래하여 육도윤회의 한량없는 고통을 거듭하는 것입니다.

태양을 가리는 먹구름은 기상 변화에 따라 자연적으로 생기기도 하고 없어지기도 하지만, 참마음을 가리는 삼독의 먹구름은 중생이 알게 모르게 스스로 만듭니다.

인위적으로 만들어진 삼독이라는 먹구름은 거두어 내려는 노력이 있어야 비로소 없어집니다. 그 노력이 바로 수행입니다.

수행을 위해서는 한 가지 믿음과 세 가지 요건을 갖추어야 합니다. **한 가지 믿음이란 나의 마음은 본래 광명이라는 사실, 즉 내가 부처임을 믿는 것입니다.**

그리고 갖추어야 할 세 가지 요건은, 첫째, 지금까지 저질러 온 모든 악업에 대하여 삼보님께 지극한 마음으로 참회를 구해야 합니다. 둘째, 나와 더불어 일체중생의 마음을 밝히겠다는 서원을 세워야 합니다. 셋째, 서원을 이룰 때까지 멈추지 않고 정진하는 일입니다.

구름이 있거나 없거나 태양은 항상 광명 자체로 있듯이, 삼독의 먹장구름이 아무리 두텁게 쌓였어도 나의 참마음은 부처님의 지혜로 빛나고 있기에 밝힐 수 있는 것입니다.

불자 여러분, 금년 초파일에는 모두 자기 참마음 밝힐 서원의 등을 부처님 전에 고이고이 공양 올립시다.

참마음을 밝히지 못한다면 이웃의 행복은 물론 자신의 행복도 있을 수 없기 때문입니다.

참마음의 세계에는 '나'와 '너'가 없습니다.

참마음의 세계에서 우리는 오직 하나일 뿐입니다.

그러니 행복이 넘칩니다.

금년 초파일엔 참마음의 세계를 위하여 우리 모두 마음을 밝히는 서원의 등 공양을 올립시다.

나무아미타불!

2007년 4월 20일

이미 부처님이시니

불기 2560년 부처님 성도를 기념하는 이 뜻 깊은 법회에 함께하시는 모든 분들을 무한히 존경하고 받들겠습니다. 여러분들은 남녀노소 신분여하를 막론하고 모두 부처님이심을 깊이 믿기 때문입니다.

모든 이웃 생명을 무한히 존중하고 그들의 행복을 도와주겠습니다. 이웃 생명의 종류와 생김생김은 각기 다르지만 그 본바탕은 완전한 부처님이심을 깊이 믿기 때문입니다.

망각하지 마십시오. 이 법회의 사부대중들을 포함한 모든 이웃 생명들이 부처님이심을 절대로 망각하지 마십시오.

2,600여 년 전 인간 싯다르타는 많은 사람들의 선망의 대상이며 누구나 쟁취하고자 했던 최고의 권력을 지녔습니다. 그러나 싯다르타는 이미 정해져 있는 국왕이란 권좌를 다 떨어진 헌 신짝처럼 한 점 미련 없이 버리고, 나고, 늙고, 병들고, 죽는 생명계의 네 가지 근본고통과 사랑하고 아끼는 것들과 반드시 헤어지는 고통, 밉고 싫어하는 것들과 함께할 수밖에 없는 고통, 원하는 대로 이루어지지 않는 고통, 몸과 마음이 욕망하는 끊임없는 번뇌의 괴로움 등 일체의 고통에서 벗어난

진정한 행복, 일체중생의 조화롭고도 영원한 행복의 세계를 꿈꾸면서 출가하여 수행자가 되셨습니다.

6년간의 상상을 극하는 난행·고행도 마다하지 않는 수행을 통하여 35세 끝자락인 12월 8일 새벽 찬연히 떠오르는 샛별을 보는 순간 드디어 일체의 속박으로부터 벗어나 대해탈자유인이 되셨습니다. 일체의 고통으로부터 벗어나 대행복자가 되셨습니다.

소위 우주의 대진리를 완벽하게 깨달아 부처님이 되셨다고 말하는데 사실 '깨달았다', '부처 되었다' 하는 표현은 부처에 대한 정확한 표현이 아닙니다.

산승은 '자기가 부처임을 확인했다', '망각되었던 본래 부처를 회복했다' 이렇게 표현합니다.

어쨌든 깨닫자마자 하신 말씀은 이렇습니다.

'신기하고 기특하도다! 일체중생이 본래 부처종자를 갖추고 있구나! 나는 이미 이룬 부처요, 나머지 생명들은 앞으로 이룰 부처로다!'

유사 이래 전무한 싯다르타의 이 깨달음, 일체중생이 부처라는 이 선언이야말로 석가모니를 우주 최고의 스승으로 기록하게 한 큰 사건인 것입니다.

싯다르타의 이 위대한 깨달음의 선언으로 말미암아 그 누구도 보지 못했고 영원히 확인될 수도 없는 허구의 신, 가상의 신에게 구원을 구걸하던 인류는 가장 확실한 구원의 메시지와 무한한 가능성, 그리고 희망을 얻게 된 것입니다.

2,600여 년을 매년 봉행하고 있는 성도재일 법회는 유사 이래 가장 괄목할만한 사건, 일체중생의 중생성이 한 순간에 소멸되어 일체중생이 동시에 성불하게 된 이 행복한 사건을 기념하고 자신이 이미 부처임을 자각하는 축전입니다.

이 법회를 통하여 자신이 부처요, 일체중생이 부처종자라는 사실을 깊이 인식해야만 합니다. 자기가 본래부처요, 이웃 생명들이 부처라는 분명한 자각이 있어야만 합니다. 그리하여 이후의 삶이 부처의 삶이 되어야만 합니다.

설령 그런 인식, 그런 자각이 없더라도 일체중생이 부처라는 정보를 들은 이상 사부대중 모두 부처를 지향하게 될 것입니다.

중생의 DNA는 불성종자이기에 그렇고 모두 부처로부터 왔기에 귀소 본능적으로 부처를 지향하면서 본고향으로 갈 수밖에 없기 때문입니다.

그러면 부처종자란 어떤 것인가를 자각토록 도와드리겠습니다. 산승의 안내를 따라 주시기 바랍니다.

　자세를 가다듬고 반듯하게 앉습니다.
　눈은 가볍게 감습니다.
　숨을 깊이 들이쉬면서 들숨을 온전히 알아차리고, 숨을 길게 내쉬면서 날숨을 온전히 알아차립니다.
　들숨날숨을 한 순간도 놓치지 아니하고 온전히 알아차립니다.
　계속하여 들숨날숨을 온전히 알아차리면서 내 안에 탐

욕심이 있음을 자각합니다.
내 안에 탐욕심을 온전히 비워 버립니다.
내 안에 성냄 있음을 자각합니다.
내 안에 성냄을 온전히 비워 버립니다.
내 안에 우월감 있음을 자각합니다.
내 안에 우월감을 온전히 비워 버립니다.
내 안에 열등감 있음을 자각합니다.
내 안에 열등감을 온전히 비워 버립니다.
내 안에 잘남 못남, 예쁨 미움, 유식 무식, 돈 있음 없음, 권력 있음 없음 등 온갖 차별심 있음을 자각합니다.
내 안에 온갖 차별심을 온전히 비워 버립니다.
내 안에 거짓과 위선 있음을 자각합니다.
내 안에 거짓과 위선을 온전히 비워 버립니다.
이 모든 탐냄, 성냄, 어리석음을 온전히 비워 버린 곳에 편안함, 진정한 행복이 있음을 자각합니다.
행복한 지금 들숨날숨을 온전히 알아차립니다.
이때 들숨날숨을 알아차릴 줄 아는, 아는 이것이 부처종자입니다.
볼 줄 '아는 것', 할 줄 '아는 것', 아픈 줄 '아는 것', 행복한 줄 '아는 것', 이것이 부처종자임을 분명히 아십시오.

'아는 것' 아는 이것이 무엇인가를 사무치는 것은 각자 여러분의 몫입니다. 그것은 누가 일러줄 수 없는 것이고 배워서 알 수 있는 것이 아닙니다.

'아는 것' 이것은 무엇인고?

불자들의 인사말은 '성불하십시오', '성불합시다'입니다. 세상의 인사말이나 덕담 가운데 가장 아름답고 가장 좋은 말입니다. 이보다 더 좋은 덕담, 인사말은 없습니다. 부처님은 최고의 사람, 최고의 행복자이기에 그렇습니다.

부처님이 되어야 바른 안목을 갖추게 되어 인생의 참의미를 알게 되고 바른 삶을 살 수 있게 되기 때문입니다. 바른 안목, 바른 삶이 아니라면 절대로 행복할 수 없기에 부처가 되어 진정한 행복을 얻으라는 덕담이니 최상의 인사말이라 하는 것입니다.

중생의 안목으로는 인생의 참의미를 알 수 없기에 하는 일마다 고통을 초래하게 되고 육도윤회의 고통을 거듭하게 됩니다.

'성불하십시오', '당신은 부처님이십니다'. 이러한 덕담을 생활화하면 좋겠습니다.

중생일 때의 탐욕이 깨달은 후(성불하면)에는 모든 능력, 역량을 일체중생의 이익을 위하여 나누는 보시로 바뀝니다.

중생일 때의 성냄이 깨달은 후에는 일체중생을 편안케 해 주는 조건 없는 자비로 바뀝니다.

중생일 때의 어리석음이 깨달은 후에는 인과의 철칙을 따르는 삶으로, 일체중생을 깨달음으로 이끄는 지혜로 바뀝니다.

욕심, 욕망은 모든 것을 이루어 내는 꼭 필요한 것이

지만 자기중심적인 중생의 욕망은 탐욕이 되어 자신과 모든 이웃을 지옥으로 밀어 넣고, 깨달은 자의 욕망은 이웃 중심의 원력이 되어 자신과 모든 이웃을 극락으로 이끕니다.

지옥과 극락의 선택은 각자 자기의 문제이고, 순전히 자기 자유이며, 자기 의지 여하에 달려 있습니다.

자, 이제 선택하십시오!

여러분은 '이미 부처'이니 선택을 잘할 것입니다.

나무아미타불!

2016년 1월 16일, 성도재일 기념 법문

나무를 보라

나무 속에는 불의 놀라운 성품이 들어 있는데 분석해서 찾아보면 불의 모양을 볼 수 없다. 그렇다고 실제로 나무 가운데 불의 성품이 없는 것이 아니어서 나무를 서로 비벼서 구하면 반드시 불이 나타나게 된다.

중생의 한 마음도 역시 이와 같아서 모든 상을 분석해 보아도 심성을 찾아 얻을 수 없지만, 그 실은 모든 법상(法相) 가운데에 마음이 없지 않으니 도를 닦아 구하면 일심(一心)이 나타나기 마련이다.

이 글은 신라시대 제일의 성인으로 추앙받던 원효 성사께서 지으신 『금강삼매경론』에 있는 말씀이다.

다시 풀어서 말해 보자. 나무가 땔감으로 쓰이고 나무에서 불이 일어난다 해서 나무 자체를 불이라고 부르지는 않는다. 더구나 불의 성품(불씨)이 어디에 숨어 있는가 찾으려고 나무를 쪼개고 가루 내어 분석해 보아도 불씨는 찾을 수 없다. 성냥불이나 가스불을 빌려야 비로소 나무 속의 불기운이 나타나는데 옛날에는 나무를 서로 오랫동안 빠른 속도로 비벼서 불을 일으켰기에 원효 성사께서는 나무를 비벼 불을 얻는 노력을 수행하여 도를 얻는 데 비유하셨고, 나무 속에 불의 성질이 잠재되어 있듯이 중생의 성품 속에도 이미 부처의 성품이 잠재하여 있음을 깨우쳐 주고자 하셨다.

나무에 대하여 한 가지 더 생각해보자. 나무는 형형색색의 꽃도 피우고 열매도 맺으며 파란 잎사귀도 피운다. 그러나 한 겨울에 배꽃을 보고 싶다며 나무를 잘라내고 겉껍질부터 속까지 파헤치고 삶아 보아도 배꽃은 얻어 볼 수 없다. 잎과 꽃은 피어날 시기와 조건이 되어야 피어나고, 열매도 그 과정을 거쳐야 비로소 달고 향기로운 결실을 얻게 된다.

이제 겨울이다. 시원한 녹음과 형형색색의 꽃, 그리고 풍성한 과일과 곱던 단풍을 선사하고 공치사 한 번, 미련하나 남기지 않고 훌훌 털어 버린 채 알몸으로 서 있다. 새봄을 맞는 그날까지 알몸으로 서서 보내는 메시지를 과연 누가 아는가.

만물은 길고 혹독한 추위를 이겨낸 공덕으로 힘찬 싹을 틔울 것이고 곧 각자 특유의 색깔을 뽐내며 꽃을 피울 것이다. 그리고 사람들은 늘 그러던 대로 신선한 풀잎에, 아름다운 꽃들에 취하고 빠질 것이다.

하지만 불자여! 불자는 이제 다른 안목으로 만물을 대할 줄 알아야 한다.

나무 속에 불의 성품이 있음을 보아야 하고, 아름다운 꽃의 성품이 있음을 꿰뚫어야 하며, 불을 일으키고 열매를 맺는 과정을 보아야만 한다. 나무에서 불을 꺼내려면 건조시켜야 하고 불이 일어날 때까지 쉼 없는 마찰의 노력이 필요함을 알아야 하며, 아름다움과 풍요를 한껏 선사하기에 이른 나무들의 생명운동을 느낄 줄 알아야 하고, 참고 기다리는 인내와 순리를 따르는 겸허를 배워야한다. **훌훌 떨어버린 나목에게서 비움의 즐거움을 터득해야 한다.**

불자가 이렇게 될 즈음에야 비로소 이웃의 아픔을 함께 아파 할 수 있게 되며 이웃의 성공을 흔쾌히 긍정하며 힘 안 들이고 얻고자 하는 어리석음에서 헤어날 수 있게 될 것이다.

불자가 이렇게 되어야 부처님께서 고구정녕(苦口叮嚀)히 이르신 자기 안에 있는 자기 부처를 보게 되고 꺼내서 자재롭게 쓸 수 있게 되리라.

원효 성사께서 이르신 일심의 나타남도 마찬가지이다. **마음이라는 것이 자기와 더불어 뒹굴며 항상 움직여 쓰는 가운데 있지만 찾아 얻으려 하면 얻을 수 없다.** 그렇지만 손가락 하나 움직이는 것이나 사량분별(思量分別) 하는 것을 떠나서도 찾을 수 없는 것이니, 그 일심을 어떻게 해야 볼 수 있겠는가.

불을 얻기 위하여 나무를 비비듯이 맹렬하고 끈기 있게, 한 떨기 꽃을 피우는 나무가 긴 겨울을 참아내듯이, 염불을 하던 참선을 하던 한 가지 길을 선택하여 일심을 보는 그날까지, 금생에 되던 내생에 되던 되는 그날까지 길을 바꾸지 말고 정진에 정진을 거듭하라.

일심을 보지 못하고는 사람 된 보람을 맞을 수도 없고 진정한 행복도 얻을 수 없으니……. 나무를 보라.

나무아미타불!   2000년 3월 10일

낙엽은 뿌리로 돌아간다

사계절이 뚜렷한 한국, 계절 따라 각기 다른 정취를 흠뻑 느낄 수 있어 정서적으로 비교적 좋은 품성을 가지게 된다는 우리나라도 근래 몇 년 새로 봄과 가을이 완연히 줄어들어 봄인가 하면 어느덧 여름이 덮쳐 사계절 자랑이 무색할 정도입니다.

금년 가을도 성급하게 달려든 추위에 힘없이 떠밀려 가는 것 같아 울긋불긋하던 단풍이 가엾게 느껴지기까지 합니다.

그러나 가을이 짧기는 짧지만 그래도 분명히 보여 주는 것이 있습니다. 바로 '무상(無常)의 법칙', '인생무상(人生無常)의 법칙!

'정신적인 것이거나 물질적인 것이거나 이 세상의 모든 것은 현재의 모습으로 잠시도 존재하지 못하고 계속 변화한다'는 무상의 법칙을 설파하신 부처님의 말씀이 더욱 생생하게 울려옵니다.

불자님들은 이 가을 단풍을 보면서 무슨 감회라도 있으셨는지요?

일이십대 청소년이라면 곱게 물든 단풍잎 몇 장을 따서 책갈피에 끼워둘 것이고, 삼사십대 청장년이라면 아름다움에 빠져 자신의 젊음을 뽐낼 것이며, 오륙십대 설늙은이라면 이유 모를 쓸쓸한 느낌이나 다소 조급하고 초조한 심정일 것이고, 칠팔십대의 황혼의 빛조차 힘을 잃어 가는 노장층이라면 원인 모를 서글픔과 두려움이 엄습할지도 모릅니다.

하지만 삶을 비교적 찬찬히 살피면서 다져 온 사람이라면 나무들이 겪었을 갖은 풍상(風霜)을 위로하고 나름의 결실들을 찬미하며 자연의 경이로운 변화에 경탄하면서 담담하게 '낙엽은 반드시 뿌리로 돌아가는' 도리에 합일(合一)하는 조용한 미소를 머금기라도 할 것입니다.

산승은 비교적 일찍 늙은 편인가 싶습니다. 어려서도 애늙은이라는 말을 들으면서 성장했고, 소년기 막바지에 출가한 산승은 유난히 노장(老長)님들을 잘 따랐습니다.

지금 돌아보면 노장님들이 덕이 있고 없고, 법력(法力)이 높고 낮고를 가리지 않고 마냥 존경스러워 가까이 따랐던 것 같습니다.

어느 소슬한 가을날 노덕님들께서 나무 그늘에 앉아 사중(寺中) 일로 마냥 분주하게 돌아다니는 주지스님을 딱한 양 넌지시 바라보시면서 "세속의 지혜 있는 사람도 오십이 넘으면 잡다한 일 다 정리하고 자기 일을 짚어 보는데 저 주지는 언제나 철이 들려는지……." 하시면서 걱정해 주시는 듯, 한편 비아냥거리시는 듯 나누시던 말씀들은 산승에게 평생 교훈으로 남아 있습니다.

그런저런 노덕님들의 영향을 받아서인지 매사 노인스러워 스스로도 젊은이들과 잘 안 맞는다고 생각했던 것 같습니다.

하지만 내심으로는 아직 젊다는 착각에 빠지기도 하고, 만나는 분들이 산승의 나이를 십 년 이상 아래로 보아 주는 덕담에 속아 은근히 자만에 빠져 인생살이에 게으름을 피우기도 합니다.

금년 가을은 이렇게 멍청한 산승에게 큰 교훈을 내린 의미 있고 고마운 계절입니다.

가을 초입에 모 행사장에서 지인이 기념으로 찍어 온 사진을 보는 순간 아찔한 충격을 받았습니다. 산승의 옆모습을 찍은 사진인데 거의 절망적인 감정이었습니다. 사진이 얼마나 정교한지 옆에서 보이는 얼굴이며 목덜미며 탄력을 잃고 늘어지는 피부! 이건 완전히 할아버지의 그것임을 처음으로 알게 된 것입니다.

물론 매일 삭발할 때마다 서리 맞은 옆머리를 보면서 무상을 느끼는 바이지만 이렇게 충격으로 와 닿은 적은 없었던 것입니다.

'이제 나도 별수 없이 조락(凋落)의 계절 가을에 접어들었구나!'

'여보게 환성! 자네도 별수 없네 그려! 다음 생을 맞이할 준비는 되었는가?'

한동안 이런저런 상념과 독백 속에 잠겨 있었습니다.

가을은 바로 '낙엽은 반드시 뿌리로 돌아간다.'는 진

리를 보여 주는 계절입니다. 아무리 높은 데 피었던 잎이라도 반드시 뿌리로 돌아가 자기들을 길러 준 뿌리를 덮어 주고 대지와 동화되어 다시 뿌리 속으로, 줄기로, 가지로, 잎으로, 꽃으로, 열매로, 그리고 끝내는 모든 생명으로 다시 태어납니다.

세상의 모든 생명들은 서로 연결되어 이렇게 주고받으면서 생존하고 있습니다.

산과 들의 활엽수, 침엽수 등 온갖 나무들, 그리고 가지가지 풀들은 서로 어우러져 주고받을 뿐 다툼이 없으며 그 속에 깃드는 온갖 짐승이며 풀벌레들까지도 거듭되는 삶과 죽음을 담담하게 받아들입니다.

인간, 유독 인간만이 너와 나로 나누고, 혼자 가지려 들고, 다투고, 분노하고, 죽을 줄은 모른 채 살려고만 발버둥치지요. 뭇 생명들처럼 온몸으로 살고 죽음을 받아들이고, 주고받을 줄을 모르는 가장 가련하고 미숙한 중생이 인간 중생이라고 말하면 동의할 사람 없겠지만 산승이 보기엔 그렇습니다.

온 산을 곱게 물들였던 나뭇잎들이 모두 뿌리로 돌아가고 있는 가을의 끝자락에서 산승은 지나온 역정을 돌아봅니다. 그리고 내가 떠나 온 그 뿌리로 온전히 돌아갈 준비를 더 착실히 하리라 다짐해 봅니다. 아니, 온몸으로 현재의 생을 온전히 살고자 합니다.

"낙엽은 뿌리로 돌아가네!"

나무아미타불!   2012년 11월 17일

마음 밭을 가꾸자

요 며칠 전 필자가 평소 존경하는 사회 지도자이시고 덕망가이신 어르신과 차를 나누었는데, 대화 중에 나이 먹고 보니 매일매일 '시간을 어떻게 내 버릴 것인가', '어떻게 쓸 것인가' 하는 것이 가장 큰 고민이라는 말씀에 많은 생각을 하게 되었다. 고위 관료 출신으로 출세도 할 만큼 했고 누릴 만큼 누리셨을 어르신의 말씀이니 더욱 의미 있게 다가 왔다. 이 어르신의 고민은 '인생을 어떻게 살 것이며, 여생을 어떻게 회향(迴向)할 것인가' 하는 진솔한 심경 토로라 이해되어 산승 자신의 일상을 점검케 하는 큰 법문이 되어 가슴에 새겨진 것이리라.

자신을 조금은 살피면서 살아가는 사람이라면 분명 이러한 고민에 빠져본 적이 있으리라. 사람은 살아가면서 많은 일을 하게 되고, 그 가운데 보람된 일로, 혹은 회한의 일로 남게 된다. '어떻게 살 것인가', '어떠한 일에 생을 바칠 것인가' 하는 문제는 참으로 중요하다. 사람이 평생 살아가는 데 많은 일을 하게 되고 그런 만큼 일의 선택에 고민하지 않을 수 없는 것이다. 그 가운데 가장 큰 고민은 '인생을 어떻게 살 것인가?', '도대체 인생이란 무엇인가?', '어디에서 와서 어디로 가는가?', '과연 나는 누구인가?' 등의 문제가 아닐까 생각된다.

이 문제는 인간 공통의 고민이고, 근원적인 고민이라 할 것이다. 유사 이래 이 문제에 대하여 가장 큰 관심과 해결 노력을 기울여 온 종교는 불교라는 주장에 이의를 제기할 사람은 별로 없을 것이다.

이 문제는 모든 부처님과 선각자들도 가장 큰 인생 문제로 여긴 일로서, 부처님은 중생들로 하여금 이 고민을 해결하여 진정한 행복자가 되도록 돕기 위하여 출현한다 하여 일대사인연(一大事因緣)으로 사바세계에 온다고 말한다.

또 정신계에서는 사람이 사람으로 태어난 것은 '영적(靈的) 향상(向上)을 위하여'라고 말한다.

인간이 하는 일의 목적은 바로 향상에 있다.

인간은 늘 무언가를 한다. 잠시도 쉬지 못하고 하고자 하며, 하지 않고는 못 견디는 병적인 존재와도 같다. 예를 들어 친구를 만나거나 전화할 때 "요즘 뭐 하고 지내?" 하고 물으면 "아무것도 안 해." 대개 이렇게 대답하는데 그것은 이미 일을 '하고' 있다는 사실을 망각하고 하는 말이다. 안 하는 일을 '하고' 있기 때문이다. 우주 섭리가 잠시도 머무르지 않고 흐르듯이 사람도 의식적이거나 무의식적이거나 늘 일을 '하고' 있는 것이다.

사람이란 어차피 일을 할 수밖에 없다면 '의도적'으로 하고, 하기 전에 진지하게 숙고해서 할 일을 '선택'해 심혈을 기울여 '적극적'으로 해야 바라는 바 목적을 십분 이루게 된다.

그러면 어떤 일을 선택할 것인가. 기쁜 마음으로 할 수 있는 일, 하고 나면 보람을 느낄 수 있는 일, 나도 남도 기쁘고 이익 되는 일을 선택해야 마땅하다.

대부분의 일들은 내가 이로우면 남이 손해 보는 양상의 일들이다. 한 쪽만의 이익을 위한 일은 엄격히 판단해 보면 해악(害惡)이다.

단적인 예가 되겠지만 부처님께서는 '마음 밭을 가꾸는 일'을 선택하셔서 중생들에게 진정한 행복, 궁극의 행복을 선물로 주었다. 부처님은 마음 밭을 가꾸는 일을 통하여 '마음은 모든 일의 근본이고, 그 마음의 주인은 자신임'을 분명히 증득(證得)했던 것이다.

요즘 세상 돌아가는 것을 보면 무척 혼란스럽다. 개인도, 단체도, 국가도, 모두 방향 감각을 망각한 듯하다. 그러니 지향점도 없다. 오직 이기심끼리 싸우는 전쟁터다. 모두 근본을 망각한 탓이다. 근원으로부터 너무 멀리 달려간 까닭이다. 삶에, 일에 대하여 고민해 보지 않고 편의에 따라 살기 때문이다.

이러한 현대인들에게 모든 일에 앞서 '마음 밭 가꾸기'를 권장한다.

이 세상에 '마음 밭 가꾸는 일'보다 더 가치 있는 일은 없다고 믿기에 주저 없이, 간곡히 권하는 것이다. 이 일이야 말로 나도 기쁘고 남도 기쁜 일이요, 나도 이롭고 남도 이로운 유일한 일이기 때문이다.

현상계의 모든 법은 '마음 밭'에서 낳았고, 그 자리에서 자라고 열매 맺음 한다. 예수도, 공자도, 석가도 이 마음 밭을 여의고는 존재하지 못했을 것이고 이름조차 있을 수 없었을 것임에 분명하다.

오늘날 지성들이 석가모니를 인류 역사상 가장 위대한 스승으로 평가하는 이유는 그가 바로 이 '마음 밭'을 일구어 낸 사람이고, 이 일이야말로 인류를 가장 완벽하게 향상시켜 궁극의 행복을 얻을 수 있다는 사실을 발견했기 때문이다. 인류문명의 진정한 발전은 마음 밭을 가꾸는 일이 알파와 오메가라고 믿게 된 것이다.

인생살이는, 범부들이 하는 일은 진화 아니면 퇴화, 상승 아니면 하락, 성공 아니면 실패라는 분수령과도 같다. 순간순간 이러한 냉혹한 기로를 걷고 있다 해도 과언이 아니며, 아슬아슬한 곡예를 하는 것이라 표현해도 틀리지 않을 것이다.

이제 기로와 곡예를 버리고 자신과 이웃의 향상을 위하여, 밝은 우주문명 창조를 위하여 모든 일에 앞서 '마음 밭 가꾸기'를 선택하자.

별도의 시간을 만들 필요는 없다. 출가 삭발할 필요도 없다. 나이의 많고 적음도, 여생이 얼마 남고 말고도 관계없다. 이 일을 위하여 직장인이 일터를 버리거나, 신앙인이 개종(改宗)할 필요도 없다. 다만 지금 그 자리에서 '무언가 하고 있는 자신을 보라'.

나무아미타불!

2007년 4월 30일, 〈금강뉴스〉 칼럼

쉬어갑시다

반갑습니다, 불자 여러분!

불자님들 어제는 무슨 일을 했으며 오늘은 어느 곳을 향해서 가십니까?

그리고 내일은 또 어떤 일을 하고자 계획하십니까?

아마 대부분의 불자님들은 생계, 즉 경제적 부를 위하여 생업 현장에서 열심히 일을 했을 것입니다. 그 과정에서 동료를 경쟁의 대상으로 착각하여 자기만의 이익을 위한 모종의 온당치 못한 일을 저질렀을 수도 있을 것입니다.

또 어떤 분은 사회적 명성이나 권세를 얻기 위하여 조금은 남아 있을 양심마저도 저버리면서 목표를 향해 앞으로만 달려가고 있을 것입니다. 그리고 내일도, 모레도 이러한 일들을 계속할 것입니다.

그렇게 하지 않고는 행복해질 수 없다는 무의식적 강박관념 때문이지요. 하지만 하던 일을 잠시 놓고 한번 조용히 생각해 봅시다. 여러분들께서 욕구하는 그 재산, 그 명예를 목적하는 만큼 얻어 보셨습니까? 또 얻었다고 말하는 사람을 보셨는지요? 아마도 모두들 얻지 못했다고 대답하실 것입니다.

부처님께서도 중생의 근본 욕망이라고 말씀하신 재물욕, 이성욕, 식욕, 휴면욕, 명예욕 등 소위 오욕락이라고 하는 이것들은 본래 충족시키려야 충족될 수 없는 속성을 지니고 있기 때문입니다. 물론 이런 것들은 중생살이에 있어 없는 것보다는 있는 것이 조금은 편리한 것이어서 흔히 행복의 조건이라고도 말합니다.

그렇지만 불행하게도 이 오욕은 채우려고 하면 할수록 더욱 부족하게 느껴져 고통도 함께 커집니다. 만족의 기쁨을 맛보려면 모든 자기중심적인 욕망을 단박에 쉬어 버리고 행복의 척도를 이웃과 함께 향유하려는 자세로 새로이 설정해야만 가능해집니다.

불자 여러분, 하루 한 번쯤 행복이란 무엇인가를 생각해 보는 시간을 가져 봅시다. 나는 지금 이 순간 어느 지점에 서 있으며 어느 곳을 향해 가는가를 살펴봅시다.

나의 본래 모습이 재산인가 명예인가, 아니면 그 무엇인가를 생각해 봅시다. 하던 일손을 잠시 멈추고 조용히 아주 조용히, 그리고 아주 세밀하게 진정 '나는 누구인가?'를 생각하는 시간을 가집시다.

나무아미타불!

불교TV '3분 설법' 중

주시자가 되라

생명을 어떻게 쓰십니까?

자신의 생명이 소중하듯 모든 존재의 생명은 무엇보다도 귀중합니다. 이 소중한 생명은 존중받아야 마땅하고 유용하게 사용해야만 합니다.

생명을 사용한다는 말이 좀 생소하겠습니다만 우리는 늘 생명을 사용해 왔습니다. 숨 쉬는 것처럼 너무 일상적인 것이어서 인지하지 못했을 뿐입니다.

돈 벌기 위하여, 학문하기 위하여, 도를 이루기 위하여 생명을 사용해 온 것입니다. 중생은 자기 탐욕을 채우는 데 그 소중한 생명을 허비하고, 보살은 이웃의 행복을 위해 아낌없이 생명을 씁니다. 부처님은 한 생명을 위하여, 혹은 만 생명을 위하여 누겁(累劫)을 통하여 목숨 바치기를 수없이 하셨습니다.

얼마 전 온 국민들이 놀라고 수많은 양심들이 가슴 아파했던 고 노무현 대통령은 계급 없는 세상, 서민도 잘사는 세상을 만들고자 하는 큰 원력으로 생명을 아낌없이 사용한 오늘의 보살입니다. 불자님들은 자신의 생명을 어떻게 사용하시는지 또 어떻게 사용할 것인지 살펴보아야 합니다.

주시자(注視者)가 되라

흔히 불교는 수행의 종교라고 말합니다.

수행을 위해서는 한 가지 믿음과 세 가지 요건을 갖추어야 합니다. 한 가지 믿음이란 모든 생명이 부처님, 즉 나와 이웃이 부처라는 사실을 믿는 것입니다.

세 가지 요건은, 첫째, 지금까지 저질러 온 모든 악업을 삼보님께 지극한 마음으로 참회를 구해야 합니다. 둘째, 마음을 밝혀 중생을 제도하겠다는 서원을 세워야 합니다. 셋째, 서원을 이룰 때까지 멈추지 않고 정진하는 일입니다. 참마음을 밝히지 못한다면 이웃의 행복은 물론 자신의 행복도 있을 수 없기 때문입니다.

마음을 밝히기 위하여 출가하거나 장좌불와 할 필요는 없습니다. 지금까지처럼 염불, 참선, 간경, 그리고 일을 더 열심히 하십시오. 다만 자기 마음의 작용이나 육체적 행위를 낱낱이 주시하십시오. 자기 행위를 주시하는 불자에게 머지않아 좋은 소식이 있을 것입니다.

자신의 주시자가 되십시오.

자타불이(自他不二)

불교에서는 같은 시대를 살아가는 생명들을 '동업중생(同業衆生)'이라 하며, 그 시대에 일어나는 사회 상황을 '공업소치(共業所致)'라 하여 어떤 특정인의 탓이 아닌 공동 책임으로 받아들입니다. 오늘의 사회 현실이 남의 탓이 아닌 자신의 잘못된 가치관, 비뚤어진 행위에서 비롯되었음을 통찰하여 사회 불안을 치유하는 데 함께 노력해야겠습니다. 오늘날 세계적인 경제 불황과 국내 사회혼란을 보면서 '온 우주 만물은 그물과 같이 연결되어 한 몸'이라 하신 부처님 말씀을 생각하게 됩니다.

만물과 연결된 나, 너와 내가 둘이 아니어서 우주 만물이 하나의 나임을 분명하게 새겨 다투지 말고 서로 성공하도록 도웁시다.

이웃이 고통스러우면 내가 고통스럽고, 이웃이 행복해야 내가 행복하다는 연기의 도리를 깨달아 이웃의 행복을 기뻐하고 축하해 줍시다.

이웃의 성공을 적극 도웁시다.

매사 최선을 다하라

부처님 당시에 마갈타국의 왕은 '빈비사라'였습니다. 그는 누각에서 쉬다가 지나가는 수행자들을 보았는데 걸음걸이가 고요하고 품위 있어 멀리서 보아도 그들은 행복해 보였습니다. 그래서 왕은 그들에게 다가가서 정중히 물었습니다.

"그대들은 내가 본 수행자들 중에서 가장 행복해 보이고 거룩해 보입니다. 그대들의 스승은 누구이고 무엇을 믿고 따르기에 그렇습니까?"

"왕이시여! 우리는 석가세존의 제자들인데 그분의 가르침 중에 과거는 지나가서 잡을 수 없으니 과거에 얽매이지 말고, 미래는 저절로 오는 것, 미리 걱정 말고 현재에 열심히 살라고 하셨습니다. 그래서 우리는 매 순간순간 최선을 다해서 삽니다."

"최선을 다한다는 것은 무슨 뜻입니까?"

"지금 왕과의 대화를 친절하고 거짓되지 않아 서로에게 유익하게 하는 것이 최선을 다하는 일입니다."

이에 왕은 더욱 돈독한 신심으로 삼보를 공경하게 되었습니다.

매 순간 최선을 다합시다.

당신은 어떤 사람입니까?

태양은 본래 밝은 빛을 발산하지만 구름 앞에는 무력하듯이 중생의 마음이 본래 부처이지만 무명(無明)의 구름에 덮여 고통스러운 중생살이를 거듭합니다. 마음이 어둠에 정복당하면 불행이 있을 뿐이요, 마음이 무명을 정복하면 영원한 행복이 있을 뿐입니다. 행복의 길을 두고 불행의 길을 선택하는 사람은 없을 것입니다.

마음의 어둠이란 다름 아닌 탐욕이요, 성냄이며, 어리석음입니다. '나', '내 것'이라고 여기는 이기심(利己心)에 의존하여 탐냄, 성냄, 진리 불신 등 삼독의 먹구름은 일어나고 이때부터 불행은 시작되는 것입니다. 삼독의 먹구름을 걷어 내어 본래마음을 회복하는 데는 이기심을 이타심으로 돌려 무한히 베푸는 삶이 유일한 방법입니다. 조화로운 행복을 위하여 이웃이 모두 행복할 때까지 자신의 모든 역량을 무한히 베풉시다.

자신은 베푸는 사람인가 아닌가를 생각해 보아야 합니다.

나무아미타불!

2009년 7월, 불교TV 희망법문

동지팥죽 공양법

시간은 잠시도 쉬지 않고 흘러갑니다. 물론 근원에 도달한 자에 있어서야 한 시간 하루 이틀 따위의 분단이 있지 않지만 …

하지만 중생은 늘 나누어진 시간 속에 살고 있으니 하루 이틀 하던 것이 잠간사이에 한 달이 되고 한 달 두 달 하더니 어느덧 일 년이요, 올 내년 하다가 문득 죽음의 문턱에 이르게 됩니다.

신사년 한 해만 해도 그렇습니다. 세인들이 희망찬 새 천년이니 21세기니 하면서 마치 무슨 큰 사건이라도 만들 것처럼 떠들던 일이 어제 일 같은데 별 보람된 일도 못 만든 채 한 해의 마감을 보니 왠지 쓸쓸하고 조급해집니다. 옛 큰스님들은 이 신속한 세월을 무상살귀(無常殺鬼)라고까지 표현하시며 실답고 참되게 살라고 말씀하셨습니다. 이 무상살귀는 시시각각 사람의 생명을 노리는데 남녀노소 빈부귀천과 지식 유무를 가리지 않고 틈만 나면 잡아가니 촌음을 아껴 부지런히 수행하라 채찍질해 주신 것입니다.

겸하여 낡은 자동차는 굴리지 못하고 늙은 몸으로는 수행하기 어려우며 세월은 기다려주지 않으니 순간순간을 실답게 닦아 나아가기를 권고하셨습니다.

오늘은 절기상으로는 신사년의 막이 내려지는 동짓날입니다. 자고로 이 날을 '작은 설'이라고 하는데 그 이유는 우주 음양의 기운 가운데 양의 기운이 하지로부터 점점 쇠약해져서 오늘 동지에 극도로 약해졌다가 자정을 기해서 음의 기운은 줄어들기 시작하고 양의 기운은 다시 살아나기 시작하므로 동지를 한 해의 끝과 시작기점으로 간주하는 것입니다. 동양에서는 이날 팥죽을 쑤어 조상님과 지신, 가신 등 천지신명께 천신(薦新)하고 대문이나 벽에 뿌리고 이웃이 나누어 먹는 풍습이 있는데, 이렇게 하면 집안의 모든 액과 살이 소멸된다는 믿음이 전해내려 옵니다.

좋은 전통과 미풍양속을 널리 포용하는 정서를 가진 불교계에서는 일찍이 불자들의 선근공덕을 닦을 좋은 방편으로 이날 대법회를 봉행해 왔습니다. 전통 민족정서를 포용하여 불자들의 공덕도 늘려주고 더불어 부처님께서 베푸신 삶의 지혜까지 가르쳐 줄 수 있으니 불법의 넓은 아량을 짐작할 수 있습니다.

산승은 오늘 동지팥죽을 잘 먹는 법을 알려드리려 합니다.

모든 생령은 고통을 피하여 편안하고자 합니다. 즉 행복하고자 부단히 노력하여 진화를 거듭해서 각자 오늘의 모습을 가지게 되었고 앞으로도 이 노력은 계속될 것입니다. 신앙도 가지고 일도 하고 돈을 벌고 출세하려는 것, 심지어는 학문을 하는 것조차도 따지고 보면 자신이나 인류의 행복을 얻기 위한 몸부림이라 하겠습니다.

욕구 충족을 위한 이러한 노력들은 물론 필요한 것이고 나름대로 아름다운 일이라 할 수 있습니다. 부처님께서는 보통 중생들이 추구하는 근본욕구 가운데 재물욕, 이성욕, 식욕, 수면욕, 명예욕 등을 오욕락(五慾樂)이라 하셨습니다. 세속적으로 행복을 느끼자면 이 다섯 가지 욕구가 충족되어져야 합니다.

하지만 문제는, 이 욕구는 채우려하면 할 수록 절대로 채워지지 않는 속성을 지니고 있음입니다. 욕망은 또 다른 욕망을 부추겨 마치 불난 집에 기름 부은 것처럼 더욱 치성해 집니다. 많은 사람들은 채울 수 없는 이 오욕락을 채우려다 패가망신하고 끝내는 고귀한 심성의 생명까지 더럽히고도 그만둘 줄을 모르니 한심한 일입니다.

지혜가 조금이라도 있는 사람이라면 재물도 이성도 그리고 명예 등이 진정한 행복을 가져다주지 못한다는 사실을 압니다. 그렇습니다. 이 욕망은 인간을 괴로움의 수렁으로 끌어드리는 자석이며 탐진치 삼독심을 더욱 키워 끝내 진정한 행복을 영원히 이별하게 만드는 독약입니다. 개개인의 삼재팔난이나 사회적으로 야기되는 환란들을 세밀히 살펴보면 잘못된 가치관 즉 잘못된 욕구에 기인함을 알게 됩니다. 그렇다면 진정으로 행복하자면 올바른 가치관이 정립되어야 하고 허망한 욕망을 쉬어야 한다는 결론에 도달하게 됩니다. 치성한 불꽃같은 자기중심적인 욕망을 멈추지 못한다면 개인적으로는 삼재팔난이 끊이지 않아 행복은 점점 멀어질 것이요 사회적으로는 반목과 갈등이 멈추지 않아 끝내

공멸을 면치 못할 것입니다. 자신의 행복과 인류평화를 원한다면 먼저 탐진치 삼독의 불을 꺼야 하며 재색식수명(財色食睡名) 오욕락을 공유하는 노력이 필요합니다.

동짓날 팥죽을 먹어서 악귀(邪)를 몰아내어 액란을 예방하고자 하지만 탐욕을 버리지 못하고 즐거움을 독차지하려 든다면 일 년 내내 동짓날을 삼아 팥죽을 먹는다 해도 액란은 멈추지 않을 것입니다. 팥죽을 먹기 전에 맹렬하게 끓어오르는 탐진치 삼독의 마음을 나무아미타불 육자염불로 바꾸어야 하며, 탐욕이 일어나면 얼른 탐욕을 일으키는 이놈이 무엇인가를 살펴보아야 악귀는 물러갈 것이고 액란은 소멸될 것입니다.

그리고 개인의 행복을 지양하여 모두의 행복을 만드는 데 노력을 기울여야 합니다.

즐거움을 이웃과 나누는 삶을 살고자 하면 그리되고, 그리되면 비방을 쓰지 않아도 악귀는 침범치 못하고 액란은 닥치지 않습니다. 한 해를 마감하는 이 마당에 지난 일 년을 꼼꼼히 돌이켜 살펴보아야 합니다. 그리고 이 세상 그 어느 것도 영원하지 못하다는 진실을 깨달아야 합니다. 1초 1분이 옮겨 어느덧 죽음의 문턱에 이르듯…

다만 영원한 것이 있다면 그것은 나무아미타불을 생각하는 '이놈'뿐이며, 즐거움을 찾고 괴로움을 피해보려는 이놈뿐입니다. 진정한 행복은 선악을 분별할 줄 아는 이놈의 정체를 찾아내는 일 외에는 다른 방도가 없으니 하루 종일, 일 년 내내 나무아미타불! 나무아미타불!

"이 염불하는 놈은 누구인가?" 나무아미타불!

2003년 12월 22일 동지 법문

스승님! 그립습니다

산길 낮은 곳에 옹기종기 모여 도란거리는 낙엽들을 스치며 산행을 하노라면 인간은 너무 많은 것을 가지고자 번민하고 그것을 지키기 위하여 더 많은 것을 잃어버린다는 생각에 씁쓸하다. 하지만 여름의 풍성한 푸름과 가을의 그 아름답던 자태를 자연의 순환에 아무런 저항조차 없이 떨어뜨리어 자신들을 감싸 길러 준 대지로 돌아가 은혜에 보답하는 그들을 보며 산행을 할 수 있는 것은 큰 복이다.

자연은 전혀 대가를 바라지 않고 우리네 인간들에게 많은 것을 준다. 봄에는 아름다운 꽃을 선사하여 마음을 곱게 열어 주고, 여름엔 파란 그늘로 아옹다옹 다투는 중생심을 식혀 주며, 결실의 가을엔 인색한 가슴을 넉넉하고 따뜻하게 해 준다. 또한 알몸으로 누워있는 겨울의 대지는 멈춤의 지혜와 모든 집착에서 벗어나야 진정한 즐거움을 얻을 수 있다는 무언의 가르침을 준다. 나에겐 늘 고목나무이셨던 은사스님(응담스님)께서 입적하신 지도 몇 개성상이 훌쩍 지나갔는데도 잎을 떨어뜨리는 고목의 무언설법을 만나는 계절이면 은사스님이 못 견디게 그리워진다.

스님의 한평생 삶은 실로 광활하고 적묵(寂黙)한 대지였으며, 한 그루의 고목과 같이 우리 후학들에게 무언의 가르침을 내리신 삶이셨다.

스님께서는 평생 아무런 명예를 가지지 않으셨다. 중이 명리를 쫓아 백 년을 사는 것은 마음 닦으며 하루를 사는 것만 못하다 하셨다. 다만 열반하시기 몇 년 전 잠깐 동안 조계종 종단의 덕 높으신 스님이라 해서 원로의원의 자리에 추대된 것이 명예라면 유일한 명예일까? 스님께서 평생 입으신 옷은 남들이 입다 버린 몇 벌 누더기가 고작이다. 상좌들이 옷을 해 드릴라치면 "옷은 흉스런 송장덩이 가리면 족한 것"이라며 불호령을 내리신다.

스님께서는 개인적으로 신도를 두고 공양 받으신 적이 없으시다. 수행자가 하루 세 끼 바릿대 공양의 시주 은혜도 너무 무겁다는 것이었다. 스님께서는 방 청소는 물론 세탁이나 일체의 일용사를 스스로 해결하셨다. 고무신이라도 몰래 닦아 놓으면 내 수족이 멀쩡한데 누구에게 수고를 끼치겠느냐며 다시 닦으셔서 무안을 주어, 다시는 수발을 들어 드릴 마음도 못 내게 하신다.

스님은 일평생 보약 한 첩 드신 적이 없으시다. 이 몸은 무상하여 아무리 잘 먹이고 입혀도 끝내 한 줌 흙으로 돌아가니 수행할 수 있을 만큼 먹이고 입히면 족하다 하셨다. 열반하시기 얼마 전 낙상으로 허리를 다치셔서 평생 처음으로 병원에 입원하신 일이 있었다. 의사 진단은 영양실조로 골다공증과 각부 장기가 극도로 약화되었으니 잘 잡수시라는 처방전을 받으시고도 식생활을 여전히 바꾸시지 않으셨다. 90의 노구에도 불구하시고 대중과 함께하는 조석예불과 공양을 한 번도 거르시지 않으시던 스님께서 저녁예불을 드리기 위해 옆에서 시중드는 시자도 없이 법당에 오르시다가 현기증으로 떨어지셔서 중상을 입으시고 21일간 병원 치료를 받으시다가 가신 것이다. 늘 모시지 못한 죄책감과 이제 뵈올 날이 얼마 남지 않았다는 예감으로 병원으로 매일 찾아뵈었는데 출가입실 사십 년 만에 처음으로 손을 꼭 잡으시고 바쁜 사람 오게 하여 미안하다 하시며, "이제 몸을 버릴 때가 되어 이러는 것이니 너무 걱정들 말고 각자 자기 일들 잘 보고 누구든지 이와 같이 가는 것이니 열심히 정진하라" 분부하시는데 존안은 오히려 더욱 편안하셨다. 스님에겐 이미 생명에 대한 애착 따위는 다 비우신 것이었으리라. 아니, 우주 섭리에 순응하는 자연과 같이 이렇게 와서 이렇게 가는 것임을 모두에게 보이신 것이리라.

한 인간의 삶이 이러했다면 가히 멋진 삶이라 할 수 있지 않겠는가? 스님의 가르치심은 늘 수행에 채찍질하여 늙기 전에 생사대사(생사윤회)를 해결하라는 데 귀결된다. 부귀공명이 허공 꽃이요 이 몸이 지금은 있다 하지만 잠시 후에도 있으리라는 보장이 없으니, 이 몸 성할 때 부지런히 정진하라고 늘 그렇게 채찍질해 주셨다.

스님께 두 가지 죄스러움이 있다. 하나는 그렇게 간절히 채찍질 해 주셨는데 아직도 생사대사를 명쾌히 해결하지 못한 것이고, 또 하나는 이제 곧 갈 것이니 의사 선생님과 문병 오는 여러분들께 수고를 끼쳐 드리지 말고 수덕사 당신께서 기거하시던 방으로 데려다

달라시는 분부를 -생각하면 어리석은 중생심이었는데-
실낱같은 희망을 버리지 못하여 병실에서 가시게 한
일이다.

하지만 한 가지 당당히 말씀 드릴 수 있는 것도 있다.

출가본지(出家本志)를 한 시도 망각한 일이 없다는 것
이며, 나의 삶을 스승님과 부처님 삶에 비추어 채찍질
하는 데 게으르지 않은 일이 그것이다.

한 가지 더 있다. 승속(僧俗)을 막론한 세상이 아무리
오물스럽고 각박하게 변해도 나는 한 그루의 고목, 춘
하추동과 풍한서습을 온몸으로 감당하면서 무던히 주
기만 하는 그런 고목나무이고자 하는 신념을 잃지 않
음이다.

매일매일 산행하면서 늘 밟는 그 대지요, 어제도 보던
그 나무인데 은사스님을 다시 뵐 수 없는 지금 대지는
더욱 넓은 품으로 반겨 주고 고목나무는 더욱 큰 그늘
로 다가온다.

은사스님! 스님은 저에게 있어 묵묵히 그 자리에 서서
모든 것을 주기만 하는 고목나무이십니다. 만물을 실어
길러내고 감싸주는 대지이십니다.

스님! 이 사바에 다시 오소서. 그리하여 더욱 밝은 빛
으로 중생의 어리석음을 벗겨 주소서.

나무아미타불!

2003년 11월 은사스님 3주기

당신은 '유아독존'의 귀한 존재

天上天下　唯我獨尊
三界皆苦　我當安之
하늘 위 하늘 아래 오직 나 홀로 존귀하다
모든 세계 온갖 중생살이 고통뿐이니,
내 마땅히 편안하게 해주리라

이것은 부처님께서 인도의 가비라국 정반왕의 태자로 탄생하실 때 외치신 말씀으로 부처님께서 중생에게 주신 가장 큰 선물입니다.

오늘은 불기로는 2551년이지만 부처님께서 탄생하신 지는 2631주년이 됩니다. 불기는 부처님 열반하신 해부터 지나온 햇수이고, 세상에 80년을 사셨으니 2551년에 80세를 보태 탄생하신 날은 2631년 전 4월8일이 되는 것입니다.

유사 이래 인류 최고의 스승이신 석가모니 부처님께 귀의한 제자로서 영평사 주지 환성이가 이 뜻 깊고 기쁜 날 부처님을 대신하여 탄생하시자마자 사방으로 일곱 걸음을 걸으시고 한 손은 하늘을, 한 손은 땅을 가리키며 외치신 이 말씀을 알기 쉽게 풀어서 부처님 오심을 기쁘게 봉축하는 효성스러운 사부대중 여러분과 함께 어떻게 살아야 부처님 은혜에 보답하는 일인가를 살펴보고자 합니다.

먼저 '모든 세계 온갖 중생살이 고통뿐'이라고 하신 말씀을 살펴보겠습니다. 세상살이는 즐거움보다는 괴로움이 많다는 것은 여러 불자님들이 다 잘 아는 사실일 것입니다.

그러면 중생들의 고통은 무엇 때문에 생길까요? **나와 너라는 분별심으로 너는 하찮고 나는 대단하다는 착각을 하게 되고, 이러한 착각은 차별심을 일으키게 되어 여기서부터 고통은 시작됩니다.** 이러한 분별심, 차별심은 자기만을 사랑하는 애착심을 일으켜 고통은 더욱 커집니다.

또한 애착심은 자기만 행복하려는 이기심을 내고, 자기만 행복하려는 이기심을 채우려다 보니 온갖 욕심을 부리게 되며 온갖 욕심을 다 부려도 가지고 싶은 만큼 안 되니까 성질내고 행패부리고, 그래도 뜻대로 안 되니까 양심도 져버리면서 온갖 부정한 계교와 어리석은 행동을 서슴지 않고 저질러 더욱 큰 고통을 자초합니다. 자기를 행복하게 하려고 일으킨 탐내고, 성질내고, 어리석음을 저지르게 한 삼독심은 자신을 행복하게 하기는커녕 도리어 자신을 고통스럽고, 불행하게 만들고 사회 혼란의 주범으로 만듭니다. 이쯤 살펴본 우리는 고통의 원인은 다른 곳에 있는 것이 아니라 '나'라고 하는 생각, '내 것'이라는 착각, 즉 자기 자신이 문제라는 것을 알 수 있습니다.

그럼 어떻게 하면 고통과 불행에서 벗어나 자신의 즐겁고 행복한 삶과 사회 안정, 생명 평화에 보탬이 되는 삶을 살 수 있겠습니까?

탐내고, 성질내고, 어리석은 계교인 세 가지 어둡고 독한 마음 삼독무명심을 버리면 됩니다.

삼독무명심은 어떻게 하면 버릴 수 있겠습니까?

자기만 행복하려는 이기심을 버리고 모든 생명이 다함께 행복하게 할 이타심을 가져야 합니다.

이기심은 어떻게 하면 버릴 수 있을까요?

나는 나고 너는 너라는 분별심과 나는 대단하고 너는 하찮다는 차별심을 버리고 너와 나, 나와 너는 둘이 아니고, 현상계와 나는 다르지 않음을 깨달으면 됩니다.

우리는 이제 어떻게 하면 다 함께 행복할 수 있는가를 알게 되었습니다.

그러면 많은 사람들로부터 태자의 신분인 자기가 높다고 한 말이라는 오해를 받게 된 '하늘 위 하늘 아래 나 홀로 존귀하다' 하신 말씀을 살펴보겠습니다.

이 말씀은 태자로 태어난 자기 자신을 높여 부른 오만스런 말이 아니라, **분별심과 차별심을 버린 사람은 누구나 다 '하늘 위 하늘 아래 가장 존귀한 존재이며, 모든 중생들의 본바탕은 분별심과 차별심을 버리고 평등심을 이룰 능력이 있다.** 그러므로 모든 존재들은 존귀하다'고 하신 말씀입니다.

나는 대단하고 너는 하찮다는 분별심을 버리면 나도

부처요 너도 부처님으로 보이므로 모든 생명이 존귀한 존재로 보입니다.

나는 대단하고 너는 하찮다는 분별심을 버리면 이웃집 강아지도 부처님이요 우리 집 쥐새끼, 바퀴벌레도 부처님으로 보이므로 모든 생명이 존귀한 존재로 보입니다.

나는 대단하고 너는 하찮다는 분별심을 버리면 공자님도 부처님이요 도척이도 부처님으로 보이므로 모든 생명이 존귀한 존재로 보입니다.

나는 대단하고 너는 하찮다는 분별심을 버리면 나를 달달 볶아대는 시어머님도 부처님, 나를 굶겨 죽이려는 며느리도 부처님으로 보이므로 모든 생명이 존귀한 존재로 보입니다.

나는 대단하고 너는 하찮다는 분별심을 버리면 하느님도 부처님, 사탄도 부처님으로 보이므로 모든 생명이 존귀한 존재로 보입니다.

나는 대단하고 너는 하찮다는 분별심을 버리면 사기꾼도 부처님이요 자선사업가도 부처님으로 보이므로 모든 생명이 존귀한 존재로 보입니다.

빈부귀천, 남녀노소, 기는 놈, 뛰는 놈, 걷는 놈, 나는 놈 등등 겉모양 생김생김을 따라 분별하고 시비하니 고통과 불행을 불러들이는 중생놀음이 되고, 나와 너, 생김생김을 떠나 한 가지로 평등하게 보는 영명하고 영명한 참마음을 쓰니 즐거움뿐인 부처님 자비행이 되는 것입니다.

어떤 삶이 고통과 불행을 부르는 중생놀음이겠습니까? 나 살고 너 죽자는 심보, 나는 옳고 너는 그르다는 심보, 나는 귀하고 너는 하찮다는 비뚤어진 심보를 쓰는 것입니다.

어떤 삶이 고통과 불행을 부르는 중생놀음인가? 이웃집 강아지는 귀여워하고 우리 집 쥐새끼, 바퀴벌레는 얄미워하는 마음입니다.

어떤 삶이 고통과 불행을 부르는 중생놀음이겠습니까? 공자님은 받들어야 할 성인이요 도척이는 죽여야 할 도적놈이라는 분별심입니다.

어떤 삶이 고통과 불행을 부르는 중생놀음이겠습니까? 시어머님은 원수로 삼고, 친정어머니만 어머니로 보는 심보입니다.

어떤 삶이 고통과 불행을 부르는 중생놀음이겠습니까? 아들 따라온 며느리는 원수요, 낯선 남자 따라간 딸은 귀하게 보이는 심보입니다.

어떤 삶이 고통과 불행을 부르는 중생놀음이겠습니까? 예수님은 받들어야 하고 부처는 죽여야 할 사탄이라는 심보요, 부처님은 받들어야 하고 예수는 없애야 할 외도라고 하는 심보입니다.

그러면 어떠한 삶이 자신과 모든 생명에게 행복을 뿌리는 부처님의 삶인가?

나도 부처, 너도 부처님이요 모든 생명과 자연 환경이 다 부처님이시니 모든 이웃과 다투지 않고 자연 환경을 해치지 않음은 물론 생김생김, 신분여하를 막론하고 모든 생명들을 부처님, 하느님 받들듯이 존중하여 그들을 행복하게 하는 것입니다.

효성스러운 불자 여러분! 여러분은 지금까지 어떤 삶을 살아오셨습니까?

고통과 불행을 불러들여 이웃에게 피해 주는 중생놀음을 일삼아왔는지, 행복을 뿌려 자신의 행복은 물론 이웃에게 도움을 주는 부처님의 삶을 살아 왔는지 스스로 알 것입니다.

절에 다니고 매년 정성을 다해 부처님 오심을 봉축하는 목적은 중생놀음을 청산하고 부처로서 살기 위한 일입니다.

알게 모르게 나는 나, 너는 너라는 분별심과 나는 대단하고 너는 하찮은 놈이라 여겨 가족과 이웃을 미워하고 질투하는 등 모든 악업을 이 자리에서 말끔히 참회합시다. 참회하면 죄가 없어져 행복을 얻을 것이요, 참회치 않으면 죄업은 더욱 커져 한량없는 고통을 겪어야 할 것입니다.

모두 눈을 감고 가슴에 손을 얹으십시오, 그리고 무량겁 전부터 알게 모르게 몸으로 지은 죄, 입으로 지은 죄, 뜻으로 지은 죄를 진실하게 참회합시다.

모든 이웃과 화해하십시오. 화해하면 여러분과 자식에게 한량없는 복덕이 있을 것이요, 화해치 않으면 여러분과 자식 대대손손에게 견딜 수 없는 재앙이 끝이 없을 것입니다.

모두 눈을 감고 가슴에 손을 얹으십시오. 그리고 무량
겁 전부터 알게 모르게 남을 원망하고 척진 일들을 남
김없이 참회하고 화해합시다.

참회하고 화해하신 분들은 진실된 불자로서 하늘 위 하
늘 아래 가장 존귀한 분들입니다.

참회하고 화해한 분은 편안할 것입니다. 행복은 더욱
커졌을 것입니다.

마지막 말씀 '내 마땅히 편안하게 해 주리라' 하신 말
씀은 더 설명하지 않아도 될 것입니다.

나무아미타불!

2007년 5월 24일, 봉축법어

당신이 부처님이십니다

봄은 만물을 회생시키기에 상서로운 계절이라 하고, 음력 4월 초파일 또한 모든 생명에게 큰 희망을 안겨 준 날이기에 참으로 환희롭습니다. 일체 생명을 연민하시는 자비의 부처님이 오신 계절이기에 이 봄은 이렇게 상서롭고 희망과 기쁨이 넘치는 것입니다.

적어도 불자들은 2,600여 년을 이렇게 상서로운 봄을 맞이했고 부처님오신날을 넘치는 기쁨과 희망 속에서 봉축해 오고 있습니다. 부처님은 지구촌 인류뿐만 아니라 전 우주, 전 생명에게 가장 큰 희망의 메시지를 가지고 오셨기 때문입니다. 그 메시지는 바로 '**네가 너의 주인이고 네가 조물주다**'라고 하신, 유사 이래 전무후무할 만고불변의 대웅변입니다.

하지만 인류가 희망의 메시지를 받은 지 2,600여 년이 흐른 오늘날 세상의 불안과 혼탁은 더욱 깊어지고 중생의 고통도 더욱 커지기만 합니다.

사람은, 특히 불자는 이 고통, 이 불안 혼탁이 어디에서 오는 것인가를 살펴야 합니다.

혹자는 악마의 장난이라 할 것이고, 혹자는 신의 시험이라 하기도 할 것입니다. 또 어떤 사람은 모두 조상 탓이라거나 남의 탓이라 할 것입니다. 이렇게 잘못 알기 때문에 세상의 불안과 혼탁은 더욱 짙어지고 중생의 고통 또한 더욱 다양하고 커지는 것입니다.

불교에서는 같은 시대를 살아가는 생명들을 동업중생(同業衆生)이라 하며, 그 시대에 일어나는 사회 상황을 공업소치(共業所致)라 하여 어떤 특정인의 탓이 아닌 공동 책임으로 받아들입니다. 자신에게 일어나는 모든 일들은 자기 자신의 몸과 입과 뜻으로 지은 바 선악행위(善惡業)의 결과이며, 사회, 국가, 세계에서 일어나는 그 어떠한 일도 신의 상과 벌도 아니고 조상이나 남의 탓도 아닌 구성원들이 함께 저지른 선악의 행위(업)가 만들어 낸 공동 작품이라고 합니다.

부처님께서 이 사바에 오신 까닭은 중생이 그대로 부처요 조물주로서 자기에게 일어나는 모든 일이 각자 자기의 탓이며 현재의 자기는 순전히 자기가 만들어 놓은 작품이라는 사실을 깨우쳐 주시기 위함이었습니다.

행복해지는 것도 불행해지는 것도, 악마가 되는 것도 성인이 되는 것도 전적으로 자기에게 달려 있으며, 천당도 지옥도 순전히 자기가 만든다는 사실을 알려 주어 자기가 자기의 주인으로 살게 하시기 위하여 일부러 오신 것입니다.

그리하여 **'악'을 버려 '선'을 행하고, '나'를 뛰어넘어 '우리(友利)'가 되는 조화로운 삶의 방법을 알려 주시고자 일부러 오신 것**입니다. 이것이야말로 개인의 행복과 모든 생명들의 평등하고 조화로운 행복을 이루는 최상의 방법이기 때문입니다.

금년 부처님오신날엔 우리 모두 지금의 자기는 순전히 자기 작품임을 깨달아 행복과 평화를 만드는 작가가 되는 날로 삼았으면 좋겠습니다.

앞으로의 자기 역시 자기가 만들어 갈 수밖에 별 도리가 없음을 분명히 깨달아 순간순간 참된 주인으로서 사는 출발점으로 삼았으면 좋겠습니다.

자기의 행복이나 불행이 순전히 자기 탓임을 자각하여 네 탓 타령과 원망의 속박에서 벗어나 손에 손을 맞잡고 우리 모두의 행복창조를 시작하는 날이 되었으면 좋겠습니다.

동참하는 사부대중 여러분, **우리 모두 자기가 온전한 부처이며 조물주임을 자각하여 이 시대의 아픔을 치유하고 가장 이상적인 복지사회의 모델인 불국정토를 지금 이 땅에 구현하여 부처님께 받은 큰 은혜에 보답하겠다**는 서원을 2,638회째 생신을 맞이하시는 부처님께 축하 선물로 공양 올립시다.

이러한 서원의 선물을 공양 올리신 사부대중 여러분이 진정한 부처님이시고 조물주이심을 깊이 믿으므로 산승은 여러분을 진심으로 존경하고 예배합니다.

사부대중 여러분! 여러분과 모든 이웃 생명이 부처님이시고 조물주이심을 절대로 잊지 마십시오.

나무아미타불!

2014년 4월 14일, 봉축 법어

당신 삶의 섣달그믐은 언제?

경인년의 마지막 날이라고 하는 섣달그믐밤입니다.

이 순간에도 경인년의 종점(終點), 극점(極點)을 향하여 시계의 초침은 조금도 머뭇거리지 않고 돌아가고 있습니다.

오늘 우리는 각자 나름의 특별한 의미를 가지고 부처님 전에 모였습니다. 이처럼 섣달그믐밤은 생각 있는 사람들에게는 대단한 의미가 있는 시각입니다.

오늘이 경인년의 마지막 날, 일 년의 마지막 날이라면 인생에 있어, 내 인생에 있어 금생을 마감하는 그믐밤은 언제일까를 생각해 본 분이 있는지 모르겠습니다. 생각 있는 사람 가운데 더 생각 있는 사람이라면 당연히 내가 맞이해야 할 이 문제를 고민해 보았어야만 합니다.

일 년의 그믐은 이렇게 천 년 전, 만 년 전부터 예정되어 있었고, 앞으로 천 년, 만 년 뒤까지도 예고되어 있지만 그 누구라도 비껴가지 않을, 어떤 사람도 피할 수 없는 자기 인생의 그믐을 아는 사람은 극히 드뭅니다. 이 엄연한 사실조차 인식하는 사람 또한 극히 드뭅니다.

오늘 자정을 기하여 경인년의 종점이 되듯이 여러분의 금생 종점도 분명히 들이닥친다는 사실을 먼저 떠나간 주변의 친지들이 친절하게도 분명하고 확실하게 보여 주었건만 아무도 자기 일로 받아들이지 않는 것이, 인간이 가장 우선적으로 치료해야 할 큰 병통입니다.

그 시점이, 그 그믐밤이 지금 이 순간이 되는지 일 분후 내지는 백 년 후가 되는지 모른 채 속절없이 죽음의 문턱, 그믐밤을 향하여 잘도 걸어가고 있는 것입니다. 누구에게나 이 일은 이미 예고도 되어 있고, 예정도 되어 있지만 알지 못하고 이렇게 태평하게 살아갈 수 있어 다행인지도 모르지요.

만약 사람이 죽는 순서와 시간이 정해지고 자기의 그것을 안다면 엄청나게 시끄럽고 혼란스러울 것이라고 말하는 소리를 듣고 공감하면서 웃은 적이 있습니다.

그 뒤 그 말을 생각하면서 그렇게 되었더라면 사람마다 차분히 내일의 일과 내생 일을 스스로 설계하면서 자기가 설계한 대로 착착 실천하면서 사는 철난 삶을 살아갈 수 있지 않을까 하는 망상도 해 보았습니다.

오늘 경인년이라는 한 해를 결산하면서 동시에 신묘년이라는 새해를 큰 계획과 장밋빛 희망을 가지고 맞이하고 있습니다. 참으로 좋은 일입니다. 장담컨대 법우님들의 삶은 지금까지의 삶보다 분명 좋은 방향으로 전개될 것입니다.

이 중요하고 의미 있는 시점에 산승은 법우님들께 간곡한 당부를 드리고자 합니다.

그동안 해마다 해 오던 자기 고통의 근원인 탐욕을 더 키우는 너무 무지하고 근시안적인 계획을 지양하여 좀 더 장구하고 원대한 계획, 즉 고통의 근원을 제거하고 행복의 근원이 되는 큰 원력을 지향하자는 것입니다. 대개 사람들의 1년 계획을 보면 지극히 제한적이고 고통의 연속이 될 자기중심적인 것들이기에 하는 말입니다. 새해엔 전혀 다른 세계를 열어 갈 것처럼 뜬 눈으로 기다려 맞이하는데 뜯어보면 그 내용이 그저 그렇고 그렇다는 말입니다.

하지만 해마다 이 시각 복잡다단했던 1년간의 짐들을 훌훌 털어 버리고 가벼운 마음으로 새해를 맞이하는 것은 그나마 다행스러운 일입니다.

그러나 불자라면, 사람이라면 최소한 지난해엔 욕망을 얼마나 채웠나, 새해엔 얼마나 더 채울 것이냐의 문제가 아니라 나의 지난 삶의 질이 선(善)이었는가 악(惡)이었는가를 판단하는 시간이어야 하고, 새날 새해의 설계 이전에 내생(來生)을 설계하면서 이 밤을 새워야만 합니다.

참다운 삶이란 무엇인가? 진정 가치 있는 삶이란 무엇인가를 고민하는 시간이어야 합니다.

그런 사람이어야 새해를 희망과 기쁨으로 맞이할 수 있을 것이며 복된 내생을 보장받을 수 있게 됩니다.

많은 사람들이 기쁨과 희망으로 새해를 맞이하듯이 내생을 그렇게 맞이할 수 있다면 얼마나 좋을까요?

대개의 비불자(非佛子)뿐만 아니라 웬만한 불자들도 내

생이라는 것 자체를 부정하는 사람들도 있고, 내생의 존재를 긍정하되 자기의 내생이 행복할런지 불행할런지 알 수 없어 불안해하는 사람들도 있습니다.

자기가 살아 온 삶으로는 내생을 보장받을 수 없는 줄 스스로 아니까, 자신할 수 없으니까 한 많고, 갈등 많고, 고통 많은 세상이지만 그나마 금생의 삶을 놓치지 않으려고 발버둥 칩니다.

다음 생을 보장받는 데는 돈 잘 벌고, 출세 잘하는 기술 따위는 전혀 힘이 되지 못합니다. 어떠한 요령이나 부정 수단도 통하지 않습니다.

먼저 묻겠습니다. 삶은 이번 생 한 번뿐일까요, 계속되는 것일까요? 내생이 있을까요, 없을까요?

단언컨대 삶은 영원하고, 어떤 유형으로든 내생은 분명합니다. 그렇기 때문에 무시이래(無始以來)로 시방의 모든 부처님과 선지식들께서 입이 닳도록 내생을 준비하라고 권장하신 것입니다.

불보살님이나 선지식(善知識)들은 중생을 절대로 속이지 않으십니다. 어떤 이들처럼 시험에 빠뜨리지도 않으십니다. 있는 사실(진리) 그대로를 보이심으로써 스스로 선택하도록 도와주십니다. 그리고 모든 중생이 행복의 길로 가도록 채찍을 내리십니다.

모든 부처님과 보살님 그리고 선지식들께서는 하나같이 사람 몸 얻기가 참으로 어렵고, 불법(佛法) 만나기 또한 지극히 어렵다고 말씀하십니다. 우리는 다행히 사람 몸 얻었고 만나기 어려운 참다운 가르침인 불법을 얻어 만났습니다.

이 소중한 생, 이 생을 엄벙덤벙 살아서는 안 됩니다. 얻기 어려운 사람 몸, 이 몸 함부로 굴려서도 안 됩니다. 만나기 어려운 불법, 이 법 만났을 때 부지런히 닦아야 합니다. 그러지 않고는 내생을 보장할 수 없습니다. 어떤 세계에 처박힐지, 어떤 환경에 곤두박질칠런지 모릅니다.

이번 기회를 놓치고 만 겁을 두고 후회해도 또 만나기 어렵습니다. 밥 한 술 남보다 적게 먹더라도, 옷 한 벌 남보다 허름한 옷 입더라도, 남보다 출세 길 두어 발짝 늦어지더라도 수행은 미루지 마십시다.

이 시각은 그믐밤이니 인생 그믐에 대하여 좀 더 생각해 봅시다.

죽음은 갑자기 들이닥칩니다. 엄벙덤벙하다가 경인년 그믐밤을 맞이한 것처럼 인생의 그믐밤도 이렇게 갑자기 들이닥치는 것입니다. 사실 각자의 그믐밤은 예고도 있고, 예정도 되어 있지만 아무도 아는 사람이 없으니 갑자기 당한다고 하는 것입니다.

누구나 자기도 언젠가 죽는다는 것은 다 알고 있습니다. 하지만 죽기 바로 직전까지 지금은 안 죽을 거라는 어리석은 기대를 가지고 있습니다. 심지어는 친구의 주검을 땅에 묻어 꾹꾹 밟으면서 까지도…….

지금은 젊으니까, 건강하니까, 이렇게 스스로를 위로하면서, 자신의 죽음에 대한 두려움을 감추면서 죽으리라는 사실을 망각합니다.

'땡감도 떨어진다', '죽음엔 순서 없다', '염라대왕이 데려갈 때 유전무전(有錢無錢)도, 유식무식(有識無識)도, 유권무권(有權無權)도 가리지 않는다'는 말이 있음을 상기해야 합니다. 또 '자식 장례 치르는 부모, 동생 장례 치르는 형도 많다', '공동묘지에는 늙은 묘보다 젊은 묘가 많다'는 말도 새겨들어야 합니다. 건강하니까 지금은 아니라고 장담하는 이들은 앓다가 죽는 이보다 갑자기 가는 사람이 훨씬 많다는 사실도 생각해 보아야 할 것입니다.

일언이폐지(一言以蔽之)하고, 죽음은 미룰지언정 공덕행(功德行)과 염불 수행은 어떠한 구실로도 미루지 맙시다.

이 두 가지 일이 복된 새해와 내생을 보장하고 금생이니 내생이니, 난다든지 죽는다든지 하는 모든 일들을 해결하는 열쇠이기 때문입니다.

금생이니 내생이니 하는 분별을 떠나지는 못할지라도, 생사초월은 어렵더라도 최소한 묵은해를 털어 버리고 새해를 맞이하듯이 금생을 미련 없이 털어 버리고 복된 내생을 맞이할 수 있는 참된 수행을 신묘년에는 반드시 성취합시다.

나무아미타불!

2010. 12. 31.

'나' 찾는 일, 행복 얻는 일

오늘 음력 7월15일은 절후로는 백중이고 불가에서는 여름 3개월 동안 각자 일정한 수행처에 모여 두문불출 하며 수행에만 전념하던 안거를 끝내고 다시 3개월 동 안 행각(개인적인 일도 보고 어느 곳에서나 만나는 일 가운데 수행 하는 것)을 하기 위하여 수행처를 떠나는 해제일입니다.

이 백중날의 해제는 부처님 생존시부터 지금까지 한 해도 거르지 않고 행해져온 불교 전통 중의 전통으로 써 아주 중요한 날입니다. 아마도 이 세상에 이렇게 유구한 역사를 간직한 전통은 없으리라고 생각됩니다.

또 이날은 승자자일(僧自恣日)이라고도 하는데, 이 또한 불교 수행인들에게만 있는 아주 특별한 날이지요. 자자 (自恣)라는 것이 무엇인고 하면 이것 역시 석가모니부 처님께서 세상에 생존해 계실 때부터 부처님이 직접 행해온 수행의 한 방편인데, 수행자가 각자 스스로 자 신의 허물을 대중에게 들어내어 참회하고 용서를 구하 며 또 자신이 모르고 저지른 잘못에 대하여 대중들께 지적해 주기를 청하는 의식인데, 그 내용은 이러합니 다. 각 수행처마다 3개월 동안 함께 수행한 모든 대중 이 한 자리에 모여서 그곳의 가장 위 어르신이 먼저 시작하는 것인데, 부처님 당시는 석가모니부처님께서 맨 먼저 대중을 향하여 합장하고 "나는 스스로 나와서

청합니다. 내가 이러이러한 일로 대중의 수행에 폐를 끼쳤으므로 이제 참회하노니 이해하고 용서해 주기 바라오, 그리고 내가 모르는 일도 있으리니 3개월 동안 수행하는 가운데 나의 행위와 언어에 무엇인가 잘못된 것이 있었다면 지적해 주십시오." 하고 청하면, 이때에 허물이 없으면 "예, 부처님 저희들은 부처님의 어떠한 허물도 보지 못하였습니다." 이렇게 대중이 대답합니다. 그러면 다음 어른 스님으로부터 처음 들어온 행자까지 차례로 이와 똑같이 해서 자신의 허물을 참회합니다. 오늘날에도 선원에서는 이와 같은 '자자'를 함으로서 탁마를 하고 있습니다.

오늘 법회에 동참한 대중 여러분도 3개월 동안 한 도량에 모여 정진한 것은 아니지만 천일기도 중이고 49일간 일주일마다 모여 기도 정진한 만큼 같은 결제대중이며 서로 기도정진을 돕는 도반입니다. 오늘 다 같이 자자의 시간을 갖고 자신의 결점은 무엇이고 좋은 점은 무엇이 있나 살펴보시기 바랍니다.

사람은 자신의 결점을 스스로 알아차리기는 어려운 일입니다. 그리고 도반의 조언을 고맙게 받아드리기도 쉬운 일이 아닙니다. 그렇기 때문에 수행에 진전이 없고 인간적으로 성공한 사람이 적은 것이라고 생각되어집니다. 그러므로 자자는 자기를 바로 세워 참 사람이 되는데 있어 참으로 중요한 일입니다.

이 스님들의 자자를 가족끼리 혹은 사회단체에서 응용한다면 좋으리라고 생각되어 권하는 바입니다.

또 오늘은 잘 아시는 바와 같이 우란분절이라고 하는

불자들만의 효도의 날이기도 합니다. 이 우란분절 역시 석가모니부처님의 가르침을 따라 지금까지 행해져온 불교 고유의 의식입니다. 부처님을 항상 모시고 다니면서 수행하는 오백 성중과 1,200 아라한 등 많은 제자들 가운데에서도 뛰어난 제자 열 분이 있는데 그 10대 제자 중에 신통제일인 목련존자의 청원에 의하여 가르쳐주신 선망부모 천도법인데 간략히 말하면 이렇습니다.

목련존자가 잘 수행해서 천상계, 수라계, 인간계, 아귀계, 축생계, 지옥계 등 모든 세계의 일을 다 아는 신력을 통하게 되었습니다. 목련존자는 자기 어머님이 생전에 많은 악업을 지었으므로 분명 좋은 세계에 계시지는 못할 것으로 걱정이 되어 계신 곳을 찾아보니 지옥 중에도 가장 고통이 심한 무간 아비지옥에 떨어져 차마 눈뜨고 볼 수 없는 갖은 고통을 받으시는지라 자기의 신통을 다 동원하여 구출하려 해보았으나 구제할 수 없었습니다. 이에 부처님께 그 사정을 말씀드리고 구출해 주시기를 청했습니다.

부처님께서는 그 제자의 효성 어린 간청을 받아드려 "그대 어머니의 죄업이 너무 무거우므로 다른 방법으로는 구제 할 수 없다. 다만 그대가 공경스러운 마음가짐으로 온갖 맛있는 음식과 의복과 의약 그리고 스님들의 용돈을 마련하여 3개월 안거를 마치고 만행을 떠나는 7월 보름날 대중공양을 하면 그대의 어머니가 무간지옥의 고통만은 벗어날 수 있을 것이다."라고 하셨습니다. 목련존자는 가르치심대로 대중공양을 올리고 발원하고 살펴보니 무간 지옥을 겨우 벗어나 고통이 좀 가벼운 지옥에 나신 어머님을 발견하였고 다시 지극한 정성과 공경심으로 대중스님들께 세 번을 더 공양올린 공덕으로 어머님이 극락에 왕생하셨을 뿐만 아니라 그때에 같이 고통 받던 악도의 모든 중생이 다 함께 왕생하였습니다.

7월 15일, 백중이기도 하고 자자일이기도 하며 해제일이기도 한 이 날에 수행자 분들께 공양 올린 공덕은 이와 같이 큰 것입니다. 왜냐하면 3개월 동안 수행에만 오로지하고 오늘 자신의 모든 잘못을 참회한 그 대중은 청정하고 참된 일념을 이룬 성자들이기에 중생의 악업을 능히 씻어 줄 수 있기 때문입니다.

백중 날을 불교에서 우란분절이라 한 것은 이렇게 목련존자의 효심과 청정한 수행승들의 법력으로 악도 중생을 구제한 내력에 연유한 것이고 불자들은 오늘날까지 선망부모님과 일체 모든 유주무주 유연무연의 영가를 천도하는 의식에 동참하여 정성을 다하는 것입니다.

어떤 불자님들은 천도는 한번 했으면 그만이지 무엇 때문에 매년 천도재를 할 필요가 있느냐고 비판합니다. 하지만 이것은 절대적으로 몰라서, 무지해서 하는 말입니다. 그런 불자들께 묻고 싶습니다. 신심과 정성을 다 바쳐서 천도재를 해보았는가? 목련존자와 같은 성인도 온갖 정성을 다 해서 세 번이나 공양을 올리고서야 겨우 성취했는데, 오늘날 범부들이 건성으로 남들이 하니까, 또는 스님이 해야 된다고 하니까 따라서 몇 번 해보고 되느니 안 되느니 어쩌니 해서는 안 됩니다.

정성을 다하여 천도법요를 하다보면 반드시 '아! 나와

인연 있는 영가들이 모두 이고득락 하셨구나' 하고 확신이 설 때가 있습니다. 그런 확신이 있을 때까지 멈추지 말고 천도재도 지내야 하며 일념으로 나무아미타불 육자 염불수행을 닦아야 합니다.

그렇지 않으면 산승이 항상 여러 불자님들께 간곡히 권장하는 **"나는 누구인가?"를 가슴에 달고 끊임없이 참구해서 '나를 나라고 하는 내가 누구인지'를 알면 천도재도 필요 없이 자신은 물론 모든 유연무연영가를 일시에 다 천도 할 수 있게 됩니다.**

그러면 중생은 왜 윤회를 하는가? 말할 것도 없이 자신이 지은 업력 때문입니다.

악도에 태어나던 선도에 태어나던 그것은 하느님이나 부처님 내지는 조상님의 탓도 아닌 순전히 자신이 저지른 악업과 자신이 닦은 선업에 의하여 육도(천상·수라·인간·지옥·아귀·축생)를 끊임없이 헤매면서 가지가지 고통을 받는 것입니다. 다시 말씀드리자면 선악의 업력이 다 소멸되기 전에는 어느 누구도 육도 윤회를 면할 수 없습니다.

오늘 큰 신심과 정성을 바쳐 우란분절 법요에 동참한 일도 동참대중 모두의 자신과 선망부모 및 법계 유주무주 영가의 선악의 업력을 소멸하고, 나고 죽는 괴로움이 없는 극락정토에 왕생하자는데 있습니다. 극락세계는 진리의 세계이고 이 둘은 같은 것인데 이것은 일체의 선악경계를 넘어서 있는 것입니다. 이 세계에 가는 길은 위에서 말씀드린 두 가지 방법이 있습니다.

신사년 우란분절을 기하여 여러분께 극락세계에 가는 길과 진리에 도달할 수 있는 길, 이 두 가지 길을 큰 선물로 드립니다.

모쪼록 밥을 먹으나, 옷을 입으나, 일을 하거나, 놀거나 어느 때 어느 곳에서나 나무아미타불 육자염불을 놓지 마십시오. 그리고 가끔씩 "나무아미타불" 하고 "염불하는 이 자는 누구인가?" 하고 자신에게 물으십시오. 그러면 반드시 '나'라는 답이 나올 것입니다. 그러거든 곧바로 그러면 "나는 누구인가?" 하고 되물으시기를 계속해서 깊이 잠들 때까지 "나는 누구인가 하고, 잠에서 깨어나자마자 또 나무아미타불, 나는 누구인가"로 하루 일과를 시작하시면 곧바로 큰 행복을 얻으실 것이고 머지않아 일체중생이 극락세계에 있음을 알게 될 것입니다.

다 함께 큰 행복을 얻으십시오.

나무아미타불!

1989년, 우란분 법문

나는 내가 만든 작품이다

오늘 무척 기쁘시고 행복하시지요? 예 그렇습니다.

부처님은 만 생명의 기쁨과 행복의 메시지를 가지고 오셨기 때문입니다. 바로 '중생이 부처요 각자 자기가 자기의 주인이며 행복도 불행도 자기가 만들어내는 조물주'라는 대 웅변이 그것입니다.

그러하기에 초파일은 이렇게 기쁘고 이토록 행복한 것입니다.

이제 사부대중 여러분 스스로 자기가 자기의 주인이며 조물주라는 사실을 깨달아 진정한 행복자가 되시도록 안내하겠습니다.

눈을 가볍게 감으십니다.
숨을 깊게 들이쉬면서 들숨을 분명히 알아차리고,
숨을 길게 내쉬면서 날숨을 또렷이 알아차립니다.
들숨날숨을 한순간도 놓치지 아니하고 온전히 알아차립니다.
계속하여 들숨날숨을 온전히 알아차리면서
지금의 내 인생은 한량없는 옛적부터 지금까지 내가 만들어온 나의 독특한 작품임을 분명히 깨닫습니다.

지금의 배우자를 만난 것도 전적으로 나의 작품임을 분명히 깨닫습니다.
지금의 부모님을 만난 것도 전적으로 나의 작품임을 분명히 깨닫습니다.
지금의 자식을 만난 것도 전적으로 나의 작품임을 분명히 깨닫습니다.
지금의 친구를 만난 것도 전적으로 나의 작품임을 분명히 깨닫습니다.
지금의 직장상사 동료 부하를 만난 것도 전적으로 나의 작품임을 분명히 깨닫습니다.
앞으로 전개될 나의 인생도 그렇고 세상사도 전적으로 내가 만들어간다는 사실을 분명히 깨닫습니다.
내가 나의 주인이며 마음만 먹으면 그 어떤 것도 만들어내는 조물주임을 분명히 깨닫습니다.
모든 이웃들도 나와 조금도 다르지 않음을 분명히 깨닫습니다.

들숨날숨을 온전히 알아차립니다.
눈을 뜨시고 주위를 돌아봅니다.
자기가 자기의 주인이라는 이 엄연한 사실 공감하시는지요?
자기가 조물주라는 이 엄청난 사실 동의하십니까?
예, 참으로 좋습니다. 주인 되시고 조물주 되심을 축하드립니다.

부처님께서 오신 뜻은 중생이 부처요, 중생마다 자기가 자기의 주인이며 조물주라는 사실을 깨우쳐 주시려는

데 있습니다. 자기가 자기의 주인임을 알아야 진정한 자기의 행복과 세계평화를 이룰 수 있기 때문입니다.

첨단 과학문명시대라고 하는 21세기에 이르러서야 비로소 소수의 사람들이나마 2600여년 전 부처님께서 분명히 보신 바와 같이 세계와 만물은 신이 창조한 것이 아니라 조건을 따라 모였다가 흩어지고 흩어졌다가 또다시 모이는, 그래서 끊임없이 변화하는 현상계의 한 단면이라는 사실을 알게 되었지만, 그 당시 인류는 대다수가 영원히 만나볼 수도 없고 절대로 확인할 수도 없는 하늘 신을 설정하고 그 신에게 삶 전체를 의탁하고 사후 구원을 구걸했습니다.

그러한 암흑의 시대에 부처님께서 우리 곁으로 일부러 찾아오시어 완전히 깨달은 안목으로 창조신이나 구원신 따위는 절대로 존재하지 않는다는 사실을 분명히 보시고, 중생이 부처요, 누구나 다 자기가 자기의 주인이며, 각자 자기가 의도하는 대로 이루어내는 조물주라고 천명하셨습니다.

2639회째 부처님오신날을 기하여 우리 모두 자기가 자기의 주인임을 자각하고 지금까지 그러했듯이 마음만 먹으면 그 어떤 것도 이루어내는 조물주임을 깊이 깨달아 행복을 만드는 작가가 되어야 합니다.

모든 이웃 생명들의 행복도 만드는 명장 조물주가 되어야만 합니다. 그래야 비로소 부처님 은혜에 보답하게 되고 이 봉축법회가 참다운 축하행사가 되는 것입니다.

이제 우리 모두 명장 조물주로서 모든 생명계의 평화

와 행복만을 만들어 나아갑시다.

큰소리로 따라 하시면 법어를 마치겠습니다.

나는 내가 나의 주인임을 분명히 안다.
나는 선과 악 가운데 선을 선택하여 일체 생명계의 행복만을 만드는 명장 조물주임을 분명히 안다.
모든 이웃 생명들도 나와 조금도 다르지 않음을 분명히 안다.

예 좋고 좋습니다. 주인 되시고 조물주 되신 여러분을 존경합니다.

사부대중 여러분!

지금 '자기가 자기의 주인이며 조물주임'을 확인하신 오늘의 이 큰 인연 절대로 망각하지 마십시오.

나무아미타불!

제 2부. 참회와 공덕 닦기

불법수행은 마음 닦기와 공덕 닦기이고 부처님은 이 두 가지를 완전하게 성취하신 분입니다.
마음 닦기로는 '나무아미타불' 육자 염불만한 것이 없고, 공덕 닦기로는 포교만한 것이 없습니다.
겸하여 이웃에게 물질적 이익이 되는 보시공덕을 닦는다면 금상첨화가 될 것입니다.

참회 · 서원합니다

산승은 더러는 자비의 미소를 머금으신 부처님을 친견하곤 합니다.

그런데 요 며칠 전 꿈에서는 부처님의 미소는 사라지고 눈물을 흘리시는 모습을 친견하였습니다. 보통 눈물이 아니라 주체할 수 없는 눈물로 부처님의 법복이 흠뻑 젖은 것은 물론 연화좌대 밑으로 흘러내릴 지경인 것입니다. 몇 날 며칠을 우셨는지 눈은 퉁퉁 부어서 눈동자도 보이지 않았습니다.

저는 당황스럽고 걱정스러워 어찌할 바를 몰라 하다가 부처님께 "부처님! 부처님께서는 희로애락과 애증(愛憎) 따위 일체 중생심을 여의셨고 이미 나고 죽음까지도 초월하시어 삼계의 대도사이시며 사생의 자부이신 세존이신데, 아직도 슬픔 같은 감정이 남아 있으십니까? 그리고 무슨 연유로 그토록 눈물을 보이십니까? 송구스럽사오나 제자는 궁금하옵니다." 하고 여쭈었습니다.

이에 부처님께서는 "그렇다 부처인 나에게도 즐거움과 슬픔이 있느니라. 그러나 나의 즐거움은 중생이 행복해하는 모습을 볼 때이고, 서로 돕고 나누는 중생들을 볼 때이며, 서로 칭찬하고 격려하는 모습을 볼 때이며, 한 중생이라도 삼보께 귀의하는 것을 볼 때이며, 육바라밀 등 수행을 부지런히 하는 중생들을 볼 때이며, 중생들의 극락왕생을 볼 때이며, 중생들이 성불하는 것을 볼 때이니라.

그리고 나의 슬픔은 이 세상에 질병 가난 전쟁이 멈추지 않기 때문이니, 즉 중생들이 괴로워하기 때문이며, 서로 빼앗고 다투기 때문이며, 서로 헐뜯고 모함하기 때문이며, 삿된 도에 현혹되는 자가 많기 때문이며, 불자들이 수행하지 않기 때문이며, 지옥에 떨어지는 중생은 많고 왕생극락하는 중생은 너무 드물기 때문이니라.

너도 한번 살펴 보거라. 지금 이 사바세계의 중생들은 그 어느 시대의 중생들보다도 풍요로운 생활을 하고 있지 않으냐. 그럼에도 불구하고 그 어느 시대의 중생들보다도 부족하다는 생각을 더 많이 하지 않느냐. 그런 나머지 인색하여 나눌 생각은 추호도 없고 서로 더 가지려고 아귀다툼이니 내보기엔 유사 이래 가장 가난한 삶을 사는구나.

내가 중생들이 고통을 떠나 안락하게 하기 위하여, 중생심을 버리고 보살심을 가지게 하기 위하여, 생사윤회의 고통을 영원히 끊게 하기 위하여 해탈법을 펴온지 어언 이천육백여 년이 경과했건만 승속을 막론하고 선업(善業)을 버리고 악업(惡業)을 저지르는 자 더 많고, 해탈법을 등지고 생사업에 취한 자 뿐이로구나. 더 서글픈 일은 견성성불 하여 중생을 제도하겠다고 부모형제 다 버리고 삭발한 나의 출가 제자들이 자기 본분을 팽개치고 세속의 사람들보다도 더 추하고 속된 행위를 자행하는 중들이 너무 많기 때문에 나는 슬퍼하노라.

이젠 나의 참된 가르침을 실천하는 제자들이 탐욕스럽고 삿된 무리들에게 시달려 견디기조차 어려운 세상이지 않느냐." 이렇게 말씀하시는 부처님의 눈에서는 여전히 빗줄기 같은 눈물이 흐르는 것이었습니다.

그리고 자세히 살펴보니 부처님은 너무 피로하셔서 곧 쓰러지실 것 같았습니다.

이에 저는 더욱 송구스러워서 "부처님! 부처님께서는 좀 쉬셔야 되겠습니다. 그래도 아직은 불법을 외호하는 진실한 재가불자들이 많이 있고, 출가대중도 수행에 오로지 하는 자들이 많습니다. 그리고 부처님의 가르치심을 펴기 위하여 열심히 포교하는 제자들도 많습니다. 이제 너무 심려치 마시고 쉬시옵소서! 모두 다 깨닫고 참회하며 잘 할 것입니다." 하고 위로해 드렸지만 부처님의 눈물을 멈추게는 할 수 없었습니다.

부처님께서는 또 말씀하셨습니다.

"내가 이렇게 피로한 것은 다름 아니라 중생들의 요구가 너무 많고 크고 복잡하기 때문이니라. 너도 알다시피 소위 신심 있는 불자라는 자들이 자나 깨나 나에게 요구하는 것들을 들어보면 나의 법력으로는 도저히 들어 줄 수 없는 것들이라네.

가령 즉 자식이 공부를 등한히 해서 수능성적 199점 받은 애를 서울대 법학과에 합격하게 해 달라, 남편이 동료를 제치고 승진하게 해 달라, 재벌 되게 해 달라, 아무개 망하게 해달라는 등 갖은 요구를 다하지 않느냐. 중생들의 이러한 요구는 차라리 압력이라고 해야 맞을 것이네. 그도 그럴 것이 쌀 한 되 과일 몇 개 돈 한 푼 갖다 놓으면서 이치에 맞지 않는 요구를 하니 압력이나 협박이 아니고 무엇이겠느냐. 또 나의 적자라고 하는 중들 좀 보려무나.(중들 이야기는 너무 민망스러워 여기 올리지 못함)

너의 생각에도 중생들의 요구는 내가 들어줄 수도 없거니와 들어 주어도 안될 것들이지 않으냐. 내가 팔십 평생을 몸소 보여준 고행과 입이 아프도록 가르쳐준 선인선과(善因善果)요 악인악과(惡因惡果)의 도리만 이해하면, 뿌리지 않고 거둘 수 있는 것은 아무것도 없다는 진리를 터득하면 될 것들인데 철부지처럼 요구만 해대는구나." 하시면서 한숨지으셨습니다.

부처님 말씀을 다 들은 저는 부끄럽고 죄송스러워 어찌할 바를 몰라 쩔쩔 매었습니다.

한참 만에 정신을 가다듬고 얼굴을 들어 부처님을 뵈오니 눈은 부어서 불그스레하지만 눈물은 흐르지 않았습니다. 뿐만 아니라 살짝, 아주 살짝, 마치 영평사 부처님 미소와 같은 그런 은은한 미소를 보이시는 것입니다. 저는 너무 안심되고 반가워서 큰소리로 "부처님! 부처님 무슨 기쁘신 일이 있으십니까? 오래 만에 미소를 보이시니 말입니다."하고 여쭈었습니다.

부처님께서는 아무런 대답도 없이 눈짓으로 부처님 발밑을 보라 하셨습니다. 부처님 눈길을 따라 쳐다보니 어떤 청수한 수행자가 부처님 발에 수없이 정례를 드리면서 외치고 있었습니다.

"부처님 제자 아무개는 성불하여 중생제도 하겠다고 출가하여 삼보께 귀의한지 오십년이 다 되었지만 여태껏 진실히 귀의하지 못했습니다. 그리고 중생제도의 원력을 망각한지 오랩니다. 태양 같으신 부처님의 은혜 속에서 살았건만 한 번도 진실히 부처님의 은혜를 깨닫지 못했습니다.

그리고 가피를 주시지 않으신다고 부처님을 은근히 원망도 했습니다. 더구나 부처님께 무슨 원이 없이는 과일 하나 향촉 하나 올리지 않았습니다.

제자 아무개는 부처님의 눈물과 피곤하심을 보고서야 비로소 저의 불효를 알았습니다. 저 이제 모두 지심 참회하나이다.

제자 아무개는 지금 진실로 부처님께 귀의하옵고, 가르치심에 귀의 하옵고, 영산당시 부터 계셔온 모든 스승님들, 이 시대에 계신 모든 스승님들께 지심귀의 하나이다.

그리고 옛적부터 몸으로 저질러온 살도음(殺盜淫) 모든 악업을 참회하고 이 한 몸 다 바쳐 중생행복을 돕고 중생성불을 돕겠습니다.

거짓말 악담 욕설 이간질 등 모든 구업을 참회하고 이 입으로 부처님의 말씀을 옮겨 중생의 진실과 화합을 돕고 모두 삼보께 귀의 시키겠습니다.

내 욕망 채우려던 탐욕과 성냄과 온당치 못한 소견으로 이웃들을 불안케 한 악업을 참회하고 마음 다 바쳐 중생성불을 돕겠습니다."

이때 이변이 일어났습니다. 이 수행자의 참회와 발원하는 광경을 바라보던, 그동안 각기 자기의 탐욕에 눈이 멀어 갖은 악행 비행을 일삼던 사부대중들이 하나 둘 수행자 뒤를 이어 무릎을 꿇고 수행자의 참회와 발원에 동참하기 시작하는 것이었습니다. 평소에 이 수행자를 비방하고 괴롭히던 스님들도 모두 무릎을 꿇었습니다. 처음에는 멋적어 망설이던 스님들도 하나 둘 동참하여 아직도 욕망에 너무 깊이 빠져 정신 차리지 못한 몇몇 재가불자와 스님들만 남았습니다.

수행자의 참회와 발원은 계속되었습니다.

"제자 이제 부처님께 아무것도 요구하지 않겠습니다. 어느 것 하나 자신의 노력 없이 이루어지는 것은 없음을 깨달았습니다. 이제 잠시도 부처님의 은혜를 망각하지 않겠습니다. 구원겁 전에 세운 중생제도의 원력을 망각하지 않겠습니다.

포악한 악인이 괴롭혀 저의 수행을 방해하더라도 원망하거나 복수할 마음을 내지 않음은 물론 그들도 부처임을 믿어 그들을 모두 부처님 품에 안기게 하겠습니다. 제자 아무개는 저의 발원을 상기합니다."

여기까지 보던 저는 소스라치게 놀랐습니다. 그 발원하는 수행자는 다름 아닌 바로 저 자신인 것입니다. 그리고 부처님의 미소는 치아가 보일 정도로 큰 미소이시고 피곤하시던 모습도 완전히 사라진 것입니다. 산승도 얼마나 기쁘던지 그 기쁜 광경에 잠에서 깨어나니 긴 꿈이었습니다.

새벽 한 시, 고요히 앉아 꿈을 돌이켜 봅니다. 그리고 부처님께 효도는 하지 못할망정 불효는 저지르지 않겠다고 다짐해봅니다.

그리고 영평불자 여러분께 간곡히 권장합니다. 부처님께서 더 이상 눈물을 흘리시게 하지 맙시다. 그리고 다시는 피로하시게 하지 맙시다. 지난날의 게으름과 일체악업을 참회하고 신심을 북돋아 일체중생과 더불어 성불하겠다는 큰 원력으로 수행하십시다.

그러면 산승이 초발심에 세운 서원을 한번 음미해 보시기 바랍니다. 나무아미타불!

❈ 환성의 서원

―. 삼세죄업(三世罪業)을 지심참회(至心懺悔) 하나이다.

―. 삼보께 목숨 바쳐 귀의(歸命三寶) 하나이다.

―. 세세생생(世世生生) 정법에서 물러나지 않사오리다.

―. 부처님의 원각(圓覺)에 머물러 항상 선지식(善知識)을 만나 대승진리(大乘眞理)를 깨달아 외도(外道)나 이승(二乘)이 저의 모양만 보아도 최상승문(最上乘門)에 귀의케 하겠나이다.

―. 십바라밀(十婆羅密)을 닦아 모두 이루어 일체중생(一切衆生)을 이익케 하겠나이다.

―. 경을 한번 보게 되면 그 진실한 뜻을 바로 깨달아 잊지 않으며 대변재(大辯才)로 모든 청중을 최상승문(最

上乘門)으로 이끌어 열반락(涅槃樂)을 얻게 하겠나이다.

—. 삼세제불(三世諸佛)이 닦아 이루신 온갖 착한 공덕을 닦되 미래제가 다하도록 이르르며 백천삼매(百千三昧)와 무연자비(無緣慈悲)와 복혜신통(福慧神通)이 원만구족(圓滿俱足)하여 한량없는 방편으로 온갖 괴로워하는 중생을 구제하여 열반락에 안주케 하겠나이다.

—. 제자의 일체병고(一切病苦)가 소멸되어 모양이 단엄청정(端嚴淸淨)하고 위덕(威德)을 갖추어 제자를 보는 이로 하여금 모두 보리심을 내게 하며 병고중생(病苦衆生)은 즉시 회복되게 하소서.

—. 일체중생이 안락을 얻게 하기 위하여, 일체중생의 병고를 없애주기 위하여, 일체중생의 수명과 풍요를 늘려주기 위하여, 일체 악업중죄(惡業重罪)와 일체장애(一切障碍)를 여의고 일체 청정법(淸淨法)과 일체공덕(一切功德)을 증장시키고 일체선업(一切善業)을 성취시키기 위하여, 일체 두려움(一切怖畏)을 멀리 여의고 바라는(求願) 바를 만족시키기 위하여, 모든 수행자들의 부족함이 없는 도량(道場)을 만들기 위하여, '나무아미타불' 염불을 널리 권하여 일체중생 동왕극락(同往極樂)을 위하여 삼보자존전(三寶慈尊前)에 지심귀명(至心歸命)하옵고 서원(誓願)하나이다.

世尊應化 이천오백삼십년 丙寅年 9월9일
충남 홍성 寶林山下 如如庵 弟子 幻惺 焚香發願

지혜로운 생활

벌써 4월이 시작되었습니다.

창문을 열어젖히고 흐르는 물소리를 들으며 멀리 산을 한번 바라보십시오. 싱그럽고 훈훈한 남풍이 불어옴을 느낄 수 있을 것입니다. 이 사월 훈풍에 불자 여러분의 가정에도 활기찬 기운이 넘치기를 부처님 전에 기원합니다.

불자여러분, 사람이 살다보면 수많은 애로와 난관이 있게 마련입니다. 아무리 돈이 많고 권력과 명예가 높은 사람일지라도 다른 사람이 알지 못하는 자기만의 고민이 있게 마련입니다. 만약에 세상살이에 근심걱정이 없다면 자만에 빠져 오히려 더 큰 문제를 일으킬지도 모릅니다.

그래서 부처님께서는 〈보왕삼매론〉에서 말씀하시기를, "세상살이에 곤란이 없기를 바라지 마라. 세상살이에 곤란이 없으면 업신여기는 마음과 사치한 마음이 생기기 쉽나니."라고 하셨습니다.

오늘 여기에 모이신 여러분은 무슨 애로와 난관이 있습니까? 여러분은 그 애로와 난관, 즉 근심걱정을 어떻게 해결하고 계십니까?

대부분 사람들은 어떻게 하면 이것을 극복할 수 있을까 고민하고 지혜를 짜내게 됩니다. 이때 종교적인 신념이 확고한 사람들은 자신의 종교적 가치관에 의지하여 이러한 문제들을 해결하려 할 것입니다.

우리 불자들의 경우에는 자신의 과거에 지은 업장을 참회하면서 간절한 소원을 담은 발원을 하며 부처님께 나아가 천배 만배 절을 하기도 할 것입니다.

과연 우리 불자들이 이렇게 간절히 참회하고 발원하고 절하는 목적이 무엇일까요. 그것은 아마 이러한 종교적 체험을 통해서 우리 생활 속의 애로와 난관을 극복할 수 있는 바른 지혜를 얻기 위함일 것입니다. 맑은 생각과 지혜로 세상을 바르게 보고, 바르게 생각하고, 바르게 말하고, 바르게 행동하여 다른 사람의 모범이 됨은 물론 성공적인 인생을 살게 되기를 바라기 때문일 것입니다.

그래서 오늘은 부처님의 가르침에 나타난 지혜의 의미와 함께 지혜로운 삶을 살기 위한 방법들에 대해서 이야기해 보도록 하겠습니다.

아름다운 세상을 위하여 우리들이 참된 인간으로 태어나 아름다운 세상을 만들어 나가고자 할 때 꼭 필요한 것이 있다면 그것은 바로 지혜입니다. 여기서 말하는 지혜는 지식과는 다릅니다. 일반적으로 지혜란 '사물의 도리나 선악을 분별하는 마음의 작용, 슬기'를 말하는 것으로 설명하고 있으나, 이러한 분별하는 마음작용은 단지 어떤 것에 대해서 안다는 의식의 작용, 즉 지식에 불과합니다. 보통 우리가 알음알이라고 하는 것입니다.

여러분들이 잘 아시다시피 불교에서는 이 알음알이를 항상 경계하라고 가르치고 있습니다. '입차문내 막존지해(入此門內 莫存知解: 이 문에 들어오면 알음알이에 의존하지 말라)'라는 글귀를 잘 알고 계시죠? 불교에서는 말하는 지혜는 분별하는 마음의 작용을 말하는 것이 아닙니다. 분별의 지식이 아니라 미혹을 끊고 부처님의 진정한 깨달음을 얻는 힘을 이르는 말입니다.

그렇다면 우리 불자들은 절에 와서 법문을 듣고 기도를 하면서 무엇을 추구해야 되겠습니까?

당연히 얄팍한 알음알이에 불과한 지식이 아닌 참된 지혜를 갈고 닦아야 할 것입니다. 왜냐하면 지혜로운 사람은 어떤 어려운 일도 즐겁게 해결할 수 있는 힘을 갖게 되기 때문입니다. 그리고 더 나아가 매일 매일을 즐겁게 살아갈 수가 있기 때문입니다. 흔히들 많은 사람들은 우리 불교를 '깨달음의 종교', '지혜와 자비의 종교'라고 합니다. 이는 곧 불교가 다른 어떤 종교보다 지혜를 강조한다는 말입니다.

불교의 교리를 보아도 지혜가 얼마나 중요한지를 알 수 있습니다. 예를 들면, 불교의 도를 배워 깨달음을 이루려는 이가 닦아야 할 세 가지 덕목인 삼학에도 마지막 덕목이 혜학입니다. 그리고 대승의 보살이 닦아야 할 육바라밀 덕목 중에도 마지막에 반야바라밀(지혜바라밀)이 있습니다.

부처님의 사십오년이라는 오랜 세월 속에서 중생을 향

하여 설하신 법문은 바로 이 지혜의 말씀입니다. 일체 미혹에서 벗어나 참다운 지혜를 얻어야 진정한 행복 즉 열반에 이를 수 있는 것입니다. 대웅전 법당 석가모니부처님의 왼편에 계시는 문수보살상은 부처님의 지혜를 상징하는 보살입니다. 오른손에 지혜의 잔을 들고 왼손을 아래로 드리운 형태는 어리석은 중생을 지혜로 제도하겠다는 약속을 나타낸 것입니다.

이제 곧 불교의 최대 명절인 사월초파일이 다가옵니다. 초파일이 되면 많은 불자들이 절에 가서 부처님께 연등을 공양하는데 부처님오신날이나 각종 큰 불교 행사에 연등을 밝히는 것은 등불과 같은 지혜의 광명으로 중생의 무명, 즉 어리석음을 밝히겠다는 의미를 담고 있는 것입니다.

이와 같이 지혜란 말은 우리 불교에서 가장 많이 사용하는 단어 중의 하나이기도 하면서 우리 불자들이 갈고 닦아야 할 최상의 목적이라고 할 수 있습니다.

이제 우리 불자들은 아름다운 세상을 만들어가기 위해, 생사윤회의 고통으로부터 영원히 벗어나기 위해서 문수보살의 지혜를 터득해야 합니다. 그리기 위해서는 경전공부도 열심히 하고, 부지런히 육바라밀을 실천하고, 염불 참선 수행에도 용맹정진 해야 합니다.

그리고 수행을 통해 얻어진 지혜를 이웃을 위해 생활 속에서 실천하는 사람이 되어야 합니다.

요즘 정치 경제 사회가 무척 어둡습니다. 온 나라와 세계가 어둠에 쌓여 인류는 두려움에 떨고 있습니다.

이 세계의 어둠과 인류의 두려움은 부처님의 지혜와 자비만이 해결할 수 있습니다.

불기 2550년 부처님오신날은 나와 이웃의 지혜를 밝히는 연등 공양을 올립시다.

그리고 나와 남이 둘이 아니며 나와 세계가 다르지 않다는 진리를 깨달아 부처님의 자비로 다함께 두려움에서 벗어나기를 발원하며 동체대비의 큰 등을 밝힙시다.

나무아미타불!

지옥 가는 법, 극락 가는 법

부처님께서 기원정사(祇園精舍)에 계실 때의 일이다.

어느 날 부처님은 제자들에게 지옥 가기가 얼마나 쉽고 극락 가기가 얼마나 쉬운지에 대하여 이렇게 말씀하셨다.

"내가 어떤 사람이 마음속으로 생각하는 일을 관찰해 보니 그는 팔을 굽혔다 펴는 사이에 지옥에 떨어지는 일을 스스로 하고 있었다.

왜냐하면 그는 스스로 나쁜 마음을 냈기 때문이다. 그가 지옥에 떨어지는 것은 다른 이유가 없다. 마음속에 나쁜 병이 생겨 지옥에 떨어지는 것이다. 만일 어떤 사람이 화를 낸다면 나는 그에게 말하리라. 만약 그대가 지금 목숨을 마친다면 바로 지옥에 떨어질 것이라고, 왜냐하면 마음으로 악한 행을 했기 때문이다.

내가 또 어떤 사람이 마음속으로 생각하는 것을 관찰해 보니 그는 팔을 굽혔다가 펴는 사이에 극락에 태어나는 일을 스스로 하고 있었다. 왜냐하면 그는 스스로 착한 마음을 냈기 때문이다. 그가 극락에 태어나는 것은 다른 이유가 없다. 마음속으로 착한 생각을 했기 때문에 극락에 태어나는 것이다.

만일 어떤 사람이 착한 일을 한다면 나는 그에게 말하리라, 만약 지금 그대가 목숨을 마친다면 바로 극락에 태어날 것이라고, 왜냐하면 마음으로 착한 행을 했기 때문이다.

그러므로 수행자들이여, 그대들은 항상 마음속으로 나쁜 생각을 하지 말고 착한 생각을 하라. 깨끗한 생각을 내고 더러운 행을 하지 말라. 그대들은 반드시 이렇게 공부해 나가야 한다."

전에 노스님으로부터 들은 얘기가 생각난다.

옛날 어떤 스님이 탁발을 나갔다가 날이 저물어 마을 집에서 하룻밤 신세를 지게 되었다. 아침에 일어나 세수를 하는데 주인과 하인이 이야기 하는 것을 들었다.

"마당쇠야, 윗마을 박첨지가 죽었다는데 지옥에 갔는지 극락에 갔는지 알아봤느냐?"

"예 마님, 알아보니 박첨지는 지옥에 떨어졌습니다."

"그러냐? 아랫마을 김첨지도 죽었다는데 어떻게 됐는지 알아보고 오너라."

잠시 뒤 마당쇠가 돌아와 주인에게 고했다.

"김첨지는 그 어르신은 극락에 왕생 하셨습니다."

두 사람의 희한한 대화를 들은 스님이 주인에게 물었다.

"죽은 사람이 지옥에 갈지 극락에 갈지는 오랫동안 수행을 한 저도 모르는 일입니다. 그런데 거사님 댁 하인이 어떻게 그걸 알 수 있는지요?"

주인은 껄껄 웃으면서 이렇게 대답했다.

"그야 간단하지요. 동네 사람들이 '아무개는 남을 괴롭히고 못된 짓만 골라 했으니 지옥에 떨어졌을 거야.'라며 히히덕거리면 그는 지옥 외에는 갈 곳이 없을 것이고, 반면에 아무개는 그렇게 착한 사람이 죽다니 하늘도 무심하셔라 하면서 동네 사람들이 안타까워하면 그는 필경 극락에 왕생할 것이 분명하지 않겠습니까?"

이 노스님의 말씀이나 부처님의 말씀은 같은 의미라 할 수 있다.

선행을 하면 반드시 복을 받고, 악행을 하면 반드시 벌을 받는 것은 당연한 이치다.

'선인선과 악인악과' 이것은 만고불변의 진리이다.

나무아미타불!

종자불실 種子不失

금년 여름의 폭염은 아마도 금세기 최고의 폭염으로 기록될 것입니다.

한국 사람들 찜질방 좋아하니 하느님께서 온 세상을 찜질방으로 만들어 주시려는 것이라며 우스갯소리로 더위를 이겨 보려는 사람들도 있을 지경입니다.

이 살인적인 폭염에 열대식물인 연꽃은 오히려 자기들 세상인 양 더 오랜 기간 소담스럽게 피어 있는 것을 보면서 세상만사 절대적으로 좋거나 나쁜 게 있지 않음을 깨닫습니다.

사람 관계도 그렇습니다. 나에게는 무척 귀찮고 만나고 싶지 않은 사람인데 어떤 사람에게는 없어서는 안 될 존재인 경우를 우리는 많이 보아 잘 아는 사실입니다. 이러한 이치를 달관한 사람이라면 그를 군자라, 도를 아는 사람이라 불러도 지나치지 않으리라 생각해 봅니다.

산승은 비교적 자연을 사랑하고 꽃을 좋아하는 편이다 보니 그 속에서 유익한 발견을 종종 하게 됩니다. 전국에 알려진 구절초 꽃 축제 역시 토종 야생화를 좋아 가꾸던 중 구절초 꽃의 고요한 아름다움이 사람의 마음을 순화시키는 마력이 있음을 알게 되어 시작하게 되었고, 불교를 상징하는 꽃이라 매년 많은 임대료를 감당하면서 빌린 논 3000평에 연꽃을 가꾸면서 연은 전체가 불교교리 덩어리임을 사무쳐 알게 되었습니다.

연은 뿌리, 잎, 꽃대(줄기), 꽃, 연밥(씨앗) 등 전체가 불교의 여러 교리와 완전 부합되는 신비의 식물입니다.

세상의 여러 종교에는 그 종교의 가르침을 상징하는 꽃이나 사물이 없는데 유일무이하게도 불교에만 상징화가 있지요. 그 이유는 부처님의 가르침은 숭배를 요구하는 일도 없고 권선징악이나 윤리적 가르침보다는 부처님께서 보신 세상의 이치를 설파한 것이어서 삼라만상 어느 것에나 불교의 교리를 대비시킬 수 있기 때문입니다. 특히 연이 지니고 있는 다양한 이미지 하나하나가 모두 불교 교리와 완전 부합되기 때문에 상징화라 불리게 된 것이지요.

연근을 잘라 보면 아홉 개의 구멍이 있는데 이는 극락세계에 왕생하는 중생들의 공덕에 따라 앉게 되는 아홉 단계의 연화대(九品蓮臺)가 있음을 상징합니다. 또 연잎은 넓어서 능히 양산으로 쓸 만한데 부처님의 가르침은 일체중생의 번뇌의 열기를 식혀주는 그늘과 같음을 상징하며, 꽃자루와 잎자루(줄기)가 하나이고 곁가지가 없으며 하나의 꽃, 하나의 잎을 피우는 것은 이 세상에 다양한 종교사상이 있지만 궁극적으로는 모두 부처를 이루게 되는 오직 한 길임을 상징합니다. 그리고 흙탕물에도 결코 물들지 않는 잎과 꽃의 깨끗한 성질(절대청정성)은 선악미추(善惡美醜)에 물들지 않는 모든 중생의 본래 마음을 상징합니다.

연밥(씨앗)은 세 가지나 되는 불교적인 이미지를 지니고 있습니다.

연은 꽃이 필 때 씨앗이 함께 있는데(花果同時) 원인과 결과는 동시(因果同時)에 결정된다는 불교의 교리와 같습니다.

한편 대개의 식물들은 꽃이 져야 열매를 맺게 되는데 연은 꽃봉오리가 생길 때 씨앗도 함께 생겨 불교인들의 경우 연은 본래 씨앗이 있다고 인식합니다. 이는 일체중생에게 본래 부처종자(깨닫는 성질)가 갖추어져 있는 것과 같습니다.

마지막으로 연 씨앗은 영원히 썩지 않고 반드시 싹을 틔우는데 사람이 한 번 일으킨 마음은 절대로 없어지지 않고 언젠가는 반드시 현실화된다(種子不失)는 인과응보의 사실을 상징합니다.

이렇듯 연은 전체가 불교의 이치 속에 있습니다.

그러면 종자불실의 교리와 부합되는, 씨앗이 영원히 썩지 않고 반드시 싹을 틔운다는 사실을 좀 더 자세히 살펴보겠습니다.

식물의 씨앗이 영원히 썩지 않는다는 말을 믿을 사람은 아마 한 사람도 없을 것입니다. 그래서 먼저 인터넷 지식에 '연 씨앗은 화석에서도 싹이 튼다 할 정도'라고 되어 있음을 소개드립니다. 연의 본고장인 동남아 지방에서는 연은 영원히 죽지 않는다고 믿기까지 한다는 사실도 소개합니다.

우리나라에서도 2010년에 경남 함안군 고려시대 석성 (石城) 보수공사 현장에서 발견된 연 씨 3개-화학 반응 으로 700년 이상 된 것으로 확인-를 심어 꽃이 핀 사 실이 언론에 대서특필된 적 있습니다. 또 일본에서는 1951년에 2,700년 이상 된 씨앗이 다량 발견되어 꽃 을 피운 기록이 있기도 합니다.

보통 식물의 씨앗은 1,2년이 지나면 생명력을 잃게 되 어 종자로는 쓸 수가 없는데 연 씨는 건조한 데 놓이 거나 깊이 묻혀서 싹을 틔울 조건이 맞지 않으면 천 년이건 만 년이건 생명력을 간직한 채로 있다가 토양, 습기, 온도 등 조건이 맞으면 여지없이 싹을 틔우는 신비롭도록 놀라운 성질을 가지고 있습니다.

앞에서 언급한 대로 부처님 가르침 가운데 '종자불실' 이라는 말씀이 있는데 여기에는 두 가지 의미가 있습 니다.

'종자'란 중생의 마음을 뜻하는데 중생의 마음은 영원 히 소멸되지 않고 수행이라는 조건을 충족시켜 주면 반드시 부처를 이룬다는 것이 그 하나요, 또 하나는 중생이 선이든 악이든 마음을 일으키면 일으키는 족족 마음종자가 되어 천 년, 만 년이 지나더라도 그냥은 없어지지 않고 조건이 갖추어지면 반드시 선인선과 악 인악과로 현실화된다는 것입니다. 원인이 있고 조건이 있으면 반드시 결과가 있는 것이 우주의 엄연한 철칙 이지요.

흔히 말하는 '인연'이라는 말의 인(因)은 원인, 씨앗이 고, 연(緣)은 도우미, 조건을 의미합니다. 이 우주 전체, 즉 정신적·물질적인 것 어떠한 것도 이 인연의 법칙을 벗어나서는 존재할 수 없지요. 그러니 원인도 잘 지어야겠고, 조건도 잘 갖추어야 할 것입니다. 이렇게 연의 종자와 중생의 마음종자는 반드시 결과물을 낸다는 같은 성질을 가지고 있습니다.

자! 그럼 묻겠습니다. 불자님들이 쉴 사이 없이 일으키는 생각생각 낱낱이 하나하나의 종자가 되어 자신이 거두게 될 것이 분명한데 어떠한 종자를 만드시겠습니까?

물론 좋은 종자를 만들어야 하겠지요. 좋은 것, 좋다는 것은 과연 어떤 것인가요? 나도 기분 좋고 모든 이웃도 기분 좋은 것, 나도 이롭고 모든 이웃도 이로운 것이지요. 나만 기분 좋거나 몇몇 사람만 기분 좋고 이로운 것은 완전한 좋은 일이 아니지요.

부처님께서 말씀하시는 이웃이란 사람만이 아니라 이 세상에 존재하는 유정무정 모든 존재를 의미합니다. 납득하기 어려우시겠지만 엄연한 사실이니 그렇게 아셔야 합니다. 이 모든 존재의 가치는 우열이 없고 절대 평등하다는 부처님의 깨달음은 과학적으로나 철학적으로나 그 무엇으로도 증명될 수 있는 사실입니다.

불자 여러분! 그동안 한량없는 세월 속에 별의 별 삶을 살아오면서 온갖 고통을 겪어 왔습니다. 그 까닭은 아무 생각 없이 마음종자를 마구 만들어 냈거나 자기 좋을 대로만 만들어 냈기 때문입니다.

종자불실의 가르침을 들은 지금부터는, 진정한 불자가

된 지금부터는 마음종자를 의도적으로 만들어야 합니다. 싹이 텄을 때, 즉 현실화되었을 때 나도 기분 좋고 우주 모든 이웃들도 기분 좋을 종자, 나도 이롭고 우주 모든 이웃도 이로울 종자를 철두철미하게 기획해서 만들어야만 합니다.

그러실 수 있다면 불자님은 그 순간부터 행복자임을 스스로 알게 될 것입니다. 그렇게 계속 하실 수 있다면 불자님은 이미 부처님이십니다.

'나무아미타불' 육자염불 수행 또한 좋은 종자를 만드는 일입니다. 좋은 종자 만드는 일 부지런히 하시길 간절히 희망합니다.

나무아미타불!

2012. 8. 9.

부자 되는 법

병술년 개의 해를 맞이하면서 많은 사람들이 인간과 가장 친숙한 견공(犬公), 충직스런 견공, 재산과 생명을 지켜주는 견공 등등 개에게 가진 미사여구를 붙여주면서 그런 좋은 한 해를 만들자고, 신뢰의 사회를 만들자고 떠들썩하게 다짐들을 했었습니다.

지나온 일 년을 돌아보면 국가적으로나 개인적으로나 별로 좋은 견공 같은 개의 해가 아니라 물어뜯고 짖어대고 아무데나 배설하는 똥개 같은 세상이었던 것 같아 아쉽고 서글프기만 한 일 년이었던 것 같습니다.

국가 최고 통수권자의 언행이 그러했고 정치, 사회의 지도자들도 마찬가지였으며 그런 속의 국민정서가 그러했습니다. 솔직히 생각조차 하고 싶지 않은 기나긴 한 해였지요.

우리는 또다시 큰 희망을 걸면서 정해년을 맞이했습니다.

돼지 또한 식용으로 쓰기 위한 일이지만 가축으로 인류와 함께해온 역사가 2천년이 넘는 것으로 추정된다니 그 역사 유구하여 인간과 정들기에 충분하다 하겠습니다. 뿐만 아니라 돼지는 새끼를 많이 낳기 때문에 재물과 자손번창을 가져다주는 동물로 여기기도 합니다. 하늘이나 산천신명께 제사지낼 때, 혹은 고사지낼 때 제물로 쓰이는 것도 다른 가축과 다른 점이라면 다른 점일 것입니다. 또 돼지꿈을 꾸면 재물이 들어온다는 믿음이 있어 그믐밤이나 사업을 시작할 때 돼지꿈 꾸라는 덕담을 하기도 합니다. 요즘엔 돼지꿈을 꾸면 복권을 산다는 사람들도 많지요.

이렇게 값도 별로이고 지저분한 가축인 돼지를 매개로 하는 풍습이나 기대는 모두 부자 되고픈, 즉 재물을 많이 가지고 싶은 사람들의 욕구와 불로소득 하려는 사행심리를 잘 나타낸 것이라고 할 수 있습니다.

재물을 제 2의 생명이라고들 합니다. 아주 저속하기는 하지만 부정할 수 없는 사실인 듯싶습니다. 그도 그럴 것이 사람 생겨난 이래 먹지 않고 살았다는 사람 없습니다. 먹을거리가 최초의 필요 재물이며 최귀의 재물이라는데 이의를 제기한다면 그는 분명 무지한 사람일 것입니다. 생존 자체가 재물에 달려있으니 재물에 대한 욕구는 탐욕적이라 해도 허물로 치부할 수 없을 듯도 합니다. 더구나 물질만능이라는 퇴폐문화에 매몰된 현대인들에겐 재물은 곧 생명, 생명은 곧 재물이라는 등식이 당연하다 할 것입니다.

정해년은 육백 년 만에 오는 복덩어리 황금돼지해라는 출처 불분명한 말이 막연한 횡재심리를 부추기고 있습니다. 분명 허황된 유언비어지만 희망을 주는 말이니 정해 년에는 국민 모두 복을 많이 누리는 해가 되길 기대해 봅니다.

금년에 자식을 두면 그 자식이 잘되는 것은 물론 그

자식으로 인하여 집안의 어려운 일들이 술술 풀려 행운이 온다니 듣기 참으로 좋습니다. 이 말을 믿어 지난 늦가을부터 서둘러 결혼하는 젊은이들이 부쩍 늘어 예식장이 호황이라 합니다. 정해년에 복덩이 아기를 낳아 잘살아 보겠다는 것이겠죠.

그뿐만 아니라 돼지모양의 완구나 저금통이 품절되고 값이 두 배 세 배 폭등하는 기현상이 일어나기도 한답니다. 중국에서 들여온 황금돼지 저금통은 아예 구할 수조차 없다니 한심한 일이지만, 이 또한 좋게 보고자 합니다.

잘 풀리는 자식, 복덩어리 자식을 누군들 두고 싶지 않으리오. 또 그런 욕망을 가진 부모를 누가 탓할 수 있으리오. 복덩어리 자식 낳아 가문에 영광이 이루어진다면 얼마나 좋은 일이겠습니까? 이 시대 여성들은 출산 기피증으로 국가적 고민거리라는데 다소나마 그 고민거리를 해소하게 될 터인 즉, 이 또한 국가적 경사라 할 수 있을 것입니다. 이참에 금년에 출산하는 어머니들은 모두 둘 내지 세 쌍둥아기를 낳았으면 더욱 좋겠습니다.

그리고 황금돼지 저금통을 집안에 두면 모두 부자 된다니 얼마나 쉽고 좋은 일인가? 가뜩이나 어려워 어느 곳을 가도 죽겠다는 아우성뿐인데, 이보다 더 반가운 소식이 어디 있겠습니까? 경제 환란을 겪은 뒤로 위정자들은 해괴한 이념논쟁으로 국민정신을 갈갈이 찢어 놓는 일만 했지 국가경제, 서민 민생고는 아랑곳하지 않고 있습니다. 지금 살만하다 견딜만하다고 대답하는 사람은 한 사람도 없습니다. 적어도 서민사회는 그렇습니다. 다시는 일어설 수 없을 것만 같은 도탄에 빠져 있다 해도 과언은 아닐 것입니다. 이 절박한 시점에 황금돼지 한 마리만 있으면 모두 부자가 된다니 얼마나 좋은 일이겠습니까?

불자여러분! 여러분들께서도 금년에 자손을 꼭 늘리십시오. 그리고 황금 돼지 저금통도 꼭 구해서 가족이 모두 매일 볼 수 있는 곳에 소중하게 올려놓으십시오.

부처님 가르침 중에 일체유심조(一切唯心造)라는 말씀이 있습니다. "현상계의 모든 것은 마음이 만든다." 부자도 가난도 행복도 불행도 나의 마음이 만든다는 뜻입니다. 황금돼지해라는 말이 허무맹랑한 유언비어라 해도 일체유심조의 도리를 아는 진정한 불자 앞에서는 실다운 말이 되고 불자의 믿음과 같이 실현 되는 것입니다.

친애하는 불자 여러분! 산승이 불자님들 모두 부자 되고 총명과 복덕이 넘치는 자손을 둘 수 있는 비결을 알려 드릴 테니 명심하여 실천하시기 간절히 당부 드립니다. 산승의 당부를 실천하면 반드시 그리 될 것이고 실천이 없다면 금년에 백 명의 자손을 두고 황금돼지 저금통을 천 개를 갖다 놓아도 원하는 대로 되지는 않을 것입니다.

❀ 복덕스런 자손 얻는 비결

첫째, 불전에 지극한 마음으로 귀자를 주십사 발원할

것.

둘째, 임신하거든 가족이 함께하면 더욱 좋고 그렇지 못하면 임신부가 지장경을 매일 한번씩 49일간 독경하고 끝나는 날 조상님 천도재를 지낼 것.

셋째, 천도재 지낸 다음엔 매일 관세음보살 보문품을 한 번씩 출산하는 날까지 독송할 것.

넷째, 공덕 될 일을 찾아 부지런히 닦으면서 나무아미타불 염불을 계속 할 것.

❀ 부자 되는 비결

첫째, 큼직한 황금돼지 저금통을 마련할 것.

둘째, 동전은 얼마가 되건 가족 모두 매일 "어려운 이웃을 위하여"라고 세 번 말하면서 황금 돼지에게 먹일 것.

셋째, 가득 차면 절에 가져가거나 이름을 밝히지 말고 이웃돕기 성금으로 할 것.

넷째, 이 외에도 늘 소리 없이 형편껏 부지런히 베풀 것.

이 비결만 잘 실천하면 황금돼지해가 아니더라도 언제나 귀자를 얻을 것이며 부자 될 것임을 산승의 모든 것을 담보로 확언하는 바입니다. 모두 산승의 말에 절대적 믿음을 가지고 실천하십시오.

정해년 휘호는 불자님들 모두 복을 많이 닦고 계층간 갈등을 과감하게 버려서 행복하시라는 마음으로 다시 다득(多施多得) 대사대안(大捨大安)으로 정했습니다.

"다시다득(多施多得)", 많이 베풀면 많이 얻게 되는 것은 진리입니다. 비우면 채워지는 것이 자연의 섭리입니다. 바르게 비우면 그렇습니다. 바르게 비운다는 것은 낭비나 허비가 아닌 베풂입니다.

자타불이(自他不二), 나와 너가 하나라는 부처님의 가르치심을 상기하십시오.

물아일여(物我一如), 나와 삼라만상이 하나라는 가르치심도 깊이 새기십시오.

너가 행복해야 내가 행복합니다. 삼라만상이 제 모습대로 살 수 있어야 내가 편안하게 살 수 있는 것입니다.

대사대안(大捨大安)도 마찬가지입니다. 묵은 감정 안고 있으면 안고 있는 만큼 나 자신이 고통스럽습니다. 화 내고 욕하고 사방에 비방하고 다니면 내가 이긴 것 같은 착각에 빠지지만 실제로 가장 크게 손해 보는 것은 자기 자신입니다. 자기 속이 먼저 타고 자기 마음이 더 먼저 악해지고 비겁해지는 것이 진리이기 때문입니다.

고부갈등, 부부갈등, 이웃과의 갈등, 이러한 감정이나 갈등은 부질없고 고통을 부르는 어리석음입니다. 갈등은 대개 내 욕심이 원인입니다. 내 뜻에 맞춰주지 않으니 감정이 되고 갈등이 되는 것입니다. 자타불이의 가르침을 잘 인식하면 '나 너'가 없어지니 갈등이 발붙이지 못하게 됩니다.

과감하게 비워버리십시오.

그리고 먼저 사과하십시오.

부자 되기 위하여 많이 베푸십시오.

마음의 평온을 위하여 크게 버리십시오.

돼지는 길상(吉祥), 재산이나 복의 근원, 집안의 재물신 (財物神)으로 상징하기도 하지만 욕심 많은 사람을 '돼지 같은 놈'이라고 부르듯이 "탐욕"을 뜻하기도 합니다. 탐욕은 모든 괴로움과 재앙을 부릅니다. 패가망신의 근원이지요.

불자 여러분!

황금복돼지해에 돼지의 양면성을 잘 이해하여 탐욕을 버리고 공덕을 닦아 길상과 재물을 부르는 해로 만드시기 재삼 당부 드립니다.

나무아미타불!

2007년 신년 법문

무슨 권리로?

우리(모든 생명)가 살아가고 있는 한반도에서는 지난 겨울 수백만의 생명들을, 볼 줄 알고 들을 줄 알고 느낄 줄 아는 그들의 몸부림과 절규를 분명히 보고 들으면서도 무참히 산 채로 땅에 묻어버렸다. 그들이 원하였을 가능성은 조조(兆兆)억억(億億)천천(千千) 분지 1도 되지 않았을 것임은 너무나 분명하다.

인간이 무엇이기에 그럴 자격이나 권리가 있는가? 그럴만한 권리는 조조조(兆兆兆)억억억(億億億)천천천(千千千) 분지 1도 가지지 못했음 또한 너무너무 분명하다.

그런데 인간들은 만행을 저질렀다. 그것은 분명 만행이었다. 그들의 더 많은 피해를 예방한다는 인간들의 지극히 편의적이고 주관적인 잣대로…

억울한 죽임을 당한 저들에게 이해해 주라, 원망하지 마라, 울지 마라, 위로 한다. 그 어떠한 말도 할 수 없다. 저들의 억울함이, 원한심이 그 어떠한 앙갚음으로 덮쳐온다 해도 지나치지 않을 것이다. 달게 받아야 하리라. 저들의 왕생극락을 빌면서 '나무아미타불' 염불이나 외울 수뿐이 없는 무기력하고 유약하기 짝이 없는 '중'으로서의 자신이 너무너무 원망스럽다.

벗들이어!
태어나지 말라 죽음의 고통이 있나니!
극락에 왕생하시라, 나고 죽음 없나니!
이 '중'의 염불을 들으시라.
그리고 불자님들은 소리 내어 함께 염불해 주시라.

나무 서방정토 극락세계 아등도사 무량수 무량광 여래불
나무아미타불! 나무아미타불! 나무아미타불! 나무아미타불!
나무아미타불! 나무아미타불! 나무아미타불! 나무아미타불!
나무아미타불! 나무아미타불! 나무아미타불! 나무아미타불!
나무아미타불! 나무아미타불! 나무아미타불! 나무아미타불!
나무아미타불! 나무아미타불! 나무아미타불! 나무아미타불!
나무아미타불! 나무아미타불! 나무아미타불! 나무아미타불!
나무아미타불!
나무아미타불! 나무아미타불! 나무아미타불! 나무아미타불!
나무아미타불! 나무아미타불! 나무아미타불! 나무아미타불!
나무아미타불! 나무아미타불! 나무아미타불! 나무아미타불!
나무아미타불! 나무아미타불! 나무아미타불! 나무아미타불!
나무아미타불! 나무아미타불! 나무아미타불! 나무아미타불!
나무아미타불! 나무아미타불! 나무아미타불! 나무아미타불!
나무아미타불!
나무아미타불! 나무아미타불! 나무아미타불! 나무아미타불!
나무아미타불! 나무아미타불! 나무아미타불! 나무아미타불!
나무아미타불! 나무아미타불! 나무아미타불! 나무아미타불!
나무아미타불! 나무아미타불! 나무아미타불! 나무아미타불!
나무아미타불! 나무아미타불! 나무아미타불! 나무아미타불!
나무아미타불! 나무아미타불! 나무아미타불! 나무아미타불!

나무아미타불!
나무아미타불! 나무아미타불! 나무아미타불! 나무아미타불!
나무아미타불! 나무아미타불! 나무아미타불! 나무아미타불!
나무아미타불! 나무아미타불! 나무아미타불! 나무아미타불!
나무아미타불! 나무아미타불! 나무아미타불! 나무아미타불!
나무아미타불! 나무아미타불! 나무아미타불! 나무아미타불!
나무아미타불! 나무아미타불! 나무아미타불! 나무아미타불!
나무아미타불!
나무아미타불! 나무아미타불! 나무아미타불! 나무아미타불!
나무아미타불! 나무아미타불! 나무아미타불! 나무아미타불!

염불 마치옵고 머리 조아려 원하옵니다.
서방의 극락세계에 계시면서 고통 속의 일체중생 이끌어
들이시는 아미타부처님!
죽인 자 죽임 당한 자 모두 거두어 안양국(安養國: 극락)에
들게 하소서.

또 이 땅에서는 지금 당장 멈췄으면 좋을 그런 일도 3
년째 진행 중이다. 억천만 년을 흘러흘러 이루어진 강
들의 몸을, 살점을 도려내고 뼈대를 잘라내며 혈관을
가로막는 대 수술이 가공할 속도로 진행 중이다. 그
와중에 뭇 생명들이 죽임을 당하고 삶에 교란을 당해
야 할 터이니, 이 역시 천부당만부당한 인간 권한 밖
의 만행이다. 이 또한 엄중한 과보를 초래할 악업임이
분명하다. 이 큰 부담을 가지는 이 일들이 실로 강이
라도 살리는 일인지는 나로서는 여전히 풀리지 않는
의문이다.

억겁을 꿈틀꿈틀 살아 흘러온 강은 죽은 바가 없기 때문에 '강 살리기 사업'이라는 구호에 의문은 더욱 크게 다가온다. 어느 식자(識者)가 하는 말이 '강을 파내고 막고 하는 일들이 앞으로 해로울런지 이로울런지는 정부 당국자들도 학자들도 아무도 모르는 일'이란다. 그런 불확실한 일을 왜 하는지 이것도 큰 의문이다.

위정자들이 국정을 운위함에 있어 더 깊이 생각하고 모든 존재의 공생에 이로운 더 합리적인 방법을 찾게 할 수 있는 능력이 없는 나 자신이 너무 초라하다. 그저 막연히 모든 존재 죽이는 행패가 아닌 만 생명들이 조화를 이루며 살아갈 성업(聖業)의 공사가 되기를 기원 할뿐…

나무 대자대비구고구난 관세음보살!

노자(老子)께서는 '천지는 어질지 않아(天地不仁) 만물을 추구(芻狗: 짚으로 만든 개)로 여긴다(以萬物爲芻狗)'고 했다. 짚으로 만든 개는 고대 종교의식에서 하늘에 제사 지내는데 쓰이는 신성한 도구이지만 의식이 끝나면 불에 태워지거나 내팽개쳐진다. 천지공사(天地公事) 속의 인간 운명도 추구와 조금도 다르지 않음을 종종 본다.

또 이런 말도 했다.

'천지불인(天地不仁), 천도무친(天道無親)'이라, 하늘은 어질지 않으며, 하늘의 도는 특정한 어떤 존재만을 편애하지 않는다는 것이다. 전쟁도 지진도 홍수도 가뭄도 모두에게 두루 그 참상이 미치고, 전염병도 왕후장상을 가리지 않으며, 유식무식 유전무전 유권무권을 가리지 않는다.

무소불위의 만행을 서슴지 않는 인류에게 경종을 울리고 노자의 말씀을 다시 떠올려 절대긍정 하게 하는 참상이 일어났다.

3월 11일 일본열도의 지축을 변형시킨 화산폭발! 수만 명의 사람과 모든 존재들을 삼켜버린 쓰나미! 그리고 인류의 그칠 줄 모르는 욕구가 만들어낸 문명 이기(利器)라는 원전, 그러나 가공할 살상무기이기도 한 원전시설 폭발!

무소불위로 하늘을 찌르던 인간들, 영장(英長)이니 신의 아들이니 하면서 온갖 만행을 저지르던 인류, 이 거대한 자연의 아주 작은 몸짓 앞에 인간이 얼마나 왜소하고 무기력하며 일천한 존재인지를 똑똑히 목도했으리라.

어느 신앙교(信仰敎: 미지의 신을 떠받들며 빌붙어 사는 집단)의 최고 지도자라는 목사가 일본의 대참사는 하나님을 믿지 않고 불교를 믿는 죄로 하나님의 응징을 받은 것이라는 등의 미치광이 악마의 저주와도 같은 말을 해서 양식 있는 이들을 어리둥절하게 했다. 이 사회를 불행하게 하는 참으로 한심하고 유치하며 어처구니없는 망언이 아닐 수 없다. 그놈의 하나님은 악마임에 틀림없다. 악마가 아니고서야 어찌 그런 끔찍한 일을 저지를 수 있겠는가.

하기야 별로 놀랄 일도 새로운 말도 아니다. 그들이 의지하는 바이블에 보면 심판이니 죽이느니 죽여 씨를 말리라느니 하는 말들로 가득 차있으니 말이다. 아무튼 그놈의 창조주를 믿기만 하면 아무리 착한 사람도 영락없는 악마를 만든다. 피를 나눈 형제라도 믿지 않으면 원수로 삼는 것을 보아도 그렇다.

징벌은 없다. 징벌할 악마 같은 신은 더 더욱 존재 하지 않는다. 인과응보(因果應報)요 연기(緣起)일 뿐 다른 까닭은 없다. 그럴만한 원인이 있었고, 조건이 익어 때가 되니 그렇게 된 것이다. 본래 어질지 않고 편애하지 않는 천지의 일상적인 몸짓이었고, 그저 지구별이라는 한 생명체의 생명운동의 한 단면일 뿐이다.

지구촌이 떠들썩하다. 언제 자기 안방이 분화구가 될지, 산꼭대기에 걸치거나 바다 속 깊이 쳐 박힐지 몰라 좌불안석이다.

이참에 자연을 가볍게 본 지난날들을 참회나 했으면 다행이겠다. 이참에 자연에 경외심을 가지며, 이웃 생명을 존중심으로 모실 것을 다짐했으면 불행 중 다행이겠다. 이참에 인간이 이웃 존재들을 좌지우지할 어떠한 자격이나 권리도 가지지 못했음을 철저히 깨달았으면 참 좋겠다. 이참에 걸핏하면 신이 어쩌고저쩌고 하는 정신병자들 본래마음으로 돌아왔으면 더없이 좋겠다.

하지만 깨닫지 못한다, 어리석은 인간들은! 반성하지 못한다, 고집스런 인간들은! 핵폭탄을 계속 만든다, 가증스런 인간들은! 본래마음으로 돌아오지 못한다, 악마의 아봐타들이기에!

여보게, 사람님들!
생매장이 만물의 영장을 자처하는 인간의 문명인가?
산하를 파헤치는 일이 개발인가?
핵폭탄의 파괴력이 커진 것이 과학의 발달인가?
은하계를 여행 하는 일이 무슨 대수인가?
그래 모두 그렇다고 치자.
행복한가? 참말로 행복하냐고?
제발 정신 좀 차리자!

진정한 행복이란 무엇인가?

모든 생명 질병 없는 세상, 굶주림 없는 세상, 죽임이 없는 세상, 강탈이 없는 세상, 다툼이 없는 세상, 건강하고 배부르며 서로가 살려내는 조화로운 세상을 꿈꾸어 본다. 이런 세상을 꿈꾸는 자만이 행복할 권리가 있는 자요 진정한 행복자다.

그런 세계를 설계해 본다. 억천만겁 후에 이루어진다 해도! 아니 설령 영원히 이룰 수 없는 꿈이라 해도 설계하리라. 이 설계 도면이 실물화(實物化) 될 때까지 뚜벅뚜벅 걸어가리라.

나무아미타불!

음덕陰德을 쌓아야

○○재벌그룹 회장 수재의연금 ○억 원, ○○회장 ○억 원, ○○○씨 백미 10가마, ○○○씨 라면 20상자…….

매년 신문이나 텔레비전에 대서특필되는 선행자 발표 내지는 선전들이다. 각박한 세상에 이런 소식들은 그래도 세상엔 착한 사람이 많다고 긍정하면서 스스로를 위안시킬만한 신선하고 훈훈한 일들이다. 혜택을 받는 쪽이나 착한 일 선전을 접한 많은 이웃들이 그 선행에 부응하여 나도 그래 봤으면 하는 부러움과 기쁨을 일으키게 한 공덕은 아무리 찬탄해도 넘치지 않을 것이다. 선행은 어쨌든 선행이고, 모두에게 좋은 일이다.

그런데 그 대서특필된 선행자들의 면면을 알게 되면 대부분 개운치 못한 구석이 너무나 많음은 무슨 일인가. 축재 과정이라든가 그들 삶의 다른 모습이 드러나면서 과연 그들에게도 남을 살필 자비가 있었던가 하는 의구심이 일어나는 쓸쓸한 감정은 나 자신의 숨겨진 또 다른 모습이 아닐까 생각게 한다.

예수님은 오른손이 한 착한 일을 왼손이 모르게 하라 하셨고, 우리의 스승 석가모니부처님께서는 베풀었다는 생각까지도 내지 말라 하셨다. 쉬운 말로 착한 일을 함에 있어 고맙다는 인사라도 해 올 상대가 있으면 선행이 아니라는 말이다.

성인들의 이러한 가르침에 비추어 보면 아무리 많고 값진 재물을 희사했어도 언론 매체나 주변에 흘려 소문내는 일은 베푸는 일이라 할 수 없다. 그러므로 당연히 조그마한 공덕도 되지 않는다. 공치사보다 치사한 일도 없는 것인데 떠들어 대는 것은 무슨 이유인가, 분명 백 배 천 배 더 큰 대가를 이미 계산한 장삿속이 아니겠는가. 그렇다면 언론에 비쳐짐과 동시에 대가는 챙긴 것이고, 진정한 의미에서 또 하나의 죄악이다.

하지만 가끔씩은 참다운 보시를 볼 수 있어 행복하다. 평생 초라한 돈벌이로 모은 전 재산을 남김없이 사회에 환원하는, 그것도 선전 내지는 광고성으로 내는 재벌들의 그것처럼 한 자리 수가 아닌 수십억 원씩 흔쾌히 내놓는 일은 참으로 보기 좋고 모든 착한 사람들을 행복에 흠뻑 젖게 한다.

산승이 이런 너절한 이야기를 늘어놓는 것은 어떤 사람을 비판하거나 사회상을 고발하고자 하는 것이 아니다. 우리 모두 공덕을 닦자는 것이며 이왕이면 부처님의 가르침에 따라 온전한 공덕이 될 무주상(無住相)의 보시를 실천하자는 것이다.

부처님의 크신 가르침 중의 하나가 잘한 체, 못하는 체 등 '무엇을 한 체하지 말라', 즉 '상(相)을 내지 말라'이다. 좋은 일을 하고도 한 체는 고사하고 했다는 생각조차도 버리고 버려서 흔적조차 없앤 자리가 무주상이니 쉬운 일은 아니다.

삼사십 년 전 보릿고개를 큰 고개로 생각하며 살 때만 해도 어려운 집 사립문 안에 보리쌀 자루, 쌀자루가 밤사이 던져져 있었다는 등의 아름다운 소문이 종종 있었다. 아무도 보지도 못했고 자루 속에 아무개 기증이라는 팻말도 없으니 건너 마을 그 덕인(德人)일 것이라고 추측할 뿐이었다. 그뿐인가. 아무것도 모를 것만 같은 개미 떼 등 미물들이 홍수를 피할 수 있게 해 주고 출세했다던가, 말라드는 웅덩이의 물고기를 큰물에 옮겨 주고 명을 이었다는 등의 미담 실화는 많고 많다.

이렇게 아무도 모르게, 그리고 베풀었다는 생각도 없이 베푸는 것을 '음덕'이라 하여 우리 선조님들은 가장 큰 미덕으로 알고 실천해 왔다. 상대방이 알게 해서 고맙다는 인사를 받는 등 어떠한 형태의 대가를 바라고 베푸는 것은 장삿속이어서 작은 선행은 될지언정 공덕은 되지 못한다는 것을 우리의 선조님들은 알고 실천하셨다.

다만 나에게 있으므로 없는 이웃에게 나누어 주는 것, 인간을 포함한 모든 생명을 사랑하므로 그들의 고통을 덜어 줄 뿐인 그런 베풂, 생각만 해도 훈훈하고 멋지지 않은가?

상대방이 알아주기를 바라지 않을 뿐만 아니라 자신이 베푼다는 사실조차도 인식하지 않는 그런 삶을 살아야 한다. 이것이 무주상의 보시이고, 모든 성인이 가르치신 음덕이며, 모두가 행복해지는 삶이다.

요즘 살기 힘들다고 아우성이고 인심은 거칠어질 대로

거칠어졌다고 말하는 세상이다. 그렇지만 행복은 세태에 있는 것이 아니다. 행과 불행은 각자 자신에게 있는 것이다.

작은 것이라도 베풀면서 살자. 그것이 재물이어도 좋고 마음이어도 좋다. 부드러운 한 마디의 말이나 잔잔한 미소도 좋은 보시이다. 새벽잠을 쫓고, 남 몰래 내 가족이나 이웃의 자식이 잘 되었으면 하는 기도도 좋은 보시이고, 음덕이다. 다만 아무도 모르게 베푸는 음덕이면 더욱 좋을 것이고, 베풀었다는 생각조차 비워 버린 무주상이라면 더더욱 좋은 것이다.

나무아미타불!

1999년 7월 30일

등불을 켜는 바른 마음

빈녀일등(貧女一燈)의 고사를 통해 인등의 유래를 살펴보고, 어떤 마음으로 등불 공양을 해야 진실로 큰 공덕이 되는지 말씀 드리겠습니다.

마가다국에 '난다'라는 한 가난한 여인이 살고 있었습니다. 어느 날 성안이 온통 축제 분위기에 휩싸여 떠들썩하게 북적거렸습니다. 난다는 분주하게 오가는 사람들을 바라보다가 그 중 한 사람에게 물었습니다.

"오늘 성안에 무슨 좋은 일이라도 있나요?"

"아사세왕이 오늘밤에 부처님을 위하여 수천 개의 등불을 켜 바친다고 합니다."

이 말을 들은 '난다'는 혼자 생각했습니다.

'왕은 큰 복을 짓는구나. 그렇지만 나는 부처님처럼 참으로 만나기 어려운 분이 오셨는데도, 가진 것이 아무것도 없어서 공양할 것이 없으니 참으로 한심하구나. 나도 등불을 하나 켜서 부처님께 공양하고 싶은데 ......'

이런 생각으로 '난다'는 길 가는 사람에게 구걸하여 가까스로 동전 두 닢을 얻어 가지고 기름집으로 달려갔습니다. 그러자 가난에 찌든 여인이 기름을 사려는 것을 의아하게 여긴 기름집 주인이 물었습니다.

"난다여, 당신은 끼니조차 잇기 어려운 처지가 아니오. 어찌하여 먹을 것을 사지 않고 기름을 사려고 하지요?"

그러자 그 말을 들은 난다는 웃으며 대답했습니다.

"이 세상에서 부처님을 만나 뵙기란 참으로 어려운 일이라고 들었습니다. 그 만나기 어려운 부처님과 한 세상에 살면서도 너무 가난하여 지금껏 아무것도 공양할 수가 없었습니다. 거리에서 들으니 오늘 저녁, 마침 임금께서 많은 등불을 밝혀 부처님께 올린다고 하더군요. 나도 등불 하나를 밝혀 부처님께 드리려고 합니다."

이 말을 들은 기름집 주인은 참으로 기특한 생각이 들어 기름을 곱절이나 더 되게 주었습니다. 난다는 기뻐하며 그 기름으로 등불을 밝혀 부처님 계시는 절에 걸어 놓았습니다. 그리고는 이렇게 기원했습니다.

"가난한 제가 이 조그마한 등불을 부처님께 공양하오니 받아 주옵소서. 만약 제가 후세에 도를 얻게 된다면 이 불이 밤새 꺼지지 않으리!"

그날 밤 사위성에는 강한 바람이 세차게 휘몰아쳐 초저녁에 켜 놓았던 등불은 모두 꺼져 버리고 말았습니다. 그러나 이상하게도 다음날 새벽까지 작은 등불 하나만은 세차게 휘몰아치는 바람에도 꺼지지 않고 오히려 어둠 속에서 더 밝은 빛을 내고 있었습니다. 그것은 바로 가난한 여인 난다가 켜 놓은 작은 등불이었습니다.

다음날 부처님의 십대제자 가운데 한 분인 목련존자가

이 등불을 손으로 끄려고 하였으나 꺼지지 않았습니다. 그래서 가사 자락으로 끄려고 했지만 역시 꺼지지 않았고, 부채로 끄려고 했지만 그래도 여전히 꺼지지 않았습니다. 끝으로는 신통력으로 끄려고 했지만 그래도 작은 등불은 꺼지지 않았습니다. 이 광경을 물끄러미 바라보고 계시던 부처님은 목련존자에게 이렇게 말씀하셨습니다.

"그만 두어라. 그것은 착한 여인의 등불이다. 그 등불은 결코 꺼지지 않을 것이다. 그러한 공덕으로 그 여인은 오는 세상에 반드시 성불하여 수미등광여래라 하리라."

한편 부처님의 말씀을 전해들은 왕은 신하를 불러 물었습니다. "나는 부처님과 여러 스님들에게 큰 보시를 했고 수천 개의 등불을 켰다. 나는 이렇게 많은 공덕을 지었는데도 부처님께서는 어째서 나에게 칭찬을 하시지 않고 고작 작은 등불 한 개를 바친 난다에게는 장차 부처가 되리라는 수기까지 하시는가?"

이 말을 들은 신하는 언젠가 부처님으로부터 들은 바 있는 법문을 생각하면서 이렇게 대답했습니다.

"부처님께서 이르시기를, 착한 업적을 이룩한다고 하는 것은 사람들의 평범한 생각으로는 힘들다고 하셨습니다. 그것은 조그마한 보시로도 얻을 수 있지만 수많은 보시로도 얻기 어려운 경우가 있다고 하셨습니다. 왕께서 하신 일이 비록 크기는 하지만, 마음이 한결같이 착하거나 정성스럽지 못했습니다. 자기가 행한 착한 일을 내세우거나 자랑한다면 그 값어치는 그만큼 작아지고

맙니다."

왕은 신하의 이 말을 듣고서 착한 일의 참뜻을 깨닫고 참으로 부끄러워하였습니다.

- 『현우경』「빈녀난타품」

우리는 해마다 사월초파일 부처님오신날이 되면 불전에 등불을 밝히고 소원 성취를 기도하고 있습니다. 초파일이 아닌 평상시에도 법당에 인등을 켜거나 장명등을 켜 소원을 빕니다.

'인등(引燈)'이란 말의 뜻은 '부처님 전에 등을 켠다'는 뜻입니다. 그 유래는 앞서 소개한 바와 같이 한 가난한 여인의 갸륵한 신심과 원력이 그 어떤 화려한 탐욕의 등보다도 더 큰 공덕을 이루었다는 고사(故事)에서 비롯되고 있습니다.

인등을 '연등(燃燈)'이라고도 하는데 연등은 연등회, 연등절을 의미하는 경우와 그냥 등불 자체를 연등이라고 하는 경우가 있습니다. 한강 연등제니 하는 경우와 같이 대규모의 등불 공양 행사를 말할 때 쓰기도 합니다. 그러나 부처님께 등불을 올리는 경우는 인등 공양이라고 하는 것이 더 합당할 듯싶습니다. 왜냐하면 인등이란 '부처님께 인도한다', '부처님께로 나아간다'는 뜻이 있기 때문에 연등보다는 인등이 종교적인 의미가 더 강하다고 보기 때문입니다.

인등 불사는 부처님 당시부터 시작된 것입니다. 사실 그 시원(始原)은 아득한 과거세로까지 올라갑니다. 석가모니부처님에게 수기를 주신 부처님 이름이 연등(燃

燈)부처님이신데 석가모니부처님은 과거 세상에서 선혜보살로 수행하실 때 이 부처님을 만나 다섯 송이의 연꽃을 공양하고, 또한 머리털을 부처님 앞의 진흙길에 깔아서 연등부처님이 밟아 건너시게 하고 미래에 성불하리라는 수기를 받았던 것입니다.

그런데 '연등'이란 부처님의 이름은 이 부처님의 몸이 마치 등불과 같았기 때문이라고 합니다. 연등의 기원은 이 부처님의 이름에서부터 유래되었다고 볼 수 있을 것입니다.

그러면 등불 공양은 어떤 공덕이 있을까요?

첫째, 성불의 씨앗이 됩니다. 가난한 여인 난다는 부처님께 작은 등불을 올리고 그 공덕으로 부처님으로부터 '30겁 후에 수미등광여래가 되리라'는 수기를 받았습니다. 이는 어찌 난다라는 여인에만 국한되는 일이겠습니까? 누구든 그와 같은 공덕을 지으면 되는 것입니다. 그러므로 등불 공양은 성불의 씨앗이 된다 하겠습니다.

둘째, 지혜의 눈을 얻게 됩니다. 등불은 어둠을 물리치는 빛이요, 지혜는 무명을 밝히는 등불입니다. 그러므로 등불을 밝히는 진정한 의미는 세간의 어둠을 밝히려는 데 있는 것이 아니라 우리 마음속의 어둠, 탐·진·치 삼독심으로 엉킨 어둠, 즉 무명(無明)을 없애는 데 있습니다.

셋째, 재앙을 물리치고 소원을 성취시킵니다. 재앙은 어둠 속에서 일어납니다. 진리에 대한 어둠, 인과에 대한 어둠이 온갖 악업을 짓게 하고, 그 결과 불행한 결과를 자초하기 때문입니다. 사람들의 소원은 이러한 악업의 장애로 말미암아 이루어지지 않는 것입니다. 그러나 마음에 지혜의 등불을 밝히면 재앙은 스스로 물러가고, 장애도 스스로 사라지므로 소원은 저절로 이루어지는 것입니다.

그러나 등불만 켠다고 그런 공덕이 모두 이루어지는 것은 아닙니다. 만일 등불만 켠다고 그런 공덕이 모두 다 이루어진다면 세상에 등불을 켜지 않을 사람은 없을 것입니다. 해마다 수많은 불자들이 등불 공양을 올리고 절마다 수많은 인등이 밤낮으로 빛을 내고 있는데 등을 켠 분들이 한결같이 큰 지혜를 얻고, 모두 다 소원을 이루었다고 볼 수는 없지 않습니까?

그러면 그 까닭은 무엇이겠습니까?

등불을 켜는 마음이 다르기 때문입니다. 그러므로 **무엇보다도 중요한 것은 등불을 켜는 마음입니다.** 난다는 비록 작은 등불 한 개를 켰지만 밤새 빛을 내고 아침이 되어도 꺼지지 않았습니다. 그러나 아사세왕의 등불은 화려하고 거창했지만 밤새 다 꺼지고 말았습니다. 여기서 꺼지고 안 꺼지고는 단지 우리 눈에 보이는 불빛만이 아닙니다. 보이지 않는 불빛, 바로 신심의 불빛입니다.

그러므로 우리는 부처님 전에 등불을 켜기에 바른 믿음을 가져야 하고, 바른 소원을 가져야 하며, 정성스러운 마음을 가져야 합니다. 남이야 어찌되든 나만 잘되면 그만이란 소원은 이루어지지도 않지만 그런 소원을 갖는다는 것은 불자의 도리가 아닙니다. 타인에게 내 얼굴을 내기 위해 등을 켜서도 안 됩니다.

초파일에 보면 등불을 좋은 자리에 켜겠다고 신도님들 끼리 서로 다투는 일도 있는데, 등불을 켜는 데 좋은 자리가 따로 있을 수 없습니다. 화장실 앞이라도 정성 스러운 마음, 남을 위하는 마음으로 등을 켜면 그곳이 좋은 자리요, 설사 부처님 얼굴 앞이라도 탐욕스런 마음으로 등불을 켜면 아무런 공덕도 되지 않습니다.

『열반경』에 "자기 자신에게 귀의하고 법에 귀의하며, 남에게 귀의하지 말라. 스스로를 등불로 하고 법을 등불로 삼되 남을 등불로 삼지 말라." 하셨습니다.

지금 우리는 어느 때보다도 법의 등불이 필요한 시점에 와 있습니다. 그러나 이 법등(法燈)은 먼 데 있지도 않고 겉모습의 화려함에도 있지 않습니다. 오직 우리의 진실한 마음 가운데 있습니다. 우리는 누구나 본래부터 부처님과 똑같은 지혜와 자비의 법등을 마음속에 간직하고 있기 때문입니다.

우리 다 같이 마음속에 간직된, 보이지는 않지만 영원히 꺼지지 않는 이 마음의 법등에 불을 붙입시다. 그리고 그 밝은 마음으로 부처님 전에 나아가 갖가지 모습의 장엄한 등에 불을 밝힘으로써 밝은 사회, 인정이 넘치는 세상이 되도록 부처님께 발원하고, 이 인등 공덕으로 함께 수기를 받아 다함께 성불합시다.

나무아미타불!

1996년 4월 30일, 〈영평사보〉

등공양은 진정한 행복의 불씨

이 세상의 모든 사람들의 행위는 어떠한 유형이든 생존의 문제이고 생존의 질은 순전히 공덕을 지었는가, 못 지었는가에 달려 있습니다.

공덕 가운데 등공양의 공덕은 한량없습니다. 등은 광명이고 따뜻함이며 상서로운 에너지이기 때문입니다.

무명(無明)이란 인생에 빛이 전혀 없는, 지혜가 전혀 없는, 상서로움이 전혀 없는 상태여서 무명 중생의 삶은 암울합니다. 마음을 열고 주위의 모든 사람을 위해 세세생생동안의 무명을 걷어내어 광명(光明)하기 바라고 길상(吉祥), 건강, 자재(自在)가 함께하여 부족함이 없이 풍족하기를 축원하는 등을 밝혀야 합니다.

마음의 문을 활짝 열어 천안(天眼)의 통찰력이 있다면 우리는 우리의 전생에 소나 양 그 어떠한 것도 되었었음을 볼 수 있습니다.

소나 양도 부모님을 의지하여 태어나고 또 자식을 두게 됩니다. 등공양을 올리면서 누세 부모님을 위하여, 누세 자손들을 위하여 마음속으로 건강, 즐거움, 성취, 행복을 기원하고 영원히 광명하여 사악한 길을 가지 않을 뿐만 아니라 모든 번뇌와 고통에서 신속히 벗어나기를 축원해야 합니다.

전생에 우리는 소나 양이었고 관직에 오르거나 상인이었거나 가난한 사람, 부유한 사람, 여러 가지 동물이었습니다. 누겁을 윤회하는 동안 부모님이 없었더라면 자신도 존재하지 않았을 것이고 생명의 윤회와 생명의 지속도 없었을 것입니다. 사람을 포함한 모든 이웃 생명들은 한량없는 세월 속에 억천만 번의 윤회를 거쳤고 미래에도 역시 그럴 것입니다.

윤회하는 과정에 어떤 생명체, 어떤 신분으로 태어날지 모릅니다. 돼지로 태어나면 불과 일이 년 살고 도살되니 끔찍합니다. 소는 기껏해야 삼 년 살고 도살되어 뼈와 살은 식당으로, 가죽은 공장으로 갑니다.

부모님은 누세의 윤회에서 늘 우리를 아껴 주었습니다. 소든 양이든 동물이든 곤충이든 자식 아끼기는 마찬가지입니다. 맹수들도 제 새끼는 잡아먹지 않고 사랑합니다. 누세의 부모님들 또한 우리에게 사랑만 주었을 것입니다. 그렇기 때문에 뜻 깊은 날을 맞아 누세 부모님의 무명을 걷어 낼 지혜 광명의 등, 축복의 등, 길상의 등을 부처님 전에 밝혀 부모님들의 왕생극락의 행복을 축원해 드려야 합니다.

모든 부모님은 자녀를 자신보다 더 사랑합니다. 자신을 아끼는 마음을 훨씬 초월하는 그런 사랑입니다. 내 부모님도 그러셨음을 요 몇 년 전에야 조금 알았습니다.

나는 그 은혜를 그 어떤 것으로도 영원히 갚을 수 없음도 압니다. 부모님의 그 큰 은혜는 도저히 갚을 길이 없습니다. 그래서 부처님 전에 누세 부모님들을 위하여 등을 밝히면서 부처님의 무량한 가피를 구하는 것입니다.

모든 이웃 생명들은 누세 윤회의 과정에서 나의 부모였거나 자녀였음에 틀림없습니다. 새로운 생에 서로 알아보지 못할 뿐입니다.

부처님은 얼굴을 마주 보는 것도 오백생의 인연이라고 했습니다. 부부는 천생인연이고, 한자리에 앉아 수행하는 것은 오백생의 인연이 있었기 때문입니다.

우리는 누세에 가족이었고 도반이었음이 분명합니다. 마음을 열고 진심을 다해 합장하여 주위의 모든 이웃을 위해 심심한 축복을 해 줍시다.

마음을 활짝 엽니다. 자비심을 일으킵니다.

자비란 무엇입니까? 이웃을 내 몸같이 아껴 주는 것입니다. 자비가 없으면 불법을 배울 수 없고 행복할 수도 없습니다. 불법을 배우는 사람은 자비가 있어야 합니다. 행복하고자 하면 자비심을 길러야 합니다.

더 많은 사람에게 축복을 해 주십시오. 얼음처럼 차가운 사람이라도 정성과 진정한 사랑으로 감사하고 축복을 해 주면 따뜻한 사람으로 변화합니다.

스스로 생각할 때 미운 사람이 많고 삶에 장애가 많다고 생각되는 사람일수록 마음을 열고 모든 이웃들에게 감사와 축복을 많이 해야 합니다. 아무리 원한이 깊고 악업을 많이 지었더라도 진정한 참회와 연민 그리고 감사와 축복을 하다 보면 다 풀립니다. 이것이 부처님께서 알려 주신 불법의 오묘한 도리입니다.

사랑이란 무엇이며 박애란 무엇이고 자비란 무엇입니까? 사랑이 커지면 자비가 됩니다. 진정한 자비는 그렇습니다.

누세의 가족을 위해 축복의 등을 밝히고 건강, 즐거움, 길상, 여의를 기원하고 하시는 일이 잘되기를 바라면서 누세의 자녀들이 건강, 아름다움, 총명, 지혜를 갖추고 품성이 고우며 자비의 이치를 알기를 축원합시다.

등불을 밝히면서 축원해 주고자 하는 사람을 떠올려야 합니다.

지금까지는 주위에 있는 가까운 사람들에게 감사하고 축복을 기원했습니다. 이제 더욱 많은 이들을 생각해 봅니다.

누세에 윤회하는 동안 많은 가족이 있었습니다. 현재의 원수가 전생에서 생명의 은인이었거나 원수 빚쟁이였을 수도 있습니다. 그 집의 식구 열 명을 죽이고 금생에 겨우 몇 마디 참기 어려운 악담만 들을 수도 있고 몇 마디 악담을 했는데 금생에 죽도록 얻어맞을 수도 있습니다. 전생의 빚이 남아 있고 목숨을 앗은 빚이 있는데 악담 몇 마디는 너무 가벼운 과보입니다. 악담만 들은 것을 다행으로 알고 감사하고 보답해야 합니다.

지금 이 순간 모든 사람이 축복을 담아 진심으로 부처님 전에 등을 밝혀 원수처럼 보이는 전생의 빚을 독촉하는 채권자들의 앞길을 밝게 비춰 주기를 축원해야 합니다.

그들에게 너무 많은 빚을 졌음에 틀림없으니 원수가 길상하고 여의하여 즐겁고 원만하여 깨달음을 얻기를 축원해야 합니다. 그렇게 해야 무지해서 저지른 악업, 무거운 빚을 갚을 수 있는 것입니다.

그리고 더욱 많은 이웃 생명들을 생각해 봅니다.

살면서 많은 동물들을 먹었습니다. 그들을 죽인 죄가 어부, 백정에게 있는 것이 아니라 육식을 한 장본인에게 백 퍼센트 있는 것입니다. 필요한 사람이 있으니 어부도 있고 백정도 있게 된 것입니다. 오히려 어부, 백정은 죄가 가볍습니다. 먹는 사람의 죄가 백 배 천 배나 더 무겁습니다. 자기가 살자고 먹은 모든 동물과 어부, 백정에게 참회하고 감사해야 합니다.

부처님 전에 등불을 밝혀 세세생생 자기 때문에 죽임을 당한 그들을 비추고 축생도를 벗어나 모든 죄업을 없애고 극락세계에 왕생하거나 사람으로 태어나 길상, 건강, 부귀의 가정에 환생하게 되기를 축원해 주어야 합니다.

우리는 실로 죄가 큽니다. 상대를 먹어서 입의 욕구를 채웠고 자기 생명의 요구를 충족시켰습니다. 다른 시각에서 말하면 그들이 우리의 생명을 키워 주고 지탱해 준 은혜는 부모의 은혜와 조금도 다름이 없습니다. 그들의 생명을 빼앗긴 아픔이 있었기에 살 수 있었습니다.

좋은 가문에 환생하고 극락세계에 왕생하며 더 이상 지옥에 들지 않고 축생도에 들어 도살당하지 않기를 축원해야 합니다.

부처님의 지혜 광명이 온 세상을 비추고, 자비 구름이 온 중생을 덮어 주기를 간절히 축원합니다. 특히 가장 암울하고 가장 비천하며 가장 빈곤한 곳에 더 밝은 부처님 지혜광명이 비춰지고 더 두터운 자비의 구름이 드리워지기를 축원해야 합니다.

우리는 자신의 행복, 가족의 행복은 축원했지만 부끄럽게도 어려운 이웃의 행복엔 전혀 무관심이었음이 사실입니다. 자비불자는 부처님 전에 등을 밝혀 등광(燈光)과 불광(佛光)이 함께 가장 빈곤하고 가장 고통스럽고 가장 건강하지 못한 생명을 밝게 비추어 그들이 따뜻한 부처님 품에서 가장 안락한 삶을 이루어 행복을 영위하도록 축원해 주어야 합니다.

요즘 지진, 해일, 폭우, 화재, 전염병, 자살, 살인, 전쟁 등 천재인화(天災人禍)가 끊이질 않고 있습니다. 우리에게 천안(天眼)의 통찰력이 있다면 재난 속에서 생을 마감한 사람이 전생의 부모이고 전생의 은인이며 여러분이 가장 사랑하는 아이였음을 알게 됩니다. 그들의 죽음은 우리 자신이 목숨을 절반 잃는 것과 같습니다.

모든 천재인화에서 목숨을 잃은 영혼이 해탈하여 지옥이 아닌 천당에 가고 극락세계에 왕생하여 영원히 고통 받지 않기를 간절히 축원합니다.

부처님 전에 등을 밝혀 나라의 평화와 국민의 행복을 축원합니다. 또한 남북 평화통일과 천하가 태평하기를 축원합니다.

등을 밝힐 때 거두는 이 없는 영혼을 떠올리고 얼어 죽거나 굶어 죽은 떠돌이, 천재지변이나 전쟁으로 참혹한 죽임을 당한 떠도는 영혼, 여러 불가항력적인 이유로 부모나 의사에 의해 목숨을 잃은 태아들의 영혼을 떠올려야 합니다.

부처님의 빛으로 그들의 생명을 더욱 밝게 비춰 더 이상 추위와 굶주림에 시달리지 않고 외롭지 않으며 두렵지 않기를 축원해야 합니다. 또한 악업과 고통 속에 환생하지 않고 영원히 극락세계에 머물길 축원해야 합니다.

모두 맑고 밝고 크게 열린 마음으로 지금까지 이야기한 모든 이들을 떠올리면서 그들의 행복을 축원해야 합니다. 그래야 그 사람들에게 부처님의 광명이 비춰집니다.

여러분 자신을 위해 등을 밝히고 부처님 법을 만나지 못한 이웃들을 떠올리면서 그들과 함께 등을 밝히고 부처님께 공양해야 합니다.

등공양으로 우리 마음 속 광명의 등심지에 불을 붙이고 우리의 마음을 밝힙니다. 우리의 마음속의 어둠, 즉 번뇌를 불살라 버리고, 탐욕을 불살라 버리고, 분노를 불살라 버리고, 교만을 불살라 버리고, 사욕을 불살라 버리고, 악한 마음을 불살라 버립니다.

우리의 마음에 광명이 가득합니다. 지혜가 가득합니다. 자비가 가득합니다. 관용이 가득합니다. 착한 마음이 가득합니다. 겸손이 가득합니다. 원력이 가득합니다.

부모님을 공경합니다. 불보살님을 공경합니다. 스승을 공경합니다. 집안 어른을 공경합니다. 이웃의 모든 어른을 공경합니다. 항상 모든 이웃에 감사합니다. 중생을 아낍니다.

우리 모두의 무명을 밝혀 주시고 진정한 행복의 길을 열어 주신 부처님을 공양하고 감사의 등공양을 올립니다.

부처님의 지혜의 횃불은 중생의 죄업을 불살라 버리고 세상의 모든 장애와 어둠, 사악한 기운을 태워 버립니다.

옛말에도 불은 마장을 없앤다고 했습니다. 부처님의 지혜의 광명을 빌려 참된 마음의 불로 모든 악업을 태웁니다. 불은 모든 더러운 것을 태우고 힘과 따뜻함을 대표합니다. 따뜻함은 상서로운 기운입니다.

자비로 등공양을 하는 모든 이가 행복과 건강, 즐거움, 평안, 성취, 지혜를 얻기를 축원합니다.

진정 수행하고자 하는 분들은 위대한 불광의 가피를 받아 대신통, 대법력, 대지혜를 얻을 것입니다.

중생을 제도하고자 하는 불자는 무한한 지혜를 가져 설법으로 사람을 제도하는 데 걸림이 없을 것입니다.

모든 가정이 행복하기를 바라고 모든 아이들이 바르고 큰 뜻과 큰 지혜를 가지고 학업을 성취하여 인류를 이롭게 하기를 축원합니다.

우리가 평소 존경하는 사람과 아끼는 사람들에게 주는

사랑은 아주 중요합니다. 더구나 이 뜻깊은 날에 부처님 전에서 불광을 얻고 불법의 가피와 보호를 받으면 그것은 인생에서 얻은 가장 진귀한 보물이 될 것입니다. 무엇보다도 소중한 보물인 것입니다.

자! 여러분 진심을 다해 부처님께 공양 올리십시오.

가장 진실한 마음으로 공양하면 불보살님은 감응하십니다. 불보살님이 감응을 받은 여러분의 삶은 밝게 열려 나아갈 것입니다. 불보살님의 가피는 강력한 긍정에너지로서 어떠한 어려움도 무난히 해결합니다. 부처님 전의 등공양은 모든 장애를 없애고 긍정에너지로 가득 채우며 사악함을 물리쳐 과오, 사악, 고통에서 해탈을 얻게 합니다.

부처님의 광명을 삼매진화(三昧眞火)라고 하며 온갖 무명을 완전 연소시킵니다. 금년 초파일에는 일체중생의 행복을 축원하면서 삼매진화의 등 공양을 올립시다.

나무아미타불!

2013년 1월 17일

뺏고 훔친 중죄, 지심참회

'주지 않는 남의 물건을 빼앗거나 가지지 말라', 부처님께서 일체중생의 평등한 행복을 위하여 경계하신 열 가지 근본 계율 가운데 두 번째 계목이다. 첫 번째 계목인 불살생(不殺生)이 생명 존중, 생명 평등의 가르침이라면, 이 불투도(不偸盜)의 가르침은 복덕 평등, 노동 존중의 가르침이라 할 수 있다.

뺏거나 훔치는 일을 생계 수단으로 삼게 되면 남에게 피해를 줄뿐만 아니라 스스로에게는 전생에 쌓았을지도 모를 자신의 복덕종자마저 소멸시키고 나태에 빠지게 되어 가난하고 천박한 과보를 받게 된다고 하셨다.

즉 자신의 경제적 풍요를 위해서라도 강탈과 훔치는 등의 악업을 저지르지 말라 하신 것이다. 더 나아가 자신과 이웃의 평등한 경제적 풍요를 위해 열심히 일하고, 일해서 얻은 이익을 널리 베풀어 공덕을 닦으라 하셨다.

부처님의 계율이나 여타 성현들의 계명은 모두 '~을 하지 말라'는 형식으로 되어 있다. 그 가르침대로 실천하고 지키면 착실한 종교인, 착한 사람이라 할 수는 있을 것이다. 하지만 자기 성장과 사회 발전을 위해서는 하지 말라는 계명을 지키는 것만으로는 부족하다.

불교의 불투도계 역시 마찬가지다. 남의 것에 탐내지 않고 뺏거나 훔치지 않음이 착함은 될지언정 자신과 이웃사회에 풍요를 주는 데는 별 도움이 되지 못한다.

물질적 풍요를 위해서는 수익을 창출해야 하는데 이것은 노동과 나눔이라는 두 가지 일이 선행되어야 가능한 것이다. 투자하고 노동하는 등의 경제 활동에 의하여 부를 얻게 된다는 것은 다 아는 사실일 테지만 내가 가진 물질을 나누어야 넉넉해진다는 말에는 동의하기 어려운 사람들이 많을 것이다.

물질은 현실적으로 나누는 만큼 줄어들기 때문이다. 그런데 부처님이나 정신적 지도자들은 하나같이 물질적 풍요를 원한다면 재물을 널리 나누라고 가르친다. 부처님께서는 물질적 부를 얻는 일로는 재물보시, 즉 물질을 나누는 일이 가장 좋은 방법이라 하셨다. 재물보시는 이자 높은 은행에 저축하는 것과 같아 복덕이 한량없이 늘어나고, 뺏고 훔치거나 받아쓰기만 하는 것은 칼을 가는 숫돌과 같아 쌓아놓은 복덕이 점점 줄어든다 하셨다. 그러면 뺏고 훔친다는 것은 구체적으로 어떤 것들이 있는가를 살펴보자.

당장 눈에 보이는 돈이나 귀중품 등 유형의 물질을 뺏고 훔치는 일이 도둑질이라는 것은 누구나 쉽게 알 수 있는 일이다. 그러나 삶 가운데 은연 중 강탈하거나 훔치고도 그 행위가 도둑질이라는 사실을 자신도 인식하지 못하는 것들이 많다. 예를 든다면 남의 성공을 시기, 질투하는 것도 그렇고 성공을 방해하거나 가로채는 일들이 모두 도둑질이요, 강탈이다.

또한 직장의 사무용 전화를 개인적인 일로 쓰는 일, 근무 태만, 비품 훼손, 소모품 낭비, 기술 정보 유출, 공동체의 수익 분배의 불공정, 상인들의 폭리, 남의 공(功)을 내게로 돌리는 일, 성직자의 신도 헌금 사유, 자연 훼손, 심지어는 물 한 방울 함부로 쓰는 일 등 구분하기 어렵거나 편의대로 간과되는 투도 악업이 헤아릴 수 없이 많으니 살피고 살필 일이다.

중생은 늘 자기중심적인 이기심에 빠지기 쉽다. 그 이기심은 남의 성공을 용납하기 어렵게 만든다. 재물도 남보다는 내가 더 가져야 되고, 사회적 지위도 내가 더 높아야 직성이 풀린다. 그러니 사촌이 땅 사면 배가 아프고, 친구가 출세하면 울화병이 난다. 이렇게 배 아프고 울화가 치미니 방해하고 가로채게 되는데 모두 죄악으로서 자신과 이웃을 불행하게 만드는 첩경이다.

나누면 풍요로 보답 받고, 빼앗으면 가난으로 앙갚음을 당하는 이치는 우주의 섭리다. 이 섭리는 소리와 메아리의 관계와 같다. "당신은 부처님이시오" 하고 외치면 "당신은 부처님이시오"로 되돌아오고, "네놈은 사탄이다" 하고 악을 쓰면 "네놈은 사탄이다"라고 악을 쓴다. 메아리는 털끝만치의 오차도 없는 인과법칙이다. 이 인과법칙이 진리이다. 어떠한 메아리를 들을 것인가는 자신이 어떠한 소리를 외치느냐에 달려 있다.

행복하고자 하시는가? 부지런히 공덕을 닦으시라.

어떻게 닦을 것인가? 남의 것을 탐내어 가로채거나 훔쳐 남에게 절대로 손해를 끼치지 말라.

그리고 가진 것을 널리 나누어 이웃에게 이익을 주어라. 재물도 좋고, 노력도 좋고, 기술도 좋고, 덕담 한 마디도 좋다. 나의 역량과 내게 있는 모든 것을 이웃의 이익을 위해 나누는 것이 다 보시이고, 공덕 닦기이다.

영평사에서는 올해로 여덟 번째 구절초 꽃 축제를 마쳤다. 신성시되는 절 도량에서 꽃 축제는 정말로 엉뚱한 짓거리다. 저속하기 이를 데 없는 잡사(雜事)임에 틀림없다. 그런데 영평사 주지는 계속하고 있다. 꽃을 보며 행복해하는 사람들을 외면하지 못하는 여린 마음 때문에 중단하지 못하는 것이다.

감히 자비심은 아니지만 일 년을 두고 손꼽아 기다리는 민중을 위한 일이다. 그리고 신도회에서 하는 국수 만발공양과 각종 봉사의 일은 참으로 가치 있는 공덕 닦기이다. 2~3주간의 긴 축제 기간 내내 집안 살림은 밤잠을 나누어 해결하면서 소리 소리 없이, 아니, 뿌듯한 보람을 느끼면서 각 분야별로 맡은 노력 봉사를 하는 불자들을 보면서 구절초 꽃의 아름다움을 다시 한 번 확인한다.

구절초 꽃이 아니었으면 우리 영평사 불자들이 어떻게 저 큰 공덕을 닦을 수 있었겠나, 또 경향 각지에서 몰려드는 그 많은 사람들이 절 도량을 밟아 보는 인연을 만나 볼 수나 있었겠나, 각 지역에서 찾아온 불자들이 부처님을 한 번 더 찾아 뵐 수 있구나 생각하니 구절초 꽃은 우리 모두를 이끌어 주기 위하여 오신 화현보살(化現菩薩)임에 틀림없다는 믿음이다.

불멸의 행복을 선사하는 영평사도 무궁할 것이고, 봉사

자 모두도 무량복덕의 메아리를 듣게 될 것이다.

잠시 참회와 다짐의 시간을 가지고자 한다.

다생겁래(多生劫來)로 나의 이익을 위해 남의 것을 탐내고 빼앗고 가로채고 방해하고 훔치는 등의 악업을 진심으로 참회합니다.

생존을 위해 부득이 사용하지만 자연환경을 해치고 마구 낭비한 생활 습관을 진심으로 참회합니다.

앞으로는 자연은 정복의 대상이 아니라 공존의 관계임을 깊이 인식하여 절제하며 나와 이웃의 풍요로운 삶을 위하여 열심히 일하고 남의 성공을 돕는 일에 나의 역량과 가진 것을 힘껏 나누는 보시행을 부지런히 실천하겠습니다.

나무아미타불!

2007년 10월 16일

간병은 큰 공덕이 된다

간호사의 길을 선택하신 일은 참으로 잘한 일입니다.

후회 없으시죠?

설령 출세하기 위해서 혹은 생계 수단으로 이 길을 선택하였다 해도 높이 평가받을 만합니다. 환자를 돌본다는 것은 많은 일 가운데 참으로 가치 있는 소중하고 고결한 일이기 때문입니다. 간호사관이라는 전문인으로서의 자긍심을 아무리 높여도 지나치지 않습니다.

부처님께서는 의사를 일체중생을 진정한 행복의 세계로 이끌어주시는 진리의 왕(法王)인 부처님 다음으로 공덕이 크다 하여 의왕(醫王)이라 칭찬하셨고, 오늘의 산승은 모든 간호사관 여러분을 진정한 보살이라 부릅니다.

자고로 의술은 생명을 다루는 기술이기에 인술, 즉 사랑의 기술이라 하는데 오늘날의 많은 의사들은 사랑의 기술자라는 본분을 망각하고 돈 버는 기술자로 전락했다는데 대다수의 수요자들이 입을 모으는 현실입니다. 걱정스럽고 실망스러운 일이지만 산승도 공감하고 있습니다.

하지만 입원 치료를 받아 본 산승은 간호사의 정신은

그대로 살아 있어 조금도 퇴색되지 않았다고 믿습니다. 병원 신세를 진 경험자들이 다 느끼는 사실이기도 합니다. 돈 버는 기술자로 전락한 의사를 버리지 않고 여전히 잘 보조해주는 일도 그렇고, 전문 간호인으로서 인간의 생명을 존중하고 환자의 육신의 질병뿐만 아니라 마음의 병까지도 보살피는 데 세심한 정성을 쏟는 간호사야말로 진정한 보살이요, 의왕입니다.

부처님께서는 단세포 동물부터 최고의 신에 이르기까지의 모든 중생들의 생명은 절대 평등하다 하셨고, 개개의 생명 가치는 절대 존엄하다 하셨습니다. 현대적으로 표현한다면 "생명 평등 선언", "생명 존엄 천명"이라고 할 수 있겠지요. 또한 일체중생이 부처이니 모든 중생에게 공양하는 것이 일체 부처님께 공양하는 것이라 하셨습니다.

플로렌스 나이팅게일의 간호정신도 좋지만 불자 간호사관 여러분은 부처님의 생명 평등, 생명 존엄 정신을 바탕으로 하는 간호사이기를 기대합니다. 아울러 한 분의 환자는 한 분의 부처님이라는 깊은 인식으로 부처님을 시봉하는 지극한 정성을 바쳐 모든 환자의 심신의 질병을 치유하는 보살 간호사가 되어 주시길 권장합니다.

그러면 부처님께서 말씀하신 간병에 대한 많은 가르침 가운데 몇 가지만 살펴보겠습니다.

병자를 간호함에 은혜(자기의 수고)를 내세우지 않으며 쾌차한 뒤에도 돌보아 병 뒤의 피로가 도질까 염려해야 한다.

만약 회복해서 본래의 건강하던 때와 같아지면 기쁜 마음을 가질 뿐 수고에 대한 대가를 바라지 않으며 불행히도 병자가 사망했을 때에는 장례를 치르고 사십구재와 천도재를 지내고 또한 친지와 권속을 위해 설법하여 위로하고 깨달음으로 인도해야 한다.

다행히 병이 나아서 기쁜 마음으로 물건을 보시해 올 때에는 사양하지 말고 받아서 어려운 이웃에게 돌려주어야 한다.

만약 이렇게 간호하여 병을 치유한다면 이 사람은 큰 시주자이며 참으로 위없는 깨달음을 구하는 사람이 분명하다.

–『선생경』

이렇게 간호인의 기본자세와 방법론을 자세히 설하셨고, 또 『능엄경』에서는 "여덟 가지 복전(福田) 가운데 병을 간호하는 것이 첫째가는 복전이니라."라고 말씀하셔서 간병 공덕을 말씀하셨습니다.

복전(福田)이란 '복덕을 심는 밭'이라는 뜻으로 복덕(福德)종자를 심을 수 있는 밭, 즉 공덕(功德)을 지을 수 있는 대상을 일컫는 말입니다. 중생이 하는 행위는 낱낱이 하나의 씨앗이 되고, 그 낱낱의 씨앗을 심는 일이 되어 결국은 자기에게로 되돌아오게 되어 있습니다. 반드시 심은 대로 거두게 되어 있는 것이 세상의 이치입니다.

그리스도께서도 '뿌린 대로 거두리라' 하셨죠. 대부분의 기독교인들이 인과론을 마치 미신인 것처럼 치부하지만 그 교조인 그리스도는 철저한 인과론자였습니다.

부처님과 일체 성현들은 복덕종자를 심을 것을 권장하셨는데 그 이유는 복덕종자를 심지 않고는 절대로 행복할 수 없기 때문이지요.

불교에서 말하는 복전은 크게 경전(敬田), 은전(恩田), 비전(悲田), 이렇게 세 가지로 나누는데, 경전이란 공경하기만 해도 복이 되는 밭(대상)으로 불(佛), 법(法), 승(僧) 삼보(三寶)를 말하고, 은전이란 나에게 은혜를 베풀어 주신 분들께 고마운 마음으로 은혜에 보답하면 큰 공덕을 얻게 되는 밭(대상)으로 부모님, 스승님(師), 국가 사회를 말합니다.

비전은 가난한 사람(貧困者)과 병든 사람(病者)이 복덕종자를 심을 수 있는 밭(대상)이라는 것입니다. 가난한 사람에게 보시하고, 병든 사람을 간호해 주면 큰 공덕이 되기 때문이지요. 경전 셋과 은전 셋에 비전 둘을 더하여 여덟 가지 복덕종자를 심을 수 있는 밭(대상)이라고 하는데 이 중에서 병든 이를 간호하는 간병공덕이 제일이라고 한 것입니다.

또 부처님께서는 『사분률』에 "마땅히 병든 사람을 돌봐 주도록 하라. 병자를 돌보아 주는 것이 나에게 공양하는 것보다 공덕이 크다."고 하심으로써 간병을 적극 권장하셨습니다.

간호하는 사람은 『아함경』의 "무재칠시(無財七施)", 즉 돈이 없어도 할 수 있는 일곱 가지 공덕 닦는 방법을 응용하면 이상적인 간호사가 될 수 있을 것이라 생각되어 함께 살펴보고자 합니다.

첫째, 화안시(和顔施). 온화한 얼굴 표정도 보시가 된다는 뜻인데, 온화하고 밝고 따뜻한 표정과 희망을 주는 표정으로 간병할 때 환자에게 큰 위안이 될 것입니다.

둘째, 언시(言施). 부드러운 말 한 마디나 덕담도 보시인데, 말을 다정하고 온화하게 하고 희망을 가질 수 있는 말로 위로해야 합니다.

셋째, 심시(心施). 아픔을 함께 나누고 마음을 써 주는 것도 보시라, 진정성 있는 마음으로 간호해야 합니다. 바로 정성이죠. 환자들은 감정을 느끼고 전달받는 데 예민하여 간병자의 마음을 잘 압니다. 환자의 고통을 대신할 자비심과 자기 부모 형제를 보살피는 지극한 정성으로 간병해야 합니다.

넷째, 안시(眼施). 자비로운 눈빛도 보시다. 눈은 마음의 창이다. 병자를 관심어린 애정이 담긴 눈길로 다정하게 눈을 맞추어 주어야 합니다.

다섯째, 신시(身施). 육체적인 노력봉사도 보시다. 환자를 신체적인 접촉을 통하여 간호를 하는 것입니다. 안마를 하든지 부드럽게 아픈 부위를 쓰다듬어 주는 것으로도 환자는 평안을 얻게 됩니다.

여섯째, 좌시(座施). 자리를 양보하는 것도 보시다. 병실이나 병상을 쾌적하고 편리하게 하여 환자가 편하게 쉴 수 있도록 잘 도와주는 일입니다.

일곱째, 찰시(察施). 환자를 잘 관찰해 주는 것입니다.

병의 상태를 세밀하게 관찰하고 정신 상태까지도 살피
는 일입니다.

이것이 돈이 없어도 환자를 돌볼 수 있는 일곱 가지
방법입니다. 간병인이 환자를 보살필 때, 더구나 오늘
날처럼 직위와 보수를 받는 간호인들은 이 정도의 자
세는 갖추어야 할 것입니다. 이와 같은 간병은 보살의
자비행이라 할 수 있을 것입니다. 병든 사람을 간호하
는 일은 힘들고 어려운 일인 만큼 설령 대가를 받고
하더라도 큰 공덕이 되는 것입니다.

스스로 선택한 간호사관 보살 여러분의 삶이야말로 그
자체가 공덕행이어서 사명에 충실하다 보면 어느덧 출
세해 있을 것이고 대승보살이 되어 있게 될 것입니다.

싼쓰끄리프 '보디사트바'를 우리말로는 '보살'이라고 하
죠. 바로 보살펴 주는 사람, 이웃의 아픔을 보살펴 해
결해 주는 사람이라는 의미입니다.

관세음보살님은 괴로움에 처한 중생을 찾기 위하여 천
개의 눈과 아픈 중생을 보살펴 주기 위하여 천 개의
손을 원하셨고, 지장보살님은 아픈 중생 숫자의 아바타
로 나투십니다.

이제 현장으로 나아가는 간호 보살 여러분 모두 관음
의 대비와 지장의 대원을 견지하여 4년이라는 각고의
세월 속에서 연찬한 간호의 지식과 기술을 유감없이
펼쳐 이 세상에 외로운 환자가 한 명도 없게 되고, 끝
내는 아예 병자가 없는 세상을 만들어 주시길 당부합
니다. 그렇게 하는 간호사관 여러분이 바로 나이팅게일

의 아바타요, 관음·지장의 화현입니다.

간호사관 보살 여러분의 자비원력과 소명의식은 환자의 고통을 덜어줄 뿐만 아니라 자신의 보살도 수행 공덕까지 닦는 일이 될 것입니다.

부처님께서는 병든 자를 간호할 때 단순히 육신의 병고뿐만 아니라 마음의 눈까지 열리도록 마음을 쓰라 하셨습니다. 육신의 병은 오히려 치료하기 쉽다 할 것입니다. 하지만 마음의 병 치료는 간단하지 않지요. 마음의 병을 치료해 주기 위해서는 자기 수행이 없으면 할 수 없는 일이지요.

심신의 질병 치료를 위하여 간호사관 보살 여러분의 수행을 권장합니다. 매일 업무에 들어가기 전에 10분 이상의 자비명상수행을 하시기 당부합니다.

나무아미타불!

2008년 2월 26일, 간호사관학교 생도를 위한 법문

천년을 누릴 행복의 씨앗

안녕하세요? 그동안 잘 지내셨지요? 산승이 잘 지내셨느냐고 묻는 것은 **영원히 없어지지 않을 행복 '나무아미타불'** 염불 부지런히 하셨는가, 나도 좋고 남도 좋을 공덕 많이 닦으셨는가를 묻는 것인 줄 잘 아시지요?

예~ 좋습니다. 믿을 수 있습니다. 그럴 수 있는 것이 지난 10월에 근 20일간 계속된 영평사 구절초 꽃 축제 때 하루도 빠지지 않고 봉사하는 신도회 여러분의 아름다운 모습을 보면서 산승은 무척 행복했습니다. 결코 짧지 않은 기간 내내 그 궂은일들을 해 내면서 매일 5, 60명의 법우님들 가운데 그 누구도 즐거워하지 않는 봉사자는 없었기에 거기서 법우님들이 어째서 행복해 하는지를 알았고, **자원봉사야 말로 진정한 공덕 닦기, 진정한 행복 만들기**라는 확신이 섰기 때문이었습니다. 산승은 그때의 감동을 아주 오래오래 간직하고자 합니다.

영평불자 여러 법우님들도 최고의 공덕 닦기인 그 아름다운 미소와 자원봉사를 포기하거나 머뭇거리지 않기를 간절한 마음으로 희망하면서 간곡한 마음으로 권장합니다.

방금 전에 가릉빈가와 같은 아름다운 음성공양을 해

주신 우리 합창단원과 지휘자에게 다시 한 번 칭찬과 감사의 박수를 주십시오. 또 이 자리에는 계시지 않지만 영평사의 노래에 곡을 붙여주신 불교음악의 선구자 최영철 노 거사님께 감사의 박수…… 그리고 노랫말 좋지요? 노랫말을 쓴 사람 누군지 알지요? 작사자에게도 박수를, 산승이 박수 받고 싶어 유도한 것 같이 되었군요.

지금 기분 괜찮지요? 행복하지요?

예, 그래요, 행복을 느끼는 것, 행복해지는 일 크게 어렵지 않습니다. 이렇게 매사에 감사하고 이웃을 칭찬하는 것만으로도 충분히 행복해질 수 있는 것입니다.

그리고 많이 웃고 박수를 많이 치면 몸과 마음이 건강해집니다. 이것은 세상 사람들이 다 아는 드러난 진리입니다.

가만히 보면 지혜로운 사람은 행복해질 일, 건강해질 일만 골라서 해요. 불행해질 일이나 건강을 해칠 일은 절대로 안하죠. 그리고 지혜 있는 사람은 사주 관상가나 점쟁이는 아니지만 어떤 사람을 볼 때 그 사람이 하는 일을 비추어 보아 그 사람이 지금 현재는 어떻고 앞으로는 어떻게 될지 다 압니다.

그러면 지혜로운 참 불자들은 자기 자신이 앞으로 어떻게 될 것인지를 자신이 제일 먼저 알겠어요, 모르겠어요? 알겠지요? 자신의 일은 누구보다도 자신이 제일 먼저 알고, 제일 정확하게 알아요. 하느님이나 부처님보다도 자기가 제일 잘 알아요.

고로 참된 불자들은 점보고 사주 보러 쫓아 다닌다? 다니지 않는다? 쫓아다니지 않지요. 부처님께 하느님께 복을 달라고, 구원해 달라고 구걸한다? 구걸하지 않는다? 구걸하지 않지요. 행복해지는 비결을 잘 아는데 구구하게, 자존심 상하게 구걸할 이유가 없지요.

다만 자나 깨나 앉으나 서나 만년의 행복 나무아미타불 염불 부지런히 하면서 보시 잘하고 봉사 잘하는 영평불자 여러분은 지금 당장 모두 어떻다? 행복하지요. 앞으로 더 행복해 질까요? 불행해 질까요? 더 행복해지지요.

자 그럼 영원한 행복을 얻게 될 나무아미타불 염불과 천년을 누릴 행복의 씨앗인 공덕 닦기를 잘하는, 그래서 지금도 행복하고 앞으로 더욱 행복해지고 끝내 성불해서 일체중생을 제도할 자기 자신을 격려하고 자축하는 큰 박수를……

부디 영원한 행복 성취를 위해 나무아미타불 염불 부지런히 하시고 천년행복을 위해 봉사 감사 칭찬 보시 이웃존중 많이 하시고 몸과 마음의 건강을 위해 많이 웃고 박수 많이 치십시오. 감사 하면 감사할 일이 생기고, 칭찬하면 칭찬 받을 일만 생깁니다.

자 그럼 오늘은 행복 이야기가 나왔으니 행복과 크게 관계있는 영평사 절 이름에 대하여 말씀 드리는 시간을 가지겠습니다. 이곳에 성지순례법회에 오시는 다른 절 불자님들에게는 늘 절 이름을 영평(永平)이라고 한 까닭을 소개하면서도 정작 알고 있어야 할 영평사 신도님들에게는 이야기 하지 못했던 것 같습니다.

영평사는 잘 아시다시피 충청인의 젖줄인 금강이 휘감고 돌아가는 작지만 빼어난 명산 장군산의 동쪽 해 뜨는 마을에 솟아오르는 태양을 마주하고 앉아 있습니다. 또한 풍수론 상으로는 명당 가운데 가장 귀하게 여기는 안온한 자리에 위치해 있습니다.

이 도량에 들어서자마자 '와! 편안하다, 푸근하다, 살고 싶다, 아름답다,' 오시는 모든 분들이 이런 감탄의 말씀들을 하시는데, 아마도 안온지처라는 명당의 영향도 있겠지만 절 이름을 '길 영'(永)자, '화평할 평'(平)자, 영평사라 한 이유 때문이 아닌가 싶습니다.

영평사라고 한 이유는 모든 생명들이 이 도량에서 길이길이 편안해졌으면, 행복해졌으면 하는 바람이고, 또 모든 생명들에게 그런 행복을 얻도록 돕겠다, 꺼지지 않는 행복을 선사 하겠다는 원력이기도 합니다.

모든 생명 있는 존재들은 괴로움을 피해 편안하고자, 행복하고자 한다는 평범한 이치를 절 이름을 지으면서 재확인 하게 되었지요. 고통을 벗어나 편안하고자 하고, 불행을 면하여 행복하고자 하는 것은 모든 존재들의 근본 욕구로써 생명들이 계속 진화하는 이유도 바로 행복하려는 욕망 때문이라는 결론에 이르게 된 것이지요.

편안을 등지고 고통을 찾아가거나 행복을 등지고 불행을 찾아가는 생명은 어느 곳에도 없다는 사실을 알고 생각해보니, 모든 중생은 자기의 행복만을 추구하는 탐욕의 삶을 살다가 고통의 수렁에 빠져 허우적거리고, 성인은 인류의 행복을 원했기에 만년을 두고 인간의 귀감이 되었으며, 부처님은 인류를 포함한 모든 생명들의 행복을 위하여 어렵게 얻은 최고의 행복을 일체 중생에게 회향하셨기에 태로 태어나거나 알로 태어나거나 습기로 태어나거나 변화하여 태어나거나 하는 모든 종류의 생명들의 자애로운 어버이, 최고의 스승으로 추앙 받게 되었음을 분명하게 재인식하게 되었습니다.

산승은 부처님과 성인을 같은 위치에 놓는 것을 못마땅하게 생각하는 사람입니다. 그래서 부처님은 그냥 부처님이라 부르고 여타의 성인들은 그냥 성인이라 불러야 된다는 궤변 같은 말을 자주합니다.

부처님의 깨달음은 완전하고 기타 성인들의 깨달음은 아직 완전하지 못하며, 부처님의 행복은 완전했고 기타 성인들의 행복은 완전하지 못했으며, 부처님의 자비는 완전했고 기타 성인들의 사랑은 아직 완전하지 못하다고 이해되기 때문에 그렇게 역설하는 것입니다.

그러면 깨달음의 문제는 다음 기회로 미루고 성인들의 사랑, 행복이 어째서 불완전하고, 부처님의 자비, 행복이 왜 완전한 것인지 먼저 살펴보겠습니다.

단적으로 말한다면 여타 성인들의 사랑은 인류에 국한되었고 부처님의 자비는 전 생명계를 망라했다는데 있습니다. 성인들은 생명 가치를 인간은 우월하고 그 외의 생명은 하열하여 인간 삶의 도구로써 정복하고 지배할 대상으로 보았고, 부처님은 모든 존재의 생명 가치는 절대 평등하여 물아일여(物我一如) 자타불이(自他不二)로서 상의상존(相依相存) 하는 동반자의 관계로 보셨습니다.

성인들은 인간만 행복하면 되는 줄로 착각하여 인간들로 하여금 경쟁하고 정복하여 지배하고자 하는 악습을 조장케 했고, 부처님께서는 모든 생명은 평등하게 행복해야 된다고 철견 하시어 서로 살려내는 지혜를 가르쳐 주셨고, 모든 존재는 성불이라는 궁극의 행복을 얻으리라는 큰 희망의 메시지로 중생 모두 이미 부처라는 긍지를 심어 주셨습니다. 세상에 이보다 완전한 자비, 완전한 행복은 없습니다.

영평사라는 이름은 부처님의 이 완전한 자비, 완전한 행복을 이 땅에 구현하겠다는 원력의 이름입니다.

모든 생명에게 궁극의 행복, 소멸되지 않는 행복을 성취하게 하기 위하여 보장된 제왕의 자리도 헌신짝 내버리듯이 아무 미련 없이 버리고 출가하여 난행고행을 다 겪어 성취하신 그 행복을 자기 혼자 누리지 않고 전 인류를 위하여, 전 인류를 초월하여 모든 하늘의 신들과 금수 어별 곤충 초목 등 삼라만상에 까지 골고루 나누어 주신 부처님! 그러한 부처님이 계시는 도량에 사는 사람들이 해야 할 일은 불사(佛事), 즉 부처님께서 하신 일, 하실 일을 해야만 옳다고 생각했습니다.

그래서 이 도량에 사는 사람, 신도, 구경 온 사람, 영평사를 생각하는 사람, 영평사라는 이름을 들은 사람, 무심코 도량 위를 지나가는 비행기속의 사람, 날아다니는 생명들, 땅위를 기어 다니는 생명들, 땅속의 생명들, 물속에 헤엄치는 생명들, 심지어는 영평사와 영평사 중을 비난하는 사람까지도 모두 부처님께서 이루신 완전한 자비를 성취하고, 완전한 행복을 얻으시라는 원력의 이름이 바로 여러 법우님들 원찰의 이름입니다.

영평가족 여러 법우님, 그리고 이 방송을 시청하시는 모든 분들 모두 행복해집니다. 모두 성불하십니다.

그러면 잠시 명상의 시간을 가지겠습니다.

모든 생명들이 삶 가운데서 나 자신이 그런 것처럼 고통을 피해 편안코자, 행복하고자 하는 모습을 명상하십시오.

어떠셨는지요? 느끼시죠? 어떻게 살아야 할 방향을 아시겠죠? 좋습니다.

나무아미타불!

부처님 행동을 따라서 연습하자

나무아미타불!

양력은 벌써 2월의 마감도 며칠 남지 않았지만 음력으로는 이제 경인년을 막 시작하고 있습니다.

대개의 절에서는 정초가 되면 일 년 내내 나라태평과 가내안녕을 빌고, 또 개인적으로 이런저런 소박한 소원들을 가지고 7일간 가행기도를 합니다. 오늘 우리 절에서도 초삼일부터 시작한 7일간 가행기도를 원만히 회향 하였습니다.

산승도 일주일 내내 우리 불자가족은 물론 우리나라 모든 국민과 전 세계에 진출한 우리 동포님들, 그리고 법계 모든 존재님들도 모두 부처님의 자비 속에 건강하시어 알차고 보람된 도약의 해가 되시길 삼보자존전(三寶慈尊前)에 두 손 모아 축원 드렸습니다.

아울러 불자님들 모두 진실한 신심과 끊임없는 수행으로 부처님께로 더욱 가까이 다가가는 한 해가 되시기를 간절히 희망해 보았습니다.

모든 존재들의 조화로운 행복, 영원한 행복을 추구하는 이 행복도량의 중 환성도 오십년 가까이 받기만한 부처님의 막중한 은혜와 신심어린 불자 여러분의 시주은혜, 오늘의 이 산승을 만들어 준 사회의 은혜에 조금 이라도 보답한다는 마음으로 불자님들과 함께 부처님 의 바른 가르침을 펴 나아갈 더 큰 길을 걸어가고자 다짐해 봅니다.

경인년을 시작하면서 불자님들께서도 부처님은혜에 보답하는 한해가 되셨으면 합니다. **부처님 은혜에 보답하는 일은 무엇보다도 자기 수행의 완성입니다.** 또한 수행하기 위해서는 부처님의 가르침이 무엇인지를 아는 것이 가장 중요한 일입니다. 그래서 경인년은 행복도량 불자가족 모두 산승과 함께 열심히 수행하시기를 간곡히 권합니다.

불자 모두 같은 시간에 같은 장소에 모일 수는 없지만 서로 약속하고 마음의 결정만 된다면 각기 가정에서 같은 시간대에 똑같은 수행을 얼마든지 할 수 있다고 생각합니다.

우리 불자님들은 대개 절에 가는 날, 법회 날은 어느 종교인도 따라가지 못할 만큼 진짜 수행자요 보살이 되는데, 법회 끝나는 순간부터 또한 어느 종교인도 흉내 낼 수 없을 만큼 범부중생이 됩니다.

그러니 집에 가서는 어떠할 것인지, 평소의 신행생활이 어떨런지는 보지 않아도 가히 짐작할 만합니다. 이래가지고는 불자라고도 수행자라고도 할 수 없습니다. 절에 가서 두어 시간 아무리 열심히 기도하고 법문 들어봤자 가정에 돌아가서 계속되지 않으면 맨 날 죽 떠먹은 자리 같이 변화가 없는 것입니다. 소원성취가 안 된다 그 말입니다.

절에 가는 것은 부처님 뵌지도 오래되고 법문 들은 지도 오래 되면 신심이 좀 얇어지고 흐트러지니까 신심을 추스르기 위한 방편이며, 생활현장에서 늘 수행하기 위한 연습인 것입니다.

불자로서 수행(실천)은 생명과도 같아서 참으로 중요한 일입니다. 수행, 수행하니까 또 어렵다는 선입견을 가지게 될 텐데 수행은 그렇게 어려운 것도 특별한 것도 아닙니다. 닦을 수자, 행할 행자, 행을 닦는다는 의미지요. 무슨 행이냐, 바로 부처님의 행동을 따라서 연습하는 것, 내가 실천 하는 것을 수행이라 하는 것입니다. 간단하죠?

수행은 왜 하는가? 부처님처럼 대자재인이 되고 싶어서, 최고의 행복자가 되고 싶어서, 일체중생의 행복을 도와줄 수 있는 능력자가 되고 싶어서 수행하는 것입니다.

불교를 깨달음의 종교라 하는데 그 깨달음이라는 것이 그냥 저절로 오는 것이 아닙니다. 부처님의 가르침을 바르게 이해(解)하고, 이해한 그 가르침을 확실하게 믿고(信), 알고 믿는 그 가르침들을 낱낱이 실천(行)할 때 비로소 얻어지는 것입니다.

신심 깊으신 행복도량 불자 여러분은 이미 "모든 중생이 부처다"라고 하신 부처님의 가르침을 잘 이해하고, 나와 더불어 모든 이웃 생명들이 부처라는데 털끝만큼의 의심 없이 믿어 삶 가운데서 모든 이웃을 부처님으로 존경 찬탄 공양으로 받드는 불자님들이라고 믿어마지 않습니다.

그렇게 알고 믿으며 수행하는 불자는 그대로 부처님이십니다. 일체중생을 부처님으로 받들어 존중 찬탄 공양하는 행위 그 자체가 부처님의 행동이며 삶이기 때문이지요.

그러면 매일 함께 수행할 과목과 방법을 말씀 드리겠습니다. 시간은 각자 가능한 시간을 정해도 무방하지만 가능하다면 새벽 4시에 일어나서 간단히 씻고 향을 피웁니다.

먼저 삼보님께 지극한 마음으로 귀의합니다. 이것은 조석으로 집안 어르신께 문안인사 드리는 일과 같은 의미도 있고 돌아가 의지한다는 의미인 귀의는 더 큰 뜻을 가진 불자의 기본이며 최후 목적으로서 아주 중요한 의식입니다.

즉 귀의는 누구에게 돌아가 의지한다는 의미와 그분과 같이 된다는, 하나가 된다는 의미도 있습니다.

삼보(부처님, 가르침, 스님)께 귀의한다는 것은 삼보를 믿고 의지하여 나도 모든 생명들을 행복으로 이끌어주시는 삼보님과 같은 사람이 되겠다는 다짐입니다.

복과 지혜 구족하신 부처님께 귀의 합니다.(큰절)

부처님은 중생을 이익 되게 할 모든 것, 복덕과 자비와 지혜를 완전히 갖추신 분, 중생이 아무리 많아도 이익을 주시기에 부족함이 없으십니다. 억겁을 두고 중생 행복을 위하여 닦아 이루셨기 때문이지요. 그러니 참 불자라면 어떻게 부처님을 존경하지 않을 수 있겠으며, 의지하지 않을 수 있으며, 어찌 부처님을 닮지 않을 수 있겠습니까? 그러니 지극한 마음으로 공경하고 부처님을 닮겠다고 다짐하는 것입니다.

욕심 떠날 가르침에 귀의 합니다.(큰절)

중생의 고통은 탐욕으로부터 옵니다. 부처님의 가르침의 대부분은 이 고통의 원인인 탐욕심, 애착심, 집착심을 버리라는 가르침입니다. 일체 탐욕을 떠나겠다는 다짐으로 가르침에 예경합니다.

화합 이룬 스님들께 귀의 합니다.(큰절)

스님은 머리 깎고 출가한 사람뿐만 아니라 시비를 떠난, 그래서 일체 생명들과 화합을 이룬 분들을 말합니다. 그러니 부처님을 따르고 부처님 가르침을 실천하는 사람은 모두 스님입니다. 그러한 수행자를 존경하며 자신도 그리리라는 다짐으로 절합니다.

이렇게 귀의 했으면 이제 참회를 해야 합니다.

내가 본래 부처인데 지금 중생이 된 까닭은 내가 저지른 악업 외에 아무 탓도 없습니다. 악업은 자기 욕심을 채우려는 어리석음에 의하여 짓게 됩니다. 한량없는 세월 속에 가지가지(육도윤회) 삶을 살면서 몸과 입과 뜻을 통하여 알게 모르게 저지른 악업을 진심으로 참회해야 합니다.

* 부처님! 제가 한량없는 세월 속에 저의 욕심을 채우려고 이웃의 손해와 고통을 돌아보지 아니한 어리석음을 지극한 마음으로 참회 합니다.(큰절)

참회를 했으면 마음이 깨끗해 졌으리니, 이제 경을 읽

고 염불 할 자격이 갖추어 졌습니다. 자리에 앉아 우리말 천수경이나 아미타경을 한번 독송합니다.

독송이 끝나는 대로 이어서 모든 이웃과 삼라만상과 나와 아미타불이 하나라고 관조하면서 "나무아미타불"을 최소한 자기 귀에 들릴 정도 이상의 소리를 내어 1,000번 이상 염불합니다. 소리 내서 염불하는 데는 여러 가지 공덕이 있습니다. 그러니 가능하면 소리 내서 해야 합니다.

그리고 이어서 나무아미타불을 108번 쓰는 사염불을 합니다. 사염불이 끝나면 감사드리는 시간을 가집니다.

우리는 살아오면서 참으로 많은 유형 무형의 이웃으로 부터 도움을 받으며 살아 왔고 앞으로 살아가는데도 모든 이웃들의 도움 없이는 불가능합니다.

그럼에도 불구하고 어리석어 감사는커녕 도움 속에 살고 있다는 사실조차도 깨닫지 못하여 부모님이, 배우자가, 자식이, 형제가, 친구가, 사회가 나에게 주지 않는다고, 부족하다고 불만입니다. 그리고 끝내는 모든 이웃과 담을 쌓고 불효자가 되고 배신자가 되어 원수같이 남남이 되어 삽니다. 그러니 짜증나고 매사 안 되고 괴로운 것입니다. 매사에 감사하면 감사할 일이 생기고, 짜증내면 짜증 날 일만 생기는 것은 인과의 도리로써 그 누구도 바꿀 수 없는 진리입니다.

부처님 품에서 이만큼 살고 수행할 수 있는 오늘의 내가 있을 수 있게 도와 준 모든 이웃들을 떠 올리면서 진심으로 감사의 절을 올립니다.

* 저를 낳아서 키워 가르쳐 주신 부모님께 감사드립니다. (큰절)
* 저를 보살의 길, 해탈의 길로 이끌어 주시는 부처님께 감사드립니다.(큰절)
* 저를 바른 길로 인도해 주시는 여러 스승님들께 감사드립니다. (큰절)
* 저와 삶을 함께해 주는 모든 이웃 생명들에 감사드립니다. (큰절)
* 모든 생명에게 무한히 주기만 하는 태양 공기 물 대지에 감사드립니다.(큰절)

이제 발원할 차례입니다. 소원이 없으면 죽은 사람입니다. 발전이 있을 수 없습니다. 산사람이라면 반드시 소원이 있어야 합니다. 지극한 마음으로 귀의 참회 염불 감사를 했으면 부처님께 소원을 말씀 드릴 수 있는 자격이 되었습니다. 불자로서의 자격을 갖추지도 않고 불보살님께 소원을 이루어 달라고 요구하는 것은 염치없는 일이고 이루어질 수도 없는 일입니다.

여기서 잘 알아야 할 것은 진정한 불자의 소원은 다른 종교인이나 사이비 불교인들이 욕심 부리는 소원과는 다르다는 것입니다. 또 달라야만 합니다.

다른 종교인이나 사이비 불교인들은 '무엇을 어떻게 되게 해주십시오' 하며 떼쓰고 투정부리고 하는 자기욕심 채우기죠, 이런 자기욕심 채우기의 소원을 작을 소자 원할 원자를 써서 소원(小願), 욕심 이렇게 말합니다. 이렇게 작은 소원을 비는 사이비불자들은 늘 불만 불평 원망 속에 삽니다. 그러니 백날 절에 다녀도 원망할 일만 생기지요.

그러나 진정한 불자는 원하는 것 자체가 다르지요? '이웃과 더불어 자신이 행복할 수 있도록 제가 이렇게 이렇게 하겠습니다. 부처님께서 하실 일을 제가 한번 해 보겠습니다. 지켜봐주시고 힘을 주십시오.' 하는 자기를 떠난 소원을 가지지요. 이런 소원을 큰 대자, 원할 원자 대원(大願)이라고 하는 것입니다.

진정한 불자는 자기의 욕심을 떠나 이웃의 행복을 도와주겠다는 큰 원을 일으키는 것입니다. 이렇게 큰 원을 일으키는 불자는 늘 매사에 감사하고 만족하고 즐겁습니다. 그러니 감사할 일, 만족할 일, 즐거울 일만 생기게 되는 것입니다. 역시 중생 행복을 위한 자비심으로 반드시 이루고야 말겠다는 굳은 의지로 발원해야 합니다.

자신과 이웃의 행복에 도움 될 일을 하고자 맹서함.

* 부모님과 부처님께 효도 하겠습니다.(큰절)
* 이웃이 행복할 수 있도록 적극 돕겠습니다.(큰절)
* 모든 생명을 살리겠습니다,(큰절)
* 태양 물 공기 대지 등 자연을 훼손시키지 않겠습니다. (큰절)

발원을 마친 뒤에 이제 그 실천행의 첫 번째인 공양금(보시금)을 헌금합니다.

'중생이 부처님이라'고 설파하신 부처님께서는 중생이 부처 되기 위해서는 여섯 가지 덕목(육바라밀: 보시 지계 인욕 정진 선정 지혜)을 닦아 완성해야 한다 하셨습니다. 이 육바라밀 가운데 나눔, 베풂의 의미인 보시행을 으뜸으로 두셨습니다.

보시행은 아주 쉬울 수도 있고 불가능할 수도 있습니다. 이웃이 가난하면 나도 가난할 수밖에 없음을 인식하면 아주 쉽습니다. 가만히 생각해 보십시오. 이웃이 다 굶어 죽는데 억만장자인들 그 부를 지킬 수 있겠는가.

보시는 일거만득(一擧萬得), 보시행 하나로 만 가지나 얻게 됩니다. 애써 번 돈, 애써 얻은 능력 역량을 아낌없이 나눌 때 자기 안에 숨어있는 가난과 불행의 씨앗인 간탐심(慳貪心: 내 것 아끼고 남의 것 탐냄)은 사라지고 잠자고 있는 행복의 씨앗인 자비심은 깨어나 확장되기 때문에 더욱 넉넉해지고 행복해지게 되는 것이니 이 또한 변함없는 인과의 도리입니다.

일정 금액을 정하여 매일 수행 끝에 올린 공양금을 매월 한 번 절이나 자선단체에 납부합니다.

보시 : 나눔의 미덕으로 이웃의 궁핍을 구제함.

* 저와 모든 생명들의 행복을 위하여 작은 정성을 올립니다. (매일 일정 금액을 가능하면 가족이 함께 저금통에 넣음)

그리고 마지막으로 자원봉사를 생활화 합니다.

자원봉사도 이 보시행에 해당됩니다. 공양금 헌금이나 불우이웃돕기 성금은 물질적인 보시요 자원봉사는 돈

없이 하는 육체적 노력보시로써 이 두 가지는 자신을 행복으로 인도하는 최고의 공덕 닦기 인 것입니다.

산승은 자녀들을 사랑하거든 최소한 한 달에 한번은 자녀들을 노인복지 시설이나 장애우 시설에 데리고 가서 봉사하라고 권장합니다.

산승이 공주에서 13년째 청소년 자원봉사센터를 운영하면서 자원봉사가 가장 좋은 인성교육이라는 확신을 가지게 된 것입니다.

매일 한 시간 이상, 매주 하루 이상, 자원봉사를 실천하시기 바랍니다. 나무아미타불 !

부처님 은혜에 보답하는 보살불교운동

공덕회(功德會)¹⁾는 참 불자운동이며 보살불교(대승불교)운동의 씨앗이 되고 열매가 될 것입니다.

산승이 참 불자운동, 보살불교운동을 하고자 하는 이유는 첫째, 불자 된 사람은 누구누구 할 것 없이 받고 있는 막중한 부처님 은혜에 천만분지 일이라도 보답하자는 간곡한 제언이며,

둘째, 이 중을 40여년을 먹여주고 입혀주고 재워주어 오늘이 있게 해주신 인연 있는 모든 단월, 그리고 [영원한 행복의 절, 길이길이 평화로운 절, 모든 생명평등행복의 절] 영평사 창건불사에 24년이라는 긴 세월을 함께해 오신 영평사 신도 여러분의 은혜에 보답하고자 하는 일이며,

셋째, 산승과 생을 같이 하고 있는 모든 생명과 존재들의 은혜에 보답코자 하는 것입니다.

보살불교운동의 첫 번째 이유인 부처님의 은혜에 보답하기란 참으로 어려운 일이고 알기도 지극히 어려운 일입니다.

---

1) 영평공덕회는 30여년 전 불기 2532년도에 창립, 불기 2555(단기 4344년) 재창립하여 활발한 활동을 하고 있다.

부처님의 막중한 은혜란 중생으로 하여금 다시는 생사고업(生死苦業), 즉 육도윤회의 가시밭길을 더 이상 헤매지 않아도 될 방도를 알려 주심인데, 이 은혜를 사무쳐 아는 불자는 극히 드뭅니다.

이 산승은 중노릇 2년여 만에 어렴풋이 짐작하게 되었고 그 후 42년 만에 사무쳐 알았습니다. 어렴풋이 알던 부처님 은혜를 확실하게 믿을 수 있기까지의 시간이 42년이나 소요 되었다는 말입니다.

부처님의 크신 은혜를 알게 되니 두 번째 이유인 중노릇을 도와주신 모든 단월들의 은혜 또한 부처님의 은혜에 버금간다는 사실을 깨우쳐 알게 되었고, 세 번째 이유인 나와 함께 해왔고 앞으로 제가 부처님이 된다 해도 미래제가 다하도록 함께할 모든 이웃생명, 이웃존재들의 은혜 또한 갚고 또 갚아도 다 갚을 수 없음을 깨달았습니다.

이 세 가지 은혜는 알던 모르던 우리 불자 대중 모두가 받고 있는 은혜요, 짊어지고 있는 빚입니다. 이것은 각자 자기가 받고 쓴 것이기에 반드시 자기가 보답해야할 은혜이며 갚아야할 부채인 것입니다. 이 세 가지 큰 은혜에 보답하기 운동, 짊어진 빚 갚기 운동이 바로 이 공덕회가 지향하는 보살불교(대승불교)운동입니다.

산승은 이전에는 내가 깨달아야만 남을 깨닫게 할 수 있는 줄로 착각했었습니다. 산승은 이전에는 내게 많이 있어야 베풀 수 있는 줄로 오해하고 있었습니다. 대승불교시대에 살면서 소승불교를 하고 있었던 것입니다.

대다수의 불교인들이 하고 있는 대로 멍청하게 생각 없이 따라서 했던 것입니다. 지금의 많은 불교인들도 틀렸고 이 산승도 틀렸던 것입니다. 모두 부처님께 누를 끼치는 일, 부처님께서 걱정 하시고 근심 하실 일, 부처님을 죽이는 일을 저지르면서도, 불자를 자처하고 있는 망발을 저지르고 있으면서도 깨어나지 못하고 있는 것입니다.

이제 옳은 길을 가렵니다.

부처님을 빛내는 일, 부처님께서 안심하실 일, 부처님께서 활발발하게 움직이시게 하는 일을 하렵니다. 함께 할 도반이 한 명도 없을지라도 할 것이고, 천 명 만 명 억만 명이면 더 좋겠습니다.

이제 깨달음과 나눔을 인연 있는 모든 불자 여러분과 함께 탁마하면서 깨달아 가고 나누어 감으로써 두 가지 과제를 완성하려 합니다. 이 길이야말로 부처님께서 간절히 바라시는 일이며 법계 중생이 요구하는 일임이 분명하기 때문입니다.

친애하는 영평 불제자 여러분!

어떠한 이유로도 이 산승이 권하는 보살불교운동을 회피하지 마십시오. 동참하는 것은 자신을 위해서도 옳고 이웃을 위해서도 옳은 일이며, 회피하는 것은 너무너무 틀린 것입니다.

그리고 이 산승이 이 보살불교운동에서 한 분도 도망가게 내버려 두지 않을 것입니다. 산승과 인연 있던 그 어떤 불자도 버릴 수 없고, 사랑하지 않을 수 없고,

잃어버릴 수 없고, 놓칠 수 없는 소중한 도반들이기에 함께 가기를 간곡히 요청하는 것입니다. 분명히 그리고 반드시 해야 할 일이며, 하기만 하면 모두 행복해지는 이 좋은 일을 당신들을 지금 이대로 중생인 채로 그냥 내버려 두고 산승 혼자서 간다는 것은 너무나 무책임한 일이고 양심이 허락하지 않는 일이며 안쓰러운 일이어서 함께 하기를 요청하는 것입니다. 이 산승의 간절하고 진정한 이 충정을 이해해야 할 것이며, 외면하지 아니해야 할 것입니다.

불법은 지혜의 완성(깨달음)과 복덕의 완성(공덕 닦기)입니다. 보살불교운동인 공덕회에서 우리 함께 이 일을 완성합시다.

깨닫고 혼자 즐기는 것은 소승 외도나 할 일이며, 내가 깨닫지는 못했더라도 남과 함께 깨닫고자 하는 것은 정법행자의 일이요 대승보살의 일입니다.

나도 깨닫고 남도 깨닫게 하며, 나도 배부르고 남도 배부르게 하는 일이 보은의 길이요, 빚을 갚는 일이며, 참다운 불사(佛事: 부처님의 일)인 것입니다.

이렇게 하면 부처님의 바른 제자요, 이렇지 않으면 틀린 불자입니다. 이렇게 하면 보살불교(대승불교)요, 이렇지 않으면 소승 외도입니다. 이렇게 하면 행복을 기약할 수 있고, 이렇지 않으면 기약할 수 없습니다.

다시 간곡하게 보살불교운동을 권하고 함께해 주시길 간절하게 요청합니다. 모두 함께 부처님께로 갑시다.

나무아미타불!

이 보살불교 실천을 위하여 공덕회 회원은 매일 수행 프로그램을 실천 합니다.

공덕회원 매일 수행 프로그램

1. **삼귀의** : 복과 지혜 구족하신 부처님께 귀의의 큰 절을 올립니다.
   욕심 떠날 가르침에 귀의의 큰절을 올립니다.
   화합 이룬 스님들께 귀의의 큰절을 올립니다.
2. **염불** : "나무아미타불" 천 번 이상 소리 내서 염불.
3. **참회** : 지금까지 알게 모르게 저지른 악업을 지심참회.
   * 부처님! 제가 한량없는 세월 속에 저의 욕심을 채우려고 이웃의 손해와 고통을 돌아보지 아니한 어리석음을 참회하는 큰절을 올립니다.
4. **감사** : 오늘의 자기를 있게 한 모든 존재에 감사드림.
   * 저를 낳아서 키워 가르쳐 주신 부모님께 감사의 큰절을 올립니다.
   * 저를 보살의 길, 해탈의 길로 이끌어 주시는 부처님께 감사의 큰절을 올립니다.
   * 저를 바른 길로 인도해 주시는 여러 스승님들께 감사의 큰절을 올립니다.
   * 저와 삶을 함께해주는 모든 이웃 생명들에 감사의 큰절을 올립니다.
   * 모든 생명에게 무한히 주기만 하는 태양 공기 물 대지에 감사의 큰절을 올립니다.

* 가족을 부양하느라 고생하는 배우자에게 감사의 큰 절을 올립니다.
* 제 삶을 잘 가꾸는 아들딸에게 감사의 큰절을 올립니다.
* 감사할 줄 알고 이만큼 수행하는 나 자신에게 감사의 큰절을 올립니다.
5. **발원** : 자신과 이웃의 행복에 도움 될 일을 하고자 맹서함.
* 부모님과 부처님께 효도하기를 발원하며 큰절을 올립니다.
* 이웃이 행복할 수 있도록 적극 돕기를 발원하며 큰절을 올립니다.
* 모든 생명을 살리기를 발원하며 큰절을 올립니다,
* 태양 물 공기 대지 등 자연을 훼손시키지 않기를 발원하며 큰절을 올립니다.
6. **보시** : 나눔의 미덕으로 이웃의 궁핍을 구제함.
* 저와 모든 생명들의 행복을 위하여 작은 정성을 올립니다. (매일 일정 금액을 가족이 다함께 공양하는 시간에 저금통에 넣음)
7. **봉사** : 최고의 공덕 닦기인 봉사를 생활화 체질화 함.
* 매주 한 시간 이상, 매월 하루 이상 가능하면 자녀와 함께 자원봉사를 실천할 것.

처음엔 어렵겠지만 자신의 행복과 이웃의 행복을 위하여 그리고 끝내 다함께 부처님 되시기 위하여 실천하시기 바랍니다. 나무아미타불!

포교는 최고의 공덕 닦기

인연법(因緣法)을 바르게 인식하고 철저히 인연법을 따라 공덕의 씨앗을 부지런히 심고 가꾸실 것을 간곡히 당부합니다. 불교는 인연법의 가르침이고 인연법이 진리이기 때문입니다. 연기법(緣起法)이라고도 하지요.

갖추어 말하면 인연생기(因緣生起), 즉 우주 삼라만상 모든 것, 물질적인 것이거나 정신적인 것이거나 그 어떤 것도 모두 원인과 조건에 의하여 일어나고 스러진다, 만나고 헤어진다, 콩을 심어야 콩을 거두고 팥을 심으면 반드시 팥을 거둔다는 이 상식이 최고의 진리 인연법입니다.

우주 삼라만상은 모두 이 인연법(연기법) 안에 있습니다. 인연법은 절대로 변하지 않는 우주존재법칙이며, 엄정한 과학이고, 보편타당한 철학이며, 절대평등의 진리, 영원불변의 진리이지요. 그 어떤 것도 인연법에서 털끝만큼도 벗어날 수 없습니다.

부처님께서 깨달으신 바가 연기법(인연법)이라는 것은 웬만한 불자는 다 아는 사실일 것입니다. 그런데 부처님이 깨달으신 진리가 인연법이고 세상만사 인연소치(因緣所致)라는 진리를 너무나 잘 알고 너무나 많이 입에 달고 사는 불교인들이건만, 불가사의(不可思議)하게도 인연 맺기를 전혀 모르는 사람들 또한 불교인이라는 사실은 웃지 못할 참으로 걱정스러운 일입니다.

툭하면 전생 인연을 들먹거리면서도 정작 인연을 적극적으로 잘 맺어야 된다는 의식조차도 전혀 없는 불자, 씨앗을 심어야 열매를 얻을 수 있다는 사실을 모르는 불자, 뿌린 대로 거둔다는 진리를 전혀 모르는 불자들의 이 기현상을 어떻게 이해해야 할까요? 불교인의 무지나 태만이 원인이라 하면 조금은 설명이 될까요? 도저히 이해가 안 되는 일입니다.

기독교에서는 인연법을 거의 미신 수준으로 치부하고 있는데 실제 신앙생활, 특히 전도하는 모습을 보면 "뿌린 대로 거둔다"는 그리스도의 말씀을 120퍼센트 믿고 실천하는 철두철미하게 연기적 삶을 살고 있습니다. 물불을 가리지 않는 전도로써 복음의 씨앗을 뿌린 결과 어떻게 되었습니까? 한국기독교 1세기 만에 한국은 온통 기독교 세상이 되었지요.

그들의 전도행태를 불교인 입장에서 보면 유치하고 소름 돋을 만큼 광적이고 극성스러워 양식 있는 사람들의 눈살을 찌푸리게도 하지만 분명 철저한 인연법적 신행입니다. 인연법은 모르지만 진리 가운데 진리인 인연법을 철저히 따르는 기독교가 어찌 발전하지 않을 수가 있겠습니까? 그러고도 발전하지 못한다면 부처님의 깨달음이라는 인연법은 거짓이지요.

불교인들은 인연타령은 잘도 하면서 인연을 맺는 데는 전혀 관심조차도 없으니 인연법을 알기는 아는가를 되짚어볼 일입니다. 그리고 인연법을 배반했음을 깊이 참회해야 합니다. 인연법의 이치는 말하지만 전혀 사용할 줄 모르는 한국불교가 어떻게 망하지 않을 수 있겠습니까? 망하지 않는다면 역시 인연법은 거짓이고, 거짓이라면 거짓을 말한 석가모니는 당연히 무간아비지옥의 고통을 받아야지요.

부처님께서 인연법을 설명하신 '이것이 있으므로 저것이 있고, 이것이 없으므로 저것이 없다' '이것이 생기므로 저것이 생기고, 이것이 소멸하므로 저것도 소멸한다'는 말씀에 비추어 보면, '기독교에는 전도가 있으니 부흥이 있게 되고, 부흥이 있으니 불교 전통의 나라에 기독교 천지가 있게 되었다'고 말할 수 있고, '불교에는 포교가 없으니 발전이 없게 되고, 발전이 없으니 박물관 불교가 되어 한국사회에는 불교가 없게 되었다'고 말할 수 있을 것입니다. 이것은 불자로서 부끄럽고 비참한 현실입니다.

출가·재가를 망라한 불자 모두 한 쪽 팔을 끊어 바치는 심정의 참회, 온 몸을 불사르는 통한의 참회, 진실한 참회와 뼈를 깎는 포교정진이 있어야 합니다. 이 부끄럽고 통탄할 비참한 현실을 출가대중은 물론 재가불자 또한 직시해야만 합니다. 현실을 직시한 깨어 있는 영평불자들이 처방을 내고 무사안일에 빠진 한국불교의 깊은 병폐를 치유하여 한국불교를 반드시 살려내야만 합니다.

그 처방 그 치유를 위하여 부처님 핵심 가르침 인연생기의 도리를 재인식하고 불법 씨앗을 심고 가꾸는 적극적인 포교로 스러져가는 한국불교를 일으켜 세워야 합니다.

산승은 일찍이 포교원력으로 어린이법회로부터 청소년 교화불사, 군부대 포교불사, 교도소 재소자 포교불사와 세시풍속 체험행사 등 다양한 문화포교에도 나름 열심히 해왔다고 자긍합니다. 불자님들의 성원과 후원의 덕택이 컸음을 잘 압니다.

요즘 산승의 기분은 무척 고무되어 있습니다. 총신도회인 영평공덕회를 비롯한 연우회(상조회), 군포교회, 포교사회, 은중회, 합창단, 다례회, 불교대학동문회, 청년회, 학생회, 어린이회, 어린이자모 마야회 등 동아리들의 자발적이고 적극적인 신행활동을 보면서 영평불교가 한국불교를 살려내겠다는 믿음을 가지게 된 것입니다.

9월초 조계종 은정불교문화재단에서 주최하는 경연대회 골든벨에 출전하여 대상부터 장려상까지 모두 받아오겠다고 시간가는 줄 모르고 열공 하는 대견스런 아기부처님들을 보면서 더욱 힘이 솟아납니다. 그간 30년을 뿌려온 씨앗이 싹을 틔우는 것이라고 혼자서 공치사도 해봅니다.

영평불자 여러분께 당부합니다. 인과응보를 두려워하고 철저히 인연법을 따라 살아갑시다.

세상에서 말하는 '모든 사람은 법 앞에 평등하다'는 세상의 법이 평등하지 않아 약자들을 더욱 고통스럽게 하지만, 인과법은 털끝만큼도 어긋남이 없어 모든 일, 모든 사람에게 평등하게 작용합니다. 콩을 심으면 콩을 거두고, 팥을 심으면 팥을 거두게 됩니다. 악행을 저지르면 고통이라는 열매를 짊어져야 되고, 선행을 닦으면 즐거움이 나를 안아 줍니다.

부처님 가르침은 일체중생을 행복하게 합니다. 이 행복의 씨앗을 뿌리는 포교에 함께해 주시기 바랍니다. 포교는 진정한 행복을 선사하는 일이고 부처님 은혜에 보답하는 큰 불사입니다.

그리고 자기 수행에도 가행정진 하시기 바랍니다. 자기 수행이 없이는 전법(傳法: 포교)은 불가능하기 때문입니다.

불법수행은 '마음 닦기와 공덕 닦기'이고 부처님은 이 두 가지를 완전하게 성취하신 분입니다.

마음 닦기로는 '나무아미타불' 육자 염불만한 것이 없고, 공덕 닦기로는 포교만한 것이 없습니다. 겸하여 이웃에게 물질적 이익이 되는 보시공덕을 닦는다면 금상첨화가 될 것입니다.

7천 세대, 3만 영평불자 여러분! 우리 함께하는 수행과 포교로 세상의 행복과 부처님은혜에 보답합시다.

영평불자 여러분! 깊이 존중하고 감사드립니다.

나무아미타불!

선행원력善行願力을 공양 올리자

금년 부처님오신날은 과거 그 어느 해 보다도 백배천
배 더 큰 기쁨으로 맞이하게 되었습니다.

70여 년이라는 긴 세월 속에 대한민국 3만여 개의 절
에서 매일 최소한 세 번 이상 남북화해 평화통일 국위
선양 국태민안 세계평화를 발원해 오고 있는데, 무엇이
던지 술술 풀린다는 무술년 초부터 남북화해와 민족동
질성회복이 이루어지는 분위기가 조성되었고, 이제는
멀고도 가깝고 가까우면서도 멀기만 하던 미중일러 열
강들의 적극적인 동조와 세계평화를 지향하는 수많은
사람들이 국적과 이념을 초월하여 응원하는 가운데 남
북평화 정착과 민족공동번영을 논의하게 되었습니다.
여기에서 조금만 더 잘되면 평화통일까지도 가능한 방
향으로 급진전하는 국내외 정세는 부처님의 가피라 아
니할 수 없기에 그렇습니다.

8,000만 겨레의 큰 기대와 설렘 속에 맞이한 제2642
회 부처님오심을 봉축하는 지금, 우리 민족 가슴 가슴
에 깊고 두텁게 쌓인 70년의 비원(悲願) 남북평화통일
을 이룰 4,27 판문점 공동선언이 하루속히 그리고 반
드시 실행되고 바로 내일 있을 한미정상회담과 6,12북
미정상회담이 성공적으로 이루어기를 바라는 큰 소원
을 부처님께 간절하게 여쭈어야 합니다.

산승은 이러한 민족적 소원을 부처님께 여쭙고 세상의 행복을 위하여 반드시 실천해야 할 불자로서의 세 가지 큰 소원을 오늘 대중과 함께 제2642회 부처님생신 선물로 공양 올리고자 합니다.

모두 합장하시고 큰 소리로 간절하게 따라서 하십니다.

악행은 아무리 작더라도 절대로 저지르지 않아 세상의 고통을 반드시 없애겠습니다.
선행은 아무리 작더라도 받들어 실천하여 세상의 행복을 반드시 이루겠습니다.
마음을 스스로 맑혀 맑고 향기로우며 지극히 행복한 불국토를 반드시 이루겠습니다.
이 세 가지 원력을 제2642회 부처님생신 축하선물로 공양 올립니다.

지극히 상식적이고 너무 평범한 말이어서 시시해 보이지만 이 세 가지가 불교수행의 핵심이며 한평생 자기를 잘 다스리면서 살아온 100세 노인이라도 실천하기는 지극히 어려운 일입니다.

불교의 핵심을 실천하겠다는 이 다짐이야말로 부처님께서 애타게 기대하시는 가장 기뻐하실 생신선물이 될 것임에 틀림없습니다.

이 세상 생명 있는 모든 것들의 행복을 위하여 이미 과거에 오신 모든 부처님들의 공통적인 가르침이고, 앞으로 오실 많은 부처님들께서도 이 보다 더 큰 가르침을 주시지는 못할 최고의 진리이기에 그렇습니다.

악행이란 무엇이런고? 이웃에게 손해 끼치는 일은 아무리 작아도 악행이며 저지르면 반드시 백 천배나 되는 큰 고통을 치러야 합니다.

선행이란 무엇이런고? 이웃에게 이익을 주는 일은 아무리 작아도 선행공덕이며 실천하면 밀려오는 행복을 절대로 피할 수 없게 됩니다.

마음은 어떻게 맑힐 것인고? 선행공덕을 받들어 실천하면서 시시때때로 나무아미타불 염불하면 즉시 고통은 전혀 없고 행복만 있는 극락에 이르게 됩니다.

오늘 산승은 그간 알게 모르게 저질러온 모든 악행과 공덕 닦기에 게을렀음을 참회하고 선행공덕과 '나무아미타불' 염불수행을 부지런히 닦을 것을 여러 대중 앞에서 다짐합니다.

여러분들도 함께 해주시면 산승에게 큰 힘이 될 것 같은데 동참하시겠습니까? 조금 전에 부처님께 세 가지 생신선물을 드렸고 산승의 서원(誓願)과 함께 하실 사부대중 여러분은 지금 이 순간 부처님으로 새롭게 탄생하셨습니다. 여러분은 이미 범부중생이 아닙니다.

새로운 영혼으로 환골탈태한 오늘이 여러분의 진정한 생일입니다. 그러므로 오늘 대법회는 석가모니부처님오심을 봉축하는 일일뿐만 아니라 각자 자기의 생일을 축하하는 자축의 법회입니다.

명심하십시오!

발원하신 당신들은 완벽한 부처님이시고 부처님은 가

지가지 선행공덕 닦기를 즐거워하신다는 사실을 걸음 걸음마다 깨닫고, 자나 깨나 잠시도 잊지 마시기 바랍니다.

불기 2562년 제2642회 부처님오신날 장군산 영평사 주지 중 환성은 사부대중 여러분과 함께 지극한 마음으로 분향발원 하였습니다. 이 발원의 공덕은 한량없는 복덕으로 돌아올 것입니다.

하지만 오늘 세운 원력은 이제 겨우 씨앗을 뿌린 것에 불과하다는 사실을 알아야 합니다. 이 좋은 씨앗이 싹이 트고 잘 자랄 수 있도록 가꾸지 않으면 열매는 기대하지 못합니다. 그러므로 오늘 심은 이 씨앗이 열매 맺도록 가꾸는 일을 오늘 대중과 함께 지금 당장 시작하여 우리들의 복덕이 더욱 늘어나는 공덕을 닦고자 합니다.

이 공덕 닦기는 과거의 모든 부처님들께서도 즐겨 닦으셨고 앞으로 오실 모든 부처님들께서도 즐겨 닦으실 공덕이며 오늘 부처님으로 새롭게 탄생한 우리들도 반드시 닦아야 할 공덕입니다.

닦아야할 공덕이 한량없지만 그 가운데 보시공덕이 으뜸입니다. 산승은 돈이 좀 많은 편이니 이웃의 고통과 행복을 함께 생각하면서 거금 십만 원을 보시하겠습니다. 절대로 회피하시지 마시고 각자 형편대로 보시하시기를 권장합니다.

단돈 일원도 보시하는 마음, 원력에 따라 큰 공덕이 될 수 있는 것입니다. 보시는 곧 봉행되는 아기부처님

목욕시켜드릴 때 행복바라미 보시함에 하시겠습니다. 보시하시는 분 모두 금액의 다소를 불문하고 복덕이 무량하게 될 것입니다.

흔쾌히 보시하시는 대중 여러분을 무한히 찬탄하며 복덕무량하시기를 축원 드립니다.

나무아미타불!

인생은 부메랑인 것을!

우리나라에서도 공원이나 바닷가에서 부메랑 놀이를 하는 모습을 더러 볼 수 있는데 외국을 나가 보면 넓은 공원이나 해수욕장 모래밭에서 부메랑을 던지며 노는 모습을 흔히 볼 수 있습니다.

부메랑이라는 기구를 자기가 던지고 던진 그 자리에서 자기가 받는 신기한 놀이입니다. 마치 농기구인 낫처럼 생겼는데 이것을 힘껏 던지면 날아가다가 돌아서 자기 앞으로 정확하게 되돌아옵니다.

부메랑은 원래 놀이기구가 아니라 사냥할 때나 전쟁에 쓰는 살상무기였습니다. 부메랑을 힘껏 던져서 목표물에 맞지 않으면 자기에게로 돌아오는 신기한 무기가 오늘날 재미있는 놀이기구가 된 것입니다.

던진 사람에게로 반드시 돌아오는 관성을 지닌 부메랑 법칙은 마치 선악의 행위에 따라 행복을 누리거나 고통을 받게 되는 인과의 철칙과 같은 면이 있습니다.

여기 부메랑이 출발점으로 돌아오는 것처럼 인생살이에 있어 뿌린 대로 거둔다는 이치를 이해하는데 도움되는 우화가 있습니다.

도둑놈 셋이서 부잣집으로 도둑질하러 들어갔습니다.

황금과 현금이 얼마나 많은지 각각 큰 자루에 한 자루씩 짊어지고 산속으로 와 보니 한 자루에 10억 원 정도씩 들어 있었습니다.

도둑놈들은 많이 훔치면 기분 좋은 것이 속성이라 한 탕 했으니 자축의 술 파티를 하고 세 명이 똑같이 나누기로 하였습니다. 똘마니 격인 나이 어린 도둑놈이 술을 사오는 심부름으로 마을로 내려갔습니다.

경력 많은 도둑놈 둘이서 저놈을 죽여 버리면 10억씩 가질 것을 15억씩 가질 수 있다는 결론에 의기투합하여 어린 도둑놈을 죽이기로 모의를 합니다. 그래서 살인 준비, 매장 준비를 다 해놓고 올라오기만 기다립니다.

한편, 술을 사러 내려간 어린 도둑놈은 이런 생각을 하였습니다. 저 두 놈을 죽여 버리고 통째로 차지해서 도둑질 그만하고 평생 편하게 살아야겠다는 부푼 야심으로 술에 독약을 넣어 태연하게 올라왔습니다.

기다리던 두 도둑놈들은 어린 도둑놈을 올라오자마자 목을 졸라 죽여 버리고 형님 먼저 아우 먼저 권하면서 기분 좋게 술을 마시다가 다 죽어 버렸습니다. 도둑놈 세 명 중 누가 더 나쁘다고 할 것 없이 각자 자기가 던진 부메랑에 맞아 죽은 것이지요.

인생살이는 부메랑입니다.

던진 사람에게로 돌아오는 부메랑의 관성(慣性)은 콩을 심으면 반드시 콩을 거두는 인과의 도리를 잘 보여줍니다.

인과의 도리를 보여주는 일들이 어찌 이 우화뿐이겠습니까? 조금만 마음 써 살펴보면 인생살이 전체가 부메랑법칙(인과법칙) 안에 있음을 알게 됩니다.

지금 한국사회를 발칵 뒤집어 놓은 '나도 당했다'는 미투에 베일이 벗겨지는 각계의 내로라하던 저명인사들의 추악한 행색들도 그렇고 무소불위의 권력을 휘두르던 전직 대통령들의 물불을 가리지 않던 '돈따라기'가 부메랑으로 돌아가 명줄을 끊어버리는 현상을 똑똑하게 보고 있습니다.

기독교 바이블에도 '뿌린 자가 거둔다. 뿌린 대로 거둔다'는 인과의 말씀이 있거니와 불교에서는 인과법칙을 우주의 철칙이라고까지 강조하는, 그래서 불교인에게는 상식적인 가르침이 인과법칙입니다. 소름 돋을 만큼 무섭기도 한 인과법칙(부메랑법칙), 즉 선인선과(善因善果) 악인악과(惡因惡果)는 누구도 피할 수 없는 철칙입니다.

자기가 던진 선이나 악의 행위는 반드시 자기가 되돌려 받게 되는데 던진 만큼 받는 것이 아니라 수십 배의 이자로 불어나서 받게 되며 아무리 막강한 권력이나 큰 재산, 혹은 지식이나 기술로도 막지 못하고 반드시 자기가 대가를 치러야 하는 것이 부메랑법칙(인과응보)임을 명심해야 합니다.

이 인과의 도리를 깨달으면 우주의 진리를 보게 되고 그런 사람은 더 이상 고통을 치룰 악의 씨앗(부메랑)을 던지지 않고 행복을 누릴 선의 씨앗(부메랑)을 널리 던집니다.

인과의 철칙(부메랑법칙)을 깨달은 사람은 살생의 부메랑을 거둬들이고 방생의 부메랑을 부지런히 던지고, 도둑질의 부메랑을 거둬들이고 보시의 부메랑을 부지런히 던지며, 성폭력의 부메랑을 거둬들이고 순결의 부메랑을 부지런히 던지고, 거짓의 부메랑을 거둬들이고 진실의 부메랑을 부지런히 던지며, 희론(戲論)의 부메랑을 거둬들이고 요익(饒益)의 부메랑을 부지런히 던지고, 이간의 부메랑을 거둬들이고 화합의 부메랑을 부지런히 던지며, 비방의 부메랑을 거둬들이고 칭찬의 부메랑을 부지런히 던지고, 간탐(慳貪: 인색 탐욕)의 부메랑을 거둬들이고 자시(慈施: 자비 보시)의 부메랑을 부지런히 던지고, 분노의 부메랑을 거둬들이고 이해의 부메랑을 부지런히 던지며, 무지의 부메랑을 거둬들이고 지혜의 부메랑을 부지런히 던져, 무병장수를 얻고 부귀를 누리며 부부화목하고 가는 곳마다 환영 받는 신뢰를 얻고 칭송을 들으며 일마다 공명정대하니 지탄 받거나 감옥에 들일 없으니 행복이 멀리 있는 것이 아님을 압니다.

불자님들은 그동안 어떤 씨앗(부메랑)을 던지셨으며 앞으로 또 어떠한 부메랑을 던질 것인가를 깊이 생각해 보아야 합니다. **지혜로운 불자는 사회현상을 스승으로 삼고 착한 사람을 스승 삼을 뿐만 아니라 악한 사람도 스승으로 삼을 줄 압니다.**

나무아미타불!

제 3부. 큰 사랑의 실천, 행복연습

자, 이제 부처의 삶과 범부중생의 삶 가운데 하나를 선택하십시오.
선택의 권한은 전적으로 자기의 주인인 자신에게 있습니다.
산승은 서슴지 않고 부처의 삶을 선택하겠습니다.
여러분은 어떻게 하시겠습니까?
부처의 행을 선택하신 당신, 태어날 적마다 부귀공명, 무병장수, 만
사형통, 무량행복이 연속될 것입니다.
오늘 참으로 좋고 좋습니다.

이대로 행복합니다

모든 존재의 본 고향은 행복의 땅입니다.

이 세상 그 누구도 불행의 나락에 떨어졌던 일은 없습니다. 지금 이대로 그 모습 그대로 행복을 구가하고 있습니다.

하루 해를 일생으로 하는 하루살이의 날개짓도 그 지복(至福)의 표출이며 얼마 남지 않은 태양 잔열을 온몸으로 끌어안아 겨울을 준비하는 이름 모를 작은 풀꽃도 그러합니다.

가져도 가져도 모자라 헐떡거리는 인간에게 조용하지만 강열한 어떤 메시지를 던지듯 알몸으로 어우러져 피운 구절초 꽃도 그 불멸의 행복, 완전한 본래 행복을 말하고 있습니다.

불자 여러분도 저들처럼 행복을 그려 내십시오. 그러기 위해서는 증오와 갈등 따위 어두운 그림자는 과감히 버려야 합니다. 슬픔과 좌절 역시 행복의 그림이 아닙니다. 옳으니 그르니 고우니 미우니 따지는 일도 멀리 빗나간 짓입니다.

하루살이의 날개 짓이나 이름 모를 풀들이 마지막 남은 정열을 불태워 꽃 피우는 것은 행복을 그리라는 메시지입니다. 알몸으로 말하는 저들 앞에 부처인들 어찌 부끄럽지 않겠습니까.

불자님 여러분의 본 고향 행복의 땅에 증오의 씨앗이 떨어지면 사랑의 싹을 틔웁니다.

만약 갈등의 싹이 튼다면 화합의 열매로 변합니다. 여러분의 본질이 그것, 사랑이며 화합의 본체, 궁극의 행복이기 때문입니다.

불자 여러분 모든 존재와 화합하며 모든 이웃에게 사랑의 미소를 보내십시오. 그 일은 여러분의 본질 행복의 땅을 더욱 비옥하게 하는 그림입니다.

불자 여러분! 지금 무슨 그림을 그려야 할지를 알지요?

그러니 명심 하십시오. 행복은 가시밭길 저 너머에 있는 것이 아니라 지금 당신이 그리는 그 그림 안에 있음을.

　나무아미타불!

절대 긍정의 사랑

내가 모든 일의 주인임을 아는 사람이 되겠습니다.

무엇이던지 밝게 웃으며 '예, 그렇습니다.', '예, 그렇고 말고요.', '예, 그렇게 하시지요.', '예, 그랬었군요.' 하는 긍정의 사람이 되겠습니다.

사랑을 받기보다는 널리 사랑하는 사람이 되겠습니다.

이해와 용서받기 보다는 무한히 이해하고 감싸는 사람이 되겠습니다.

도움 받기 보다는 널리 도와주는 사람이 되겠습니다.

의지하기 보다는 모든 이웃의 의지처가 되어 주는 사람이 되겠습니다.

어떠한 경우라도 화내지 않을 것이며, 끝내는 화가 일어나지 않는 사람이 되겠습니다.

어느 누구, 어떤 생명도 미워하거나 해치지 않는 사람이 되겠습니다.

이웃 생명의 행복에 도움 되는 일은 손해 보면서도 기꺼이 하는 사람이 되겠습니다.

남의 성공을 기뻐하며 성공하도록 적극 돕는 사람이 되겠습니다.

모르면 묻고, 틀리면 고치고, 잘못했으면 뉘우치는 사람이 되겠습니다.

내가 나의 관찰자로써 나의 일거일동을 밀밀히 감시하여 참사람이 되겠습니다.

나무아미타불!

큰 사랑의 마음

부처님의 사랑 즉 자비(慈悲)를 생각해 보고자 합니다. 불교의 근본 사상인 자비는 불교 윤리의 최고 덕목이며 깨달은 분들의 삶 자체이기도 합니다. 불교뿐만 아니라 모든 종교의 가르침들 역시 사랑을 최고의 가치로 이해하는 듯합니다.

그리고 이 시대의 사람들만큼 사랑이라는 말을 많이 썼던 시대도 없었지 않나 생각해 봅니다. 사오십 대의 기성세대들은 위아래 가리지 않고 "사랑해요, 사랑합니다" 하는 말이 어색하게 느껴져 쑥스럽고 당황할 때도 많으리라 여겨집니다.

이 세대들은 부부간에도 터놓고 사랑한다는 말하기를 쑥스럽게 생각했거니와 위 어르신들은 존경과 공경의 대상이었기에 "아버지 사랑합니다, 혹은 선생님 사랑합니다"라는 등의 말은 아예 생각조차 하지 못하던 세대이지요. 그런데 지금 사람들은 속마음은 어떠하던 손 위아래를 가리지 않고 "사랑해요"라는 말을 입에 달고 다니지 않으면 살아갈 수 없는 세상 같이 되었습니다.

어찌 보면 무척이나 아름다운, 그래서 희망이 보이는 세상 같기도 하고, 한편으로는 직장에 나아가서

일하면서도 몇 번씩 사랑 전화를 하지 않으면 동반
자로 인정받기 어렵다는 속사정들을 들여다보면 불
행한 시대인 듯 싶어 쓸쓸하기도 합니다. 또한 존경
이나 공경의 마음은 없어지고 사탕 같은 사랑노래만
난무하는 것을 보면서 국어사전에나 얹혀 남아 있게
될 존경과 공경의 낱말들을 상상해 봅니다.

사랑에는 참으로 많은 종류가 있지요. 자기사랑 자
식사랑 부부사랑 형제사랑 친구사랑 이웃사랑 고향
사랑 나라사랑 문화사랑 자연사랑 황금사랑 권세사
랑 명예사랑……, 이런 사랑들도 참 좋은 것이지만
이러한 사랑은 갈증 나는 사랑이라 하여 갈애(渴愛)
라고 합니다. 탐낸다 하여 탐애(貪愛)라 하고, 이성
에 대한 욕구를 애욕(愛慾)이라 합니다. 한쪽만 사랑
하면 편애(偏愛)이지요. 갈애 탐애 애욕 편애 이런
사랑은 늘 조건이 붙어 결국은 원망과 괴로움의 원
인이 되는, 한계가 있는 그런 사랑입니다.

부처님께서는 탐애나 애욕을 떨쳐내지 못한 상태에
서의 관심이나 배려는 진정한 자비(사랑)는 아니며
그러한 사랑은 불행이라 하셨습니다.

부처님의 사랑은 무연자비(無緣慈悲) 즉 조건 없이
베푸는 사랑입니다. 산승은 이 무연자비를 '큰 사랑'
이라고 풀어서 표현해 보았습니다.

그러면 부처님의 무연자비를 살펴봅시다.

이 큰 사랑, 무연자비가 어떠한 것인가를 알기 위해
서는 이웃 종교인 기독교의 널리 사랑하라는 박애

(博愛)와 유교의 사랑인 인사상(仁思想)의 의미를 살펴볼 필요가 있습니다.

먼저 기독교의 사랑은 한마디로 하나님을 믿어야 받을 수 있다는 조건이 전제된 사랑이어서 지극히 제한적이고 강제적인 사랑이라 할 수 있습니다. 하나님이 나를 창조하고 사랑해 주므로(내리사랑) 나도 하나님을 사랑해야(올리사랑) 된다는 조건이 붙습니다.(기독교의 이 올리사랑 때문에 존경 공경의 정서와 단어가 사라졌다 해도 지나친 말은 아닐 것입니다)

요즘 젊은이들이 자기 마음에 조금 맞으면 해해거리고, 그렇지 못하면 울고불고 헤어지는 사랑싸움과 흡사합니다. 믿으면 사랑하고 믿지 않으면 저주하는 그러한 것입니다. 믿으면 은총을 내리지만 믿지 않으면 씨를 말려 멸종시키는 그러한 사랑이 기독교적 사랑입니다.

전지전능하신 하나님께서 인간을 창조했다면 어째서 자기를 절대적으로 믿도록 창조하지 못하고 불량한 문제아로 만들어 놓았는지, 그리고 자기가 만들었다는 자기의 자식들을 멸종시킨다는 극악한 협박을 하며 구애(求愛) 작전을 해야만 하는지는 영원히 풀리지 않는 수수께끼이겠습니다만, 그러한 편벽되고 강제적인 사랑도 사랑이 될 수 있는가는 불자 여러분의 판단에 맡기고자 합니다.

어머니가 어린 자식을 걱정하고 보살피는 마음이 진정한 사랑일진대 심판이 따르고 인간에게만 국한 되고, 여기에 더해서 믿는 자만이라는 편벽되고 선택적이며 강제적인 기독교의 "널리 사랑한다"는 의미의 박애(博愛)는 이미 사랑이라고 조차 할 수 없지 않을까요?

그러면 유교의 사랑 인(仁)은 어떤가?

유교의 인(仁)도 내 가족을 사랑하고 그러고도 여유가 있으면 이웃을 사랑하라는 지극히 제한적인 입장입니다. 유교의 성자(聖者) 맹자(孟子)는 내 가족과 이웃을 구분하지 않는 사랑, 내 부모와 남의 부모를 구분하지 않고 공경하는 것은 금수와 같다는 극언을 하고 있으니 희한한 사랑, 별난 공경도 다 있다고 생각됩니다.

이에 반해 같은 시대(중국 춘추전국시대)의 현인(賢人)인 묵자(墨子)는 사랑은 모든 사람에게 똑같은 사랑(兼愛)을 베풀어야 진정한 사랑이라고 주장했습니다. 하지만 대단히 유감스럽게도 공맹사상(孔孟思想)에 고착되어 있는 중국 사람들의 인 사상(仁思想)에 대한 고정관념을 타파하지는 못했습니다.

유교의 주사상인 인(사랑)도 인간중심적이고 자기중심적이며 가족이라는 테두리를 벗어나지 못한 제한적인 사랑이라고 밖엔 이해가 되지 않는 것입니다.

지금 살펴본 기독교의 박애, 유교의 인에 대한 이야기는 이 산승의 억지소리가 아니라 그들이 성전(聖典)이라고 하는 바이블과 유교경서에 있는 말씀들입니다.

그러면 이 산승이 큰 사랑이라고 말하는 자비, 자비

중에도 무연자비에 대하여 살펴보겠습니다. 부처님께서 말씀하시는 자비심(慈悲心)이 생기게 된 동기부터 살펴보겠습니다.

어떤 사람이 길을 가던 중 길 옆에서 아주 괴로워하는 신음소리가 들렸습니다.

살펴보니 숲속에 어린 사슴 한 마리가 덫에 걸려 온몸이 상처투성이가 되어 거의 죽어가고 있었습니다. 그 정황을 본 그 사람의 가슴 깊은 곳에서 측은하고 불쌍하여 구해 주려는 마음이 일어났습니다. 평소엔 자기 배를 채우기 위하여 살생도 마다 않던 그였지만 괴로워하는 사슴의 고통을 자기의 고통처럼 느껴 어떻게 해서라도 살려내고자 하는 마음이 생겨난 것입니다.

바로 이 마음! 남의 고통을 어떠한 방편을 써서라도 덜어주고 구해 주려는 마음이 자비심(사랑의 마음)이라고 부처님은 가르치십니다.

이렇게 나를 믿고 안 믿고도 상관없고 가족이다 남이다도 개의치 않고 끝내는 사람이다 동물이다 라는 구별도 없고 아무런 대가도 바라지 않을 뿐만 아니라 베푼다는 생각조차 없이 베푸는 사랑을 무연자비(無緣慈悲) 즉 조건 없는 사랑, 큰 사랑이라 합니다.

믿어야 사랑해주는 기독교의 사랑과 내 가족 우선의 유교의 사랑과는 비교조차 해서는 안 될 부처님의 조건 없는 자비, 넓고 깊고 큰 부처님의 사랑이 느껴질 것입니다.

더구나 부처님께서는 불교를 모르는 중생, 어리석은 중생, 죄업이 많은 중생, 불교를 비방하는 중생을 더 걱정하시고 사랑하십니다. 마치 못된 자식 못난 자식을 더 불쌍히 여기고 사랑하시는 부모님처럼……

심판하여 지옥 불에 밀어 넣거나 방관하지 않고 불난 집에 갇힌 어린 자식을 구해내듯 끝까지 어루만져 그 중생이 편해질 때까지, 그리고 당신처럼 모든 중생들이 부처님이 될 때까지 보살펴 주시는 것이 부처님의 조건 없는 사랑입니다.

무엇보다도 모든 중생을 부처님으로 파악하신 점, 모든 중생의 생명 가치를 평등하게 보신 점은 이 세상의 어떠한 성인들의 사랑보다도 더 큰 사랑이며 이 세상의 모든 사랑을 뭉쳐놓은 것보다도 더 큰 사랑이 부처님의 조건 없는 사랑, 무연자비입니다.

그러면 부처님의 이 큰 사랑을 좀 더 구체적으로 예를 들어 불자님들의 이해를 돕고자 합니다.

부처님의 중생사랑은 물 공기 나무 흙 등 자연이 인간에게 주는 혜택과 같습니다. 이 자연은 어떠한 대가도 바라지 않습니다. 미운 놈 고운 놈 가리지도 않습니다. 그리고 혜택을 받는 쪽에서 고마움을 알아 주던 말던 다만 무한히 주기만 합니다. 이 자연들은 언제 어디에서나 필요로 하는 자에게 그 중생이 만족할 때까지 주었다는 생각도 소리도 없이 주기만 합니다. 부처님의 중생 사랑은 이러합니다.

부처님은 이 큰 사랑으로 일체 중생의 고통을 없애어 편안케 해주시기 위하여 사바세계에 오셨던 것입니다.

불자 여러분! 부처님의 이 큰 사랑의 마음을 되새기며 아집과 독선 편견과 갈등에서 벗어나 모든 이웃들에게 조건 없는 사랑을 주는 삶을 살아봅시다.

그리하여 온 우주의 모든 생명들과 손잡고 함께 행복을 나눕시다. 나무아미타불!

천년행복 千年幸福

나무아미타불! 그동안 염불 많이 하시고 또 남도 좋고 나도 좋을 공덕 닦기 많이 하셨으리라 믿습니다.

오늘은 천년을 두고 누릴만한 행복의 씨앗을 선물로 드리도록 하겠습니다. 이 행복의 씨앗을 산승이 골고루 나누어 주지만 받고 안 받고는 전적으로 법우님들의 뜻입니다.

어떤 사람들은 밥 먹고 일하고 잠자는 것조차도 신의 뜻이라고 한다고 들었는데 오늘 선물 받는 일은 하느님이나 부처님의 뜻이어서는 절대로 안 됩니다. 분명히 자신의 뜻이어야만 합니다. 사람이 어떤 일을 함에 있어 그 어떤 일도 자기 뜻으로 결정해야지 부처님께서 결정해 주시기를 요구하거나 어떤 신이 내려주기를 기다린다는 것은 참으로 어리석은 일입니다.

또 오늘 받으실 이 행복의 씨앗을 썩혀 버리거나 싹을 틔워서 잘 가꾸는 일도 순전히 법우님들의 뜻이고 전적으로 여러분의 책임입니다. 다만 산승은 이 씨앗을 받으신 법우님들 모두 정성을 다해 싹을 틔우고 가꾸어서 행복의 열매를 많이 따서 모든 이웃들과 나누기를 간절히 희망할 뿐입니다. 자신과 이웃의 행복을 위하여 꼭 필요한 일이기 때문입니다.

자 이제 선물을 드리겠습니다. 경건한 마음으로 받으셔야 합니다. 합장하고 따라 하십시오.

모든 악을 삼가 저지르지 말라.

모든 선을 받들어 실천하라.

마음을 스스로 맑혀라.

이것이 모든 부처님의 가르침이다.

합장 내리시고요. 잘 받으셨지요? 이것이 바로 그 선물입니다.

이 네 구절 중 앞의 두 구절이 오늘 드리는 천년 행복의 씨앗이고 뒤의 두 구절은 다음 법회 때 또 다른 선물로 드리도록 하겠습니다. 부디 소중히 간직하시고 싹을 틔우고 행복열매가 주렁주렁 열리게 정성을 다해 가꾸시기 바랍니다.

악행 저지르지 말라, 착한 일 해라, 삼척동자라도 다 아는 이 평범하고 짤막한 시구는 칠불통계게(七佛通誡偈)로서, 이 말씀에는 불교 전체가 들어 있습니다.

누가 불교가 무엇이냐고 물으면 주저하지 말고 자신 있게, 자랑스럽게 이렇게 대답하십시오. 모든 부처님의 핵심적인 가르침으로서, 이 세상에 더 이상의 가르침은 없습니다.

부처님의 가르침이 팔만대장경이라는 방대한 분량의 경전으로 되어 있으니 비 불자뿐만 아니라 대부분의 불자들도 불교가 어렵다는 선입견을 가지게 되고, 불교를 묻는 이들에게 한마디로 이것이다 하고 대답하기가 어려운 것이 사실입니다.

하지만 이제 머뭇거리지 마시고 '악한 일 멈추고 착한 일 하고 마음 맑히는 것'이 불교라고 자신 있게 일러 주십시오. 그리고 분명하게 새겨두시고 불자님들의 삶 전체가 그렇게 될 수 있도록 받들어 실천하시기 바랍니다.

알기만 하고 실천행이 없으면 아무리 좋은 이치일지라도 무의미한 소음에 불과한 것입니다. 삼척동자라도 다 아는 말이지만 실천하는 데는 열심히 수행하면서 잘 살아온 팔십 노인이라도 실로 어려운 일이기에 모든 부처님들께서 입이 아프도록 똑같은 말씀으로 당부하신 것입니다.

모쪼록 이 악을 멈추고 선을 실천하는 일이 자연스럽게 되도록, 무의식적으로 되도록 정진하시길 간곡히 당부 드리면서 산승도 그렇게 될 때까지 여러분과 함께 정진할 것을 약속합니다.

팔만사천 법문이니 팔만대장경이니 하는 한량없는 가르침들을 요약한 핵심이 세 구절뿐이 안 되는 시 한 수에 다 들어 있다고 하니까 믿기 어려울 수도 있겠지만 틀림없는 사실이니 참 불자는 그렇게 믿고 그렇게 실천해야만 합니다.

또 모든 부처님이라고 하니까 부처님이 여러분이신가? 의문을 가지실 분들도 있을 텐데 한마디로 부처님은 무수히 많습니다.

보통 장엄겁이라고 하는 과거천불, 현겁이라고 하는 현재천불, 성숙겁이라고 하는 미래천불 등 삼천불을 말하지만 그 실은 무수겁을 통하여 볼 때 수많은 부처님들이 계셨고 현재도 계속 출현하시고 계시며 미래에도 무수한 부처님들이 출현 하시게 되어 있으니, 엄밀히 말하자면 부처님의 수는 중생의 숫자만큼이나 많습니다.

석가모니부처님께서는 그 많은 부처님들 가운데 이 사바세계의 중생 행복을 위하여 오신 부처님들이 일곱 분이라고 말씀 하셨습니다. 첫 번째 비바시불, 제이 시기불, 제삼 비사부불, 제사 구류손불, 제오 구나함모니불, 제육 가섭불, 제칠 석가모니불, 그러니까 우리들이 부처님이라고 알고 있는 석가모니 부처님은 일곱 번째 오신 부처님이신 것입니다. 이 다음 오십육억 칠천만 년 후 석가모니부처님의 뒤를 이어서 중생 행복을 담당하실 부처님은 미륵부처님이시죠. 석가모니부처님의 예언으로 정해져 있습니다.

이 많은 부처님들은 사바세계에 오실 때 분명한 목적을 가지고 오십니다. 다름 아닌 '사람중생을 포함한 모든 중생 행복을 위하여' 라는 대자비심으로 오십니다.

구원겁 전에 세우신 중생 행복이라는 큰 자비원력을 실현하시기 위하여 일부러 중생세계로 오셔서 모든 중생이 참다운 삶을 살도록, 진정한 행복을 누릴 수 있도록 인도하십니다.

이에 반해 중생들은 목적 없이, 오는 줄도 모르고 자기 욕망을 채우기 위한 탐욕 속에서 저지른 업의 힘에 의하여 끌려와서 또다시 선악의 업을 지어 또 다른 고통의 삶을 만들면서 살아갑니다.

이렇게 나고 죽는 고통의 삶을 계속하는 중생을 가엾이 보시고 그 고통을 면해 주시고자 하는 대비 원력으로 **부처님들께서는 중생세계로 일부러 오시는 것입니다. 일체중생 행복을 원력으로, 계획적으로 중생 곁으로 오시는 것입니다.**

그러하신 부처님들께서 중생들의 불행을 막아주고 행복을 늘려주시려고 먼저 악행을 경계하시고 다음에 선행을 권장 하셨습니다.악행을 저지르면 반드시 불행해지니 절대로 저지르지 말라고 하신 경계의 말씀이 '모든 악을 삼가 저지르지 말라'이고, 행복을 늘려 주시기 위하여 간절히 권장하신 말씀이 '모든 선을 받들어 실천하라'입니다.

악행은 불행의 씨앗입니다. 그러므로 중생 행복을 위하여 일부러 오신 부처님들께서 당연히 금하신 것이지요. 악행을 저지르면서 행복하기를 바라는 것은 모래를 삶아서 밥을 지으려는 것과 같고 소똥을 말려 향으로 쓰려는 것과 같아서 절대로 이루어질 수 없는 일이기 때문입니다. 악행을 저지르면서 불행으로부터 벗어나고자 아무리 발버둥 쳐도 소용없는 일입니다. 그는 이미 자기가 쳐 놓은 고통의 덫에 완전히 걸렸기 때문이며, 자기가 파 놓은 불행의 구덩이에 깊이 빠진 때문입니다.

부처님이나 신이나 조상님, 그 누구의 탓도 아닙니다. 바로 자신이 만들고 자신이 받는 것으로써 순전히 자

기 탓입니다. 원인이 바르지 않으면 결과도 바르지 못
하죠. 사과를 따려면 반드시 사과나무를 심고 가꾸어야
되는 것처럼 고통을 면하려면 고통의 원인인 악이라는
씨앗을 뿌리지 말아야 합니다.

그러면 어떤 것을 악행이라 하는가?

남에게 피해주는 일, 손해되는 일은 아무리 미미한 것
이라 해도 모두 악행으로써 불행을 부릅니다. 남을 살
짝 기분 나쁘게 하는 것으로부터 생명을 해치는 것을
악행이라 정의합니다. 그리고 직접적으로 피해는 주지
않더라도 어려움에 처한 이웃을 보거나 알고도 돕지
않는 것도 악행입니다. 또한 자포자기로 자기를 학대하
거나 게을러서 일하지 않고 궁핍하게 사는 것도 악행
입니다. 잘 살펴야만 합니다.

그러면 어째서 선행을 받들어 실천하라 하셨을까요?

선행은 바로 행복의 뿌리입니다. 뿌리가 튼실해야 나무
가 잘 자라듯이 행복의 뿌리가 튼튼해야 중생이 행복
할 수 있으므로 뿌리를 북돋도록 선행을 장려하신 것
입니다.

여기서 받들어 행하라 하신 말씀을 잘 이해해야 합니
다. 적극적으로 실천하라는 말씀으로써 생각나면 하고
아니면 안하거나, 혹은 오다가다 만나면 하고 아니면
안하는 것이 아니라 이웃의 행복이 나의 행복이라는
깊은 인식과 모든 이웃이 모두 행복할 때까지라는 큰
원력으로 계획을 세워서 매일 계속적으로 선행을 하되
관세음보살님처럼 억천만 개의 눈과 귀와 손발을 만들

어 고난에 처한 이웃을 샅샅이 찾아서 낱낱이 해결해 주라는 말씀입니다.

선행이란 무엇인가?

남에게 이익 되는 일은 아무리 미미해도 모두 선행으로써 행복을 가져다줍니다. 살짝 기분 좋게 해 주는 것으로부터 죽음에 처한 이웃을 살려내는 것을 선행이라 정의 합니다. 또한 선행을 할 수 있는 능력을 키우기 위하여 노력하는 것도 선행이고 이웃에게 선행의 마음을 내게 권장하는 것도 선행입니다. 더 나아가 자기의 성장을 위하여 부단한 노력을 기우리는 것도 선행입니다.

선행을 실천하는 사람은 행복을 아무리 사양하고 도망 다녀도 그는 행복으로부터 달아날 수 없게 됩니다. 선행을 적극적으로 실천하는 사람은 이미 자기도 모르게 행복의 철 그물에 걸린 것입니다. 어쩔 수 없이, 꼼짝 없이 행복할 수밖에 별도리가 없는 것이죠. 행복을 거부하지 말고 누리십시오.

그리고 그 복력, 역량을 더 넓은 이웃을 향하여 확장시키십시오. 행복은 더욱 커질 것입니다.

그러나 지악행선(止惡行善)으로 얻어지는 행복은 겨우 천년 정도뿐이 못 누릴 행복입니다. 한계가 있다 영원하지 못하다는 말이지요.

부처님들께서는 중생들이 겨우 천년 정도 누릴 유한의 행복에 만족하시지 않으십니다. 중생들이 더 큰 행복을 누리기를 원하시지요. 부처님과 똑같이 영원히 소멸되지 않을 진정한 행복을 향유할 수 있도록 유도 하십니다. 부처님들은 중생행복을 위해서는 욕심이 한이 없으십니다. 중생행복에 관한한 어떠한 성인들보다도 큰 욕심쟁이시지요.

그러면 이 천년행복의 씨앗을 잘 심어서 싹틔우고 가꾸어 모든 이웃과 나누시길 당부 드리면서 오늘 말씀 마칩니다.

잠시 눈을 감고 명상하시겠습니다.

어떤 사람이 악행을 저질렀을 때 누가 제일 먼저 고통스럽겠는가를 명상합니다.

누가 먼저 불행해지겠는가를 명상합니다.

어떤 사람이 선행을 했을 때 누가 제일 먼저 편안하고 행복해질까를 명상합니다.

자신은 불우 이웃을 만났을 때 선뜻 나서는 사람인가를 명상합니다.

망설이는 사람인가를 명상합니다.

모르는 척 하는 사람인가를 명상합니다.

어떤 사람인가 판가름 났을 것이고, 어떻게 해야 할지 잘 아셨으리라 믿어집니다.

삶의 순간순간을 잘 살펴 나아가야만 합니다.

법회 마칩니다. 나무아미타불!

만년행복

나무아미타불!

지난번에는 악행을 멈추고 선행을 실천하여 얻을 천년행복의 씨앗을 심어드렸고 이번에는 만년을 쓰고도 남을 영원히 소멸되지 않을 참다운 행복, 만년행복의 씨앗을 심어드리고자 합니다.

천년행복이란 언젠가는 소멸될 미완의 유한한 행복을 의미하고, 만년행복이란 영원히 소멸되지 않는, 무한대의 완전한 행복을 말합니다.

이 절의 노랫말에서 불행을 행복으로 바꿔주는 절, 행복을 창조하고 선사하는 절이라 했듯이 모든 중생이 조화롭게 사는 평등한 행복, 영원한 행복을 꿈꾸는 절이기에 이렇게 긴 시간 행복 이야기를 계속하는 것입니다. 또한 생명계의 삶에 있어 행복을 놓아두고는 그 어떠한 일도 아무런 의미가 없다 해도 과언이 아닐 것입니다. 모든 종교계에서 추구하는 것도 이 행복에 지나지 않습니다.

지금 온 인류가 공포의 대상으로 여기는 신종 바이러스 균으로부터 동식물, 인간, 신의 세계, 부처님에 이르기까지 최대의 화두는 행복입니다. 다만 중생은 자기 행복에 급급하여 이전투구로 불행을 자초하고, 오직 인류의 행복만을 선도한 분들은 성인으로 추앙받고, 부처님은 분명한 목적의식(중생행복)으로 억겁을 통하여 닦은 모든 자비와 지혜 공덕의 힘을 사람뿐만 아니라 모든 존재의 행복을 위하여 쏟아 부으시므로써 온 우주 전존재계의 자애로우신 스승이 되셨습니다. 그러니까 자신의 행복을 추구하는 양상이 다르고 그 얻은 행복을 어떻게 쓰는가가 다를 뿐 목적은 하나 같이 행복입니다.

부지런히 염불하면서 자원봉사로 행복 만들기, 공덕 닦기를 잘하는 여러 법우님들은 벌써 어떻게 살아가는 것이 행복의 길이 되는가를 잘 아시고, 자신의 행복을 모든 존재들의 행복으로 지양해 나아가고 있으리라 믿어 의심치 않습니다.

그러면 우주 최고의 가르침이며 일체중생 행복을 위한 최고의 가르침인 칠불통계게의 의미를 다시 한 번 음미해 보겠습니다.

"모든 악을 삼가 저지르지 말라. 모든 선을 받들어 행하라. 마음을 스스로 맑혀라. 이것이 모든 부처님의 가르침이다."

앞의 두 구절은 천년행복의 씨앗으로써 법우님들의 공덕의 밭에 이미 잘 심어졌고, 이제 마지막 한 구절 '마음을 스스로 맑혀라'는 가르침을 만년행복의 씨앗으로 삼아 여러분의 복밭에 심어 드려서 완전한 행복자가 되시도록 도와드리겠습니다.

그러면 악을 멈추고 선을 행하여 얻어지는 행복이 어

째서 유한한 것인가를 살펴보겠습니다.

선행이나 악행은 모두 유위법입니다. 유위라는 말은 인위적, 물리적으로 만들어진 것이라는 의미입니다. 다시 말해서 인연조건에 의하여 생긴 것, 상대적인 것이라는 의미로써 이런 것들은 모두 언젠가는 없어질 한계가 있기 마련인데 이것을 유위법이라 말합니다. 선행이 비록 좋은 일이긴 하지만 중생의 분별심으로 행해지는 유위법이므로 유한한 것이기 때문에 거기에서 얻어지는 결과물인 행복도 유한할 수밖에 없는 것입니다.

모든 부처님들의 자비심은 중생들이 유위법에서 얻은 유한의 불완전한 행복을 초월하여 무위의 행복, 한계가 없는 진정한 행복을 얻도록 이끌어 주십니다. 이 **완전하고 한계가 없는 행복을 얻게 하신 가르침이 바로 이 '마음을 스스로 맑히라'는 가르침입니다.**

마음은 모든 일의 근본이기 때문에 근본인 마음의 실상을 알지 못한다면 그 어떤 것도 참될 수 없기에 참마음을 가리고 있는 탐욕과 분노와 어리석음의 구름을 날려버리고 참 마음, 본래 마음을 회복하기를 요구하시는 것입니다.

불교를 마음의 종교니 깨달음의 종교니 하는 것도 모든 일의 근본인 참마음을 회복하지 않고는 그 어떤 문제도 해결할 수 없기 때문에 마음 맑히기를 최우선으로 하는 특성 때문입니다.

그러면 어떤 마음이 거짓 마음이고 어떤 마음이 참 마음인가를 알아야 합니다.

사실은 마음에는 참과 거짓이 있는 것은 아닙니다. 중생 중생 마음 마음이 모두 진실일 뿐입니다. 오직 **참과 거짓의 너머에, 그것을 초월한, 그래서 진실과 거짓, 선과 악을 다 알고 주재하는 그것을 본래마음, 참마음, 부처님마음, 하느님마음, 이렇게 여러 가지로 부르는 것입니다.**

본래마음을 잘 지키면 그것을 참마음이라 하고, 탐내고 질투하고 분노하며 어리석음에 끌려 다니는 마음, 환경에 따라 울고 웃는 마음상태를 거짓 마음이라 하는 것입니다.

유리로 비유하자면 투명한 유리는 본래마음이라고 할 수 있고 유리에 댄 종이 색에 따라 빨강유리 파란유리라고 하는 것은 거짓마음이라 할 수 있습니다. 색종이를 제거하면 투명 유리가 들어나듯이 **탐진치 삼독심만 제거하면 본래 참마음이 그대로 들어나는 것입니다.**

이 참마음을 회복한 자를 부처라 하고 이 참마음을 회복하지 못한 자를 범부중생이라고 하는 것입니다. 이 **참마음을 회복하지 못하면 백년을 닦은 선행공덕으로도 소멸되지 않는 진정한 행복은 얻지 못합니다.**

탐욕의 마음도 마음은 마음이지만 조건 따라 일어난 마음이듯이 선행을 닦는 마음도 조건 지어진 인연을 따라 일어난 마음이기에 참마음은 아닙니다. 더구나 행복하고자 하는 욕망으로 닦는 선행의 마음은 참마음이 아닙니다. **참마음은 일체 욕망과 선과 악, 진실과 거짓, 진리 비진리, 성스러움 속스러움, 종교 비종교를 초월한 곳에 드러납니다.**

부처님 마음이 그런 마음이며 그런 마음을 회복해야 진정한 행복자라 하는 것이고 비로소 영원한 행복을 얻었다고 하는 것입니다.

마음을 맑히라는 말씀은 바로 본래마음을 회복하라는 가르침인데, 본래마음을 회복 하는 방법으로는 많은 법문이 있습니다.

법문을 한자로는 법(法) 법자, 문(門) 문자를 쓰는데 불교에서는 진리를 법이라 합니다. 그러니까 법문이란 진리로 들어가는 문, 즉 참마음으로 들어가는 문, 진리 자체, 참마음을 회복하는 수행방법을 말합니다.

중생 근기가 천차만별이므로 수행법문도 중생 근기를 따라 하도 많아서 팔만사천 법문 이상의 많은 법문이 있습니다. 이 많은 법문 가운데는 염불문 참선문 주력문 간경문 등의 법문이 많이 알려지고 많은 분들이 수행하는 법문이지요.

이 가운데 환성 중은 '나무아미타불 육자염불'을 권장합니다. 부처님께서 가르침을 주셨고 역대 많은 선지식들도 권장하신 법문입니다.

참선이 많이 유행하지만 참선 수행으로 깨닫는 일은 순전히 자력 수행이어서 웬만한 근기로는 실패하기 십상입니다. 이에 비해 마음으로 부처님을 생각하고 입으로 부처님 이름을 부르는 염불은 큰 병통 없이 수행할 수 있고 자력과 부처님의 도움이 함께하는 수행이기에 힘을 덜 들이고도 큰 성취를 얻게 되는 것입니다.

남녀노소 유식무식을 막론하고 수행하기 쉽고 크게 얻

을 수 있는 법문으로써 역대 대부분의 선종의 선지식들께서도 이 염불법문을 통하여 도를 이루셨고 후학들에게 간곡하게 권장하신 가장 좋은 수행법문입니다. 천년 전 송나라의 영명 연수선사는 선종과 교종의 교과서격인 백수 십 권짜리 종경록이라는 책을 저술 한 스님인데 후학들에게 염불수행을 권하시면서 **'열 명이 간화선 참선을 하면 열 명이 다 미끄러지고 만 명이 염불 수행을 하면 만 명이 다 성공 한다'**고까지 말씀하셨습니다. 원효성사 서산대사 등 유수한 한국의 선지식들께서도 누누이 권장하신 수행법이지요.

또한 요즘 염불과 참선을 함께 닦는 염불선이 유행하고 있으니 염불법문만큼 오랜 역사를 가진 뛰어난 수행법문도 없습니다.

염불이란 **나와 더불어 일체 중생이 부처임을 의심치 않는 그 마음이 최상의 염불입니다.** 또 생각 념(念)자, 부처 불(佛)자를 쓰니 **부처를 생각하는 마음이 염불**이지요.

더 자세하게는 생각 념자는 이제 금(今)자 밑에 마음 심(心)자이니 **지금 마음이 부처**라는 의미이지요. '지금 마음'이란 부득이 말하자면 **선악이 일어나기 전, 한 생각 일어나기 이전의 순수한 마음, 청정한 마음**이지요. 언제나 지금마음, 언제나 처음마음, 처음마음 보다 더 처음마음, 일심(一心)이 본래마음입니다.

그러니 일체 중생의 마음이 부처요 본래마음이 부처라는데 의심 없는 그 마음이 진짜 최고의 염불인 것입니다.

중생들이 본래 갖추고 있는 그런 염불심, 본래마음을 지키지 못하고 자꾸만 남의 말과 불법이니 진리니 하는 밖의 것을 쫓아 허둥대니까 **자기 부처, 근본 부처의 이름인 아미타부처님 이름을 생각하고 부름으로써 본래마음을 회복하게 되는 염불법문을 설치해 주신 것**입니다.

어떤 스님은 관세음보살 어떤 스님은 지장보살 또 아미타불, 이렇게 큰스님마다 달리 말씀하시니 어느 부처님 이름을 불러야 맞는지 몰라서 헤매는 불자가 많습니다.

석가모니불, 약사여래불, 비로자나불 등등 어떤 부처님의 이름을 부르더라도 모두 맞는 염불입니다. 단, 한 우물을 파야 물을 얻을 수 있는 이치와 같아서 다만 한 분의 부처님 이름을 선택해서 염불해야 삼매를 이룰 수 있으니 명심해야 합니다.

굳이 아미타불을 염하라는 것은 아미타라는 이름이 본래마음의 이름이고, 본래 부처의 이름이며, 근본 부처의 이름이기 때문입니다. 예를 들자면 석가모니불 등 각각의 부처님 이름은 고유명사이고 **아미타불은 모든 부처님의 대명사**이면서 고유명사입니다. 그런 까닭으로 염불법문에서는 모든 부처님의 근본불인 아미타불을 염하게 한 것입니다.

염불방법에도 무조건 아미타부처님 이름을 생각하고 부르는 칭명염불稱名念佛, 아미타부처님의 거룩하신 모습을 관조(觀照)하면서 부르는 관상염불觀像念佛, 아미타부처님의 거룩하신 덕성을 관조하며 부르는 관상염불觀想念佛, 염불하는 자신과 아미타부처님과 우주 삼라만생 두두물물이 부처님의 실상이라고 관조하면서 부르는 실상염불實相念佛 등 네 종류의 염불법이 있습니다.

산승은 모든 존재를 부처님으로 알고 보는 실상염불을 권합니다. 선인도 악인도 부처요 공자도 도척이도 부처며 예수도 사탄도 부처이고 흙 나무 그 어느 것도 부처 아님이 하나도 없음을 망각치 말고 나와 더불어 우주 삼라만상 두두물물이 모두 부처임을 관조하면서 '나무아미타불'을 염해야 합니다.

이렇게 염불하는 사람은 염불하는 즉시 완전한 행복을 얻게 됩니다. 한 시간 나무아미타불이면 한 시간 행복하고, 한 달 동안 나무아미타불이면 한 달 동안 행복합니다.

한 시간 나무아미타불이면 한 시간 아미타불이요, 한 달 동안 나무아미타불이면 한 달 동안 아미타부처님입니다. 의심치 마시고 **자나 깨나 앉으나 서나 가나오나 죽으나 사나 언제 어디서든지 놓지지 말고 염불하십시오.**

마음을 맑혀 영원하고도 완전한 행복을 얻는데 나무아미타불 육자염불 이상 좋은 법문은 없습니다. 이것이 오늘 착한 불자 여러분께 드리는 만년행복의 씨앗입니다.

부처님의 가르침을 요약하면 마음 맑히기와 공덕 닦기의 완성입니다.

마음만 맑혀 완성했어도 불완전한 부처요, 공덕만 닦아서 완성했어도 불완전한 부처입니다. 두 가지를 다 닦아 완성해야 비로소 명실상부한 부처님인 것입니다. 그래야 비로소 모든 부처님들께서 바라시는 일체중생의 진정한 행복은 완성 되는 것입니다.

그 길이 나무아미타불 염불과 공덕 닦기인 봉사 보시 칭찬 존중입니다. 일체중생이 최고의 행복자, 최고의 자비도사 부처님이 되는 그날까지 부지런히 정진 합시다.

영평가족 법우 여러분! 경인년이 밝았습니다.

금년 한 해는 모두 마음 닦기와 공덕 닦기를 완성하는 해로 정합시다. 나무아미타불 !

행복의 방법

유순·지혜의 상징인 토끼해에는 불자님 모두 부처님의 자비와 지혜를 실천하는 삶으로 행복해지시기를 축원드립니다.

새해 덕담으로 부처님께서 설하신 '내가 싫으면 남도 싫어한다'라는 법문을 소개하여 행복해지는 방법을 새해 선물로 드리고자 합니다.

부처님께서 구사라국의 벨루드바레야 마을 북쪽의 한 숲에 계실 때의 일입니다.

어느 날 마을 사람들이 부처님을 찾아와 '**성인의 제자는 어떤 마음가짐으로 살아야 하는지**'를 여쭈었습니다.

부처님은 이렇게 가르치셨습니다.

만약 누가 나를 죽이려 한다면 나는 좋아하지 않는다.
내가 좋아하지 않는 것이면 남도 그럴 것이다.
그런데 어떻게 남을 죽이겠는가.

만약 누가 내 물건을 훔치려 한다면 나는 좋아하지 않는다. 내가 좋아하지 않는 것이면 남도 그럴 것이다.
그런데 어떻게 남의 물건을 훔치겠는가.

만약 누가 내 아내를 범하려 한다면 나는 좋아하지 않는다. 내가 좋아하지 않는 것이면 남도 그럴 것이다. 그런데 어떻게 남의 아내를 범하겠는가.

늘 이렇게 생각하여 살생하지 않고 훔치지 않고 사음하지 않는 계율을 지켜야 한다.

또 만약 누가 나를 속이려 한다면 나는 좋아하지 않는다. 내가 좋아하지 않는 것이면 남도 그럴 것이다. 그런데 어떻게 남을 속이겠는가.

만약 누가 나와 친구를 갈라지게 한다면 나는 좋아하지 않는다. 내가 좋아하지 않는 것이면 남도 그럴 것이다. 그런데 어떻게 남의 친구를 갈라놓겠는가.

만약 누가 나를 욕한다면 나는 좋아하지 않는다. 내가 좋아하지 않는 것이면 남도 그럴 것이다. 그런데 어떻게 남을 욕하겠는가.

만약 누가 나에게 꾸며대는 말을 한다면 나는 좋아하지 않는다. 내가 좋아하지 않는 것이면 남도 그럴 것이다. 그런데 어떻게 남에게 꾸며대는 말을 하겠는가.

늘 이렇게 생각하여 거짓말하지 않고 이간질하지 않고 나쁜 말 하지 않고 꾸며대는 말 하지 않는 계율을 지켜야 한다.

또한 부처님에 대한 무너지지 않는 깨끗한 믿음과 진리
에 대한 무너지지 않는 깨끗한 믿음과 청정한 교단에
무너지지 않는 깨끗한 믿음을 가져야 한다.

이렇게 일곱 가지 계율과 세 가지 깨끗한 믿음을 성취
한 사람이라야 성인의 제자라 할 수 있느니라.
-『비뉴다라경』

이 법문은 계율의 중요성을 강조하신 말씀입니다.

계율(戒律)은 불자라면 누구나 지니고 실천해야 할 덕
목이며 선정(禪定), 지혜(智慧)와 함께 불도를 수행하는
사람이 반드시 닦아야 하는 가장 기본적인 것으로서
삼학(三學: 계학·정학·혜학) 가운데 첫 번째 자리에 위치
해 있습니다.

계율을 잘 지킴으로써 마음이 안정되어 선정이 생기고,
바른 안목이 나오기 때문에 계율을 선정과 지혜의 그
릇이라고까지 하는 것입니다. 또한 계율은 부처님께서
도 전 생애를 통하여 직접 실천하셨기에 불행(佛行),
즉 부처님의 행위라 합니다. 그러므로 계행을 잘 닦고
실천한다는 것은 바로 내가 직접 부처님 행동을 하는
것이어서 계율을 지키는 즉시 자신이 부처님과 같아지
는 것입니다.

위 법문 가운데 앞의 세 가지, 살생·도둑질·사음은
몸으로 저지르기 쉬운 잘못된 행위이고, 뒤의 네 가지,
거짓말·꾸밈말·이간질·악담은 입으로 저지르기 쉬운
잘못된 행위입니다. 통틀어 일곱 가지 온당치 못한 행

위들은 저지르게 되면 마음이 찜찜하고 기분이 나빠지는 일들입니다. 찜찜하거나 기분 나쁜 일들은 행복하지 못한 것들이지요.

은근히 타이르시는 부처님의 자비롭고 친절하신 화법(話法)이 대단하십니다. '지켜야 한다', '저지르지 말라'가 아니라 기분 좋은 일이 아니니 알아서 하라는 식의 말씀은 지시보다도 더 깊은 곳을 크게 움직이게 합니다.

잠시 생각해 봅시다. 과연 행복이란 무엇인가? 삶에 있어 어떤 상태를 행복하다고 말할 수 있을까?

행복을 느끼는 데는 사람마다 다르겠지만 단적으로 말한다면 기분이 좋은 것, 마음이 상쾌한 것, 이런 것이 아니겠는가.

생명체로서 가장 기본적으로 춥고 배고프면 기분이 나쁘고(不倖), 등 따습고 배부르면 기분이 좋고(幸福), 불자님들의 마음이 지금 기분이 좋다면 더 이상의 행복은 없다고 알아도 틀리지 않습니다. 아니, 이렇게 느낄 줄 알고 늘 기분 좋을 일을 계획하고 실천하는 사람은 행복한 사람입니다.

부처님께서는 이런 말씀도 하셨습니다.

"나도 기분 좋고 남도 기분 좋을 말과 행동을 해야 행복할 수 있다."

이 말씀에 비추어 위의 법문을 다른 각도에서 살펴보면,

죽음에 처한 생명을 살려내는 일은 기분 좋은 일이다. 어찌 부지런히 방생하지 않겠는가.

내가 가진 것을 나누는 일은 기분 좋은 일이다. 어찌 부지런히 일하여 이익을 나누지 않겠는가.

지조 있고 정숙한 배우자를 가진 것은 기분 좋은 일이다. 어찌 이웃의 지조와 정숙을 지켜 주지 않겠는가.

늘 이렇게 생각하여 방생하고 보시하며 지조 있는 삶을 살아야 한다.

정직한 말은 기분 좋은 말이다. 어찌 정직한 말만 하지 않을 수 있겠는가.

화합은 기분 좋은 일이다. 어찌 등 돌린 그들을 화해시키지 않겠는가.

사심 없는 말은 기분 좋은 말이다. 어찌 온당한 말, 이익을 주는 말만 하지 않을 수 있겠는가.

부드럽고 따뜻한 말은 기분 좋은 말이다. 어찌 덮어 주고 쓸어 주는 편안한 말만 하지 않을 수 있겠는가.

늘 이렇게 생각하여 진실한 말, 화합의 말, 이익 되는 말, 부드러운 말을 생활화해야 한다.

이렇게 행동하는 사람이 행복하지 못하다는 것은 상상조차 할 수 없는 일일 것입니다. 이에 더하여 부처님과 가르침과 수행자를 믿고 따른다면 행복하지 아니하려 해도 행복하지 않을 수 없을 것입니다.

부처님은 중생의 행복을 목표로 수행하여 그 뜻을 이루신 분이시고, 그분의 가르침은 따르기만 하면 누구나 기분 좋은 것들이며, 부처님과 부처님의 기분 좋은 가르침을 전적으로 믿고 실천하는 사람이 수행자이기 때문입니다.

영평 가족 여러분, 유순하고 지혜롭다는 토끼 해 신묘년엔 늘 유순한 마음으로 부처님의 행을 실천하여 이웃을 기분 좋게 해 주고 삼보, 즉 부처님과 가르침과 수행자들께 깨끗한 믿음을 바쳐 부처님의 지혜를 얻어 최고의 행복자가 되시는 행복원년(幸福元年)이 되시길 희망합니다.

2011년 2월 12일

당신은 무엇 때문에 언짢은지요

인류는 오랜 세월 인간의 행복 내지는 세계 평화를 기대하면서 정형화된 교육을 시도해 왔다. 가정, 학교, 동서고금의 격언, 위인들의 전기, 종교 등의 가르침들은 일정 부분 사람들의 기대를 충족시켜 주었다. 그래서 사람들은 예의와 염치를 알게 되고, 옳고 그름을 판단하는 등의 기본양식과 다양한 지식을 갖게 되었다. 그러나 마음을 편안케 하는 방법에는 아직도 서툴다.

남들이 보면 아주 작고 보잘것없는 일에 매달려 끙끙 앓고, 사람과 사람 사이에 사소한 일로 틀어지고, 평생 동안 등을 지고 살다가 무덤까지 가지고 가는 이들도 많다. 심지어는 부부, 부모 자식 간에도 그런 가슴 아픈 일들이 비일비재하다.

며칠 전 오랜 도반이 찾아왔다. 이 도반은 영평사라는 작지 않은 감옥을 만들어 따분하게 사는 필자를 위로하기 위해 1, 2년에 한 번씩 들려주는 고마운 도반 중 하나다. 이 도반은 오직 깨달음이라는 대업을 위해 일의일발(一衣一鉢)로 구름처럼, 바람처럼 유유자적하는 선객(禪客)이다. 필자 같이 불사(佛事)한다는 착각 속에 한 곳에 묻혀 사는 속물에게는 최고의 귀빈이요, 선지식(善知識)이다.

이렇게 훌쩍 와서 몇 마디 던지고 떠나는 유유자적하는 멋진 도반들을 만나노라면 나이 육십 줄에도 초심을 잃지 않은 그들이 부럽기도 하고, 아련히 떠오르는 지난날의 추억에 고요한 행복을 느끼기도 한다. 그들의 배려 이상의 위로를 받게 되는 것이다.

며칠 함께 지내면서 중노릇 이야기, 세상 이야기, 주지로서 사람들 만나는 이야기, 운수(雲水) 시절의 이런저런 이야기로 밤새는 줄 모른다. 때로는 진지하고, 진솔하지만 심각한 것은 없다. 다 받아들이지도 않고, 그렇다고 막연히 흘려보내지도 않는다.

한 동이 맑은 백련꽃차가 바닥날 때쯤이면 우리 대화의 주제는 은연중에 '중노릇, 잘하고 있는가?'로 흘러 있다. 또한 '세상은 맑아질 수 있을까?', '사회 정의는 살아 있는가?', **'과연 행복이란 무엇이며, 세계 평화는 가능한가?'** 등의 주제 넘는 대화도 빠지지 않고 끼어든다. **결론은 '지구촌 구성원 중의 극히 일부인 인간의 마음에 달렸다'이다.**

긍정과 배려의 마음은 이웃들을 행복하게 한다. 그리고 자신의 의식을 고양시켜 영혼을 맑힌다. 세상의 시끄러움도, 개인의 고통도 긍정과 배려심의 결여라고 단언해도 틀리지 않을 것이다.

요즘 세상이, 아니, 세상은 자고로 시끄럽고 불안하여 위태롭게 비틀거리며 걸어가는 것이다. 다양한 교육을 받아 왔고, 하나의 정보를 세계인이 같은 시간대에 접할 수 있는 '뉴 미디어 시대'라고 하는 이 시대에도 여전히 불안하고 위태로운 것은 무슨 까닭일까?

교육-정보나 지식-이 부족해서 그런 것 같지는 않다. 너무 편향된 물질적-재산, 명예, 지위, 애욕 등- 욕구가 주범일 듯하다. 그리고 긍정과 배려의 결여다.

우리의 물적(物的) 마음을 영적(靈的) 마음으로, 부정과 무관심을 긍정과 배려로 방향을 틀어야 할 필요가 있다. 그래야 지금 자신의 내면에 무슨 일이 일어나고 있는지를 알아차릴 수 있게 되고, 옳고 그름을 떠나 자신의 탓임을 긍정할 수 있게 되며, 진정한 행복이 어디에 있는지를 알게 된다.

가령 실수를 했을 때 사람들은 흔히 자책하는 척한다. 마치 그것이 반성하는 자세인 것처럼……. 때로는 자기를 북돋아 앞으로 나아갈 수 있는 채찍으로 삼기도 한다. 이 정도는 괜찮은 편이다. 흔히 남의 탓으로 돌리기 때문이다.

실수에 대해서 생각해 보자. 우선 실수한 자신을 받아들이고 인정하는 것이 중요하다.

'아, 내가 그랬구나!', '잘못된 행위였구나.' 그렇게 한 자신을 사실 그대로 알아차리고 인정하는 것이 긍정적인 사고다. 그렇게 실수한 나 자신을 인정하고 지나가도록 허락하는 것이 내 영혼에게 줄 수 있는 자비의 선물이며, 자기 배려다. 그리고 세심한 관찰이 필요하다. 항상 무엇을 하기 전에 하나하나 관찰하여 내가 무엇을 하려 하는 것을 알아차리는 일이다.

자신에게 차갑지만 냉정한 질문을 던져 보라. '지금 이 행동이, 말들이 정당한가?', '공익적인가?'라고…. 가슴 깊은 곳에서 자신의 참된 양심이 판단해 줄 것이다.

자신의 행위를 진솔하게 긍정하고 다독이는 배려심은 이웃에게로 확산되어 이웃의 실수엔 이해하고 공로엔 박수를 보낼 수 있게 될 것이다. 그런 사람이 많아질 때 세상은 맑아지고 평화로워질 것이다.

세상은 쉼 없이 불타고 있다. 전산화 시스템으로 투명하다 못해 꼼짝달싹도 못하게 좁혀 오고, 모든 정보는 빠르고 효율적이어서 이보다 더한 편의와 풍요가 없을 것 같음에도 불구하고 인류는 행복해하지 못하고 늘 언짢아한다.

우리는 무엇 때문에 언짢은가?

자신과 이웃에게 일어나는 모든 상황을 남의 탓으로 돌리지 말라. 어떠한 일도 자기로부터임을 자각하라. '아! 그렇구나', '그랬겠구나', '얼마나 고충이 컸을까?' 하고 긍정하고 배려해 보라. 금방 마음에 평화가 찾아올 것이다. 그런 당신에게 고부 갈등이나 부부 불화 따위는 없을 것이다.

삶 가운데 늘 '왜 그랬어?', '내 알게 뭐야'를 그저 가벼운 마음으로 '아, 그랬구나', '얼마나 어려울까', '어려웠을까'로 바꿔 보라. 행복이 따로 있나, 마음이 편안하면 행복이지.

사회 화합이 멀리 있겠나, 긍정과 배려 속에 피어나는 꽃이지. 나무아미타불!

2007년 7월 20일, 〈금강신문〉 칼럼

어떻게 변화시킬 것인가

양력으로는 벌써 정해년도 한 달을 지나 벌써 2월에 접어들었지만 음력을 많이 쓰는 산중에서는 아직도 병술년 섣달이다. 어쨌든 병술년 한 해도 어느덧 저물어 가니 세월의 신속함을 알 듯도 하다.

지구에는 춘하추동(春夏秋冬) 사계절(四季節)이 있고, 인간에게는 생로병사(生老病死) 사고(四苦)가 있으며, 우주적으로는 성주괴공(成住壞空)이라는 사겁(四劫)이 있다. 하지만 잘 살펴보면 이러한 현상들은 착각된 중생심(衆生心)에서나 있는 듯 한 것이지 실제로는 있다고 말하기가 어렵다.

입춘을 맞이한 지금 계절에 관해서 한 번 생각해 보자.

과연 어느 시점을 봄이라 할 것이며, 혹은 여름, 가을, 겨울이라 할 것인가? 동양에서는 음력으로 1, 2, 3월 석 달을 춘삼월이라 하는데, 이때 식물들은 새싹이 움트는 등 눈에 보이는 생장 활동을 한다. 자연 현상인 신록(新綠)을 예로 들어 보면, 새잎을 피우는 봄날의 산은 참으로 싱그럽다. 그리고 변화무쌍하다. 아침의 산색이 다르고 저녁의 그것이 다르다. 아니 시시각각 다른 정취를 느낄 수 있는 것이 봄의 산과 들이다. 알고 보면 어느 시점 어느 순간을, 또는 어떤 유형을 '봄이다'라고 콕 집어 말할 수 없는 것이다. 아무리 살펴보고 분석해 보아도 '바로 이때가 봄이다'라고 할 수 없다. 봄의 형태라고 할 수 있는 것은 하나도 없기 때문이다. 잠시도 현재 상태 그대로, 즉 봄이라고 하는 분위기나 모습으로 머물러 있지 못하고 변해 간다.

지금이라고 하는 시간 자체도 조금 전에서 다음으로 넘어가는 연속 과정일 뿐 지금이라고 할 수 있는 시점이 있을 수 없듯이 봄의 푸름도 그렇다. 만일 봄이라는 것이 실체로서 있는 것이라면 여름이나 겨울에도 봄을 보고 만지고 느낄 수 있어야 한다. 나머지 계절들도 그렇고 지금이라는 시간도 마찬가지다. 이렇게 보면 **우주 삼라만상이 하나도 완전한 존재, 즉 고정불변의 실체로서는 없다**고 할 수밖에 없다. 오히려 만들어져 가고, 되어져 가는 진행형이라고 하면 비슷한 표현이 될까? 변화의 연속일 뿐…. 이름 하여 무상(無常)이다.

불교에서 파악한 제행무상관(諸行無常觀)을 잘못 이해하면 불교를 허무주의(虛無主義)로 치부하게 된다. 하지만 그것은 무지한 소치에서 오는 오해다. **무상의 의미는 아무것도 없어 허전하고 서글픈 허무와는 전혀 다른 것으로 변화의 연속을 말한다.**

그러면 사람을 예로 살펴보자. 갓 태어나면 갓난애, 조금 성장하면 어린이라고 부른다. 그리고 청소년, 청장년, 노년, 이렇게 연령에 따라 다른 이름으로 부른다. 이것 또한 계절의 변화와 같이 변화하는 양상일 뿐 그 어떤 것을 붙잡아서 어린이다, 노인이다 할 만한 존재는 어디에서도 찾아볼 수 없다. 만일 그럴 수 있다면 어린애는 어린애 특유의 모습으로 태어나서 그 모습 그대로 있어야 될 것이고, 노인은 노인으로 태어나서 영원토록 노인의 모습으로 있어야 될 것이다.

그런데 사람은 태어나서 갓난애, 어린이, 청소년, 청장년, 노인이라는 변천 과정을 겪을 뿐 어느 하나의 고정물로 존재하지는 못한다. 변화의 연속만 있을 뿐이니 죽음 또한 변화의 한 단면이며 그런고로 **죽음은 삶의 한 과정이지 끝남이 아니다.** 그렇다면 현재의 나, 너, 혹은 그를 무엇에 의거하여 나, 너, 그라 부르는가? 지금의 나도 바로 이전의 나가 변하는 모습이며, 바로 뒤의 나로 변해 가는 길목의 한 단면이니 **어느 때의 모습을 나라고 할 수 있겠는가?**

인간은 탄생도 없고, 죽음도 없으니 태어났다고 기뻐할 일도 아니며, 죽었다고 슬퍼할 일도 아니다. 우주를 비롯한 지구촌도 무상의 법칙을 따르니 종말론 같은 있지도 않은 협박에 두려워 할 것도 없다. 끊임없는 변화의 순환이 있을 뿐이다.

본래선인(本來善人)도 없고 영원한 악인(惡人)도 없다. 본래 가난뱅이도 없고 영원한 재벌도 없다. 원인과 조건을 따라 끊임없이 변화하니 늘 가변적이다. 대다수의 사람들은 운명론(運命論)에 호기심도 많고 그것에 주저앉기도 잘한다.

운명론가들은 운명이라 할 때의 운(運)은 조건에 따라 늘 변할 수 있는 것이고 객관적인 것인데 자기 삶에 있어 작용하는 힘이 70퍼센트를 차지하는 것으로 본다. 마음 쓰기에 따라 운명은 바뀔 수 있다는 말이다. 그리고 명(命)이 30퍼센트를 차지하는데 이것은 이미 정해진 것으로 주관적이고 바뀌지 않는 것으로 간주한다. 하지만 불교적으로 볼 때는 이 명도 자신이 어느 땐가 지은, 원인을 제공한 과보(果報)이기 때문에 숙명(宿命)이니 운명이니 하는 따위는 없다. 마음 쓰기에 따라 좋은 사주팔자도 어렵게 살 수 있고, 나쁜 사주팔자를 가진 사람도 편안히 살 수 있는 것이 운명이라면 운명이고, 운명은 마음 쓰기에 따라 늘 변하는 가변적인 것이다.

인생살이가 가변적이라면 어떻게 살 것인가? 어떻게 변화시킬 것인가? 중요한 것은 마음을 어떻게 쓰느냐 하는 각자의 마음이요 그 마음의 선택 여하에 달려 있다. '천 리 길도 한 걸음부터'라는 격언처럼 첫걸음이 중요하다. 여러 갈래의 길 가운데 어느 길에 발을 내밀 것인가?

산승은 당연히 악을 끊고 선을 실천하는 지악행선(止惡行善)의 삶을 살기를 모든 인류에게 간곡히 권장하며 간절히 기대한다. 악행은 불행의 씨앗(惡行卽不幸因)이므로 모든 부처님과 보살님들이 입이 아프도록 경계하셨고, 선행은 행복의 뿌리(善行卽幸福根)이므로 일체 불보살님들이 간곡히 권장하신 것이다.

음력으로는 아직 병술년 섣달이고 새해가 가깝다. 한 해를 마감하고 새해를 맞이하는 이때는 지난 일 년의 자기 삶을 회상하여 과오는 참회하고 잘한 점은 더욱 잘할 것을 다짐하며 새로운 설계를 하는 때이다.

구정을 맞이하면서 불자님들의 행복을 위하여 지악행 선을 권장한다.

악행은 행복을 불행으로 변화시키는 마력(魔力)이다!
선행은 불행을 행복으로 변화시키는 불력(佛力)이다!
나무아미타불!

2007년 2월 16일

나누면 행복해집니다

불교인의 수행 목적은 나의 행복과 모든 이웃의 행복에 있습니다. 과거의 모든 부처님들께서 세속의 그 어떠한 부귀영화도 헌신짝 버리듯이 다 내던지고 출가수행의 길을 선택하신 이유는 제왕의 권력이나 부귀공명으로는 이웃의 행복은 고사하고 자기 자신의 참다운 행복도 얻을 수 없다는 사실을 분명히 아셨기 때문입니다. 그리고 모든 이웃이 모두 다 행복할 때 자신의 진정한 행복도 비로소 충족된다는 진리를 철견하셨던 것입니다.

이러한 깨달음을 바탕으로 세속을 떠나 수행하여 완전한 행복을 성취하신 분이 바로 부처님이십니다. 자신의 완전한 행복을 성취했다는 것은 모든 이웃의 행복을 도와줄 수 있는 능력을 갖추었다는 의미도 됩니다.

부처님은 제자들에게 자신과 모든 이웃의 행복을 위하여 수행자가 우선 닦아 완성해야 할 여섯 가지 실천덕목을 제시하셨습니다.

이른바 육바라밀(六波羅密)입니다. '바라밀'이란 '파라미타'를 한자로 옮긴 것으로 '저 언덕에 이른 상태', 즉 일체 탐욕과 번뇌를 다 비워서 완전히 행복해진 상태, 자비와 지혜에 가득 찬 깨달음의 세계를 '저 언덕(彼岸)'

이라 표현합니다. 보살이 실천의 목표로 정하고 그 완성을 위해 노력하는 육바라밀은 저 언덕에 건너가는 배이며, 보살의 길을 완성하고자 하는 사람은 누구나 다 이 육바라밀을 닦아야 합니다.

첫째는 보시(布施)바라밀, 즉 나눔입니다. 이것은 재물이 필요한 사람에게는 재물을 주고(財施), 진리를 구하는 사람에게는 진리를 가르쳐 주고(法施), 두려워하는 사람에게는 안심을 주는 것(無畏施)을 말합니다.

둘째는 지계(持戒)바라밀, 즉 윤리적인 삶을 사는 것으로 부처님께서 설하신 계율들을 목숨을 바쳐서라도 지키는 것을 말합니다.

셋째는 인욕(忍辱)바라밀, 자신의 수행 완성과 중생 제도를 위해 어렵고 모욕적인 일도 한없이 참는 것입니다.

넷째는 정진(精進)바라밀, 이것은 보시·지계·인욕바라밀이 옳다고 판단하여 게으름을 피우지 않고 끊임없이 실천하는 것입니다.

다섯째는 선정(禪定)바라밀, 앞의 네 가지 바라밀을 실천하다 보면 온갖 번뇌와 욕망이 쉬어져서 몸과 마음이 안정되고 고요해지는데 이 상태를 선정이라 합니다.

여섯째는 지혜(智慧)바라밀, 앞의 다섯 가지 바라밀을 잘 실천하면 바른 판단과 직관력이 생겨 알고자 하지 않아도 알아지는 것을 말합니다.

이 가운데 보시바라밀을 첫 번째에 제시하신 것은 큰

의미가 있습니다. 보시, 즉 나누는 일이 최고의 덕목이라는 것입니다. 자기에게 있는 물심양면의 모든 능력을 이웃과 나누는 일, 이것은 생각만 해도 가슴이 벅차오르는 행복한 일입니다.

하지만 이 나누는 일, 보시는 웬만큼 연습해서는 실천하기 어려운 일이기도 합니다. 베푸는 일이 좋은 줄은 알지만 보시할 대상이 나타났을 때 나누려는 마음보다 인색한 마음이 훨씬 크게 작용하기 때문이지요.

산승도 불자님들께는 입버릇처럼 보시해라, 도와주어라 하지만 실제로 도와야 될 일을 만나면 슬그머니 피하고, 누군가 도움을 요청해 오면 선뜻 기쁜 마음으로 도와준 일이 그리 많지 않은 것이 사실입니다. 부끄럽게도 내 안에 도사리고 있는 탐욕과 인색한 마음을 완전히 항복받지 못했기 때문입니다.

산승은 주기를 좋아하는 편인데도 가끔 인색을 피우고 구걸 온 사람 쪽박 깨는 소리를 하는 경우가 있는데 승속을 막론하고 상습적으로 그것도 자가용 타고 뜯으러 다닌다는 인상을 풍기는 사람들을 만날 때입니다. 육신이 멀쩡한 사람들이 여기저기 다니면서 착한 사람들의 선량한 마음을 갉아 먹는다는 생각에 좋은 마음으로 베풀어지지 않는 것입니다.

그런데 그런 선입견으로 마지못해 조금 주어 보내고 나면 며칠이고 개운치 않은 감정이 저 자신을 괴롭힙니다. 흔쾌히 주지 못한 옹색함과 이런저런 선입견으로 분별을 낸 자신이 부끄럽고 괴로워 자신에게 화가 나기도 합니다. 하지만 산승은 다행스럽게도 저의 내면에

이러한 더러운 마음이 있음을 알고 착실히 버리고 보시로써 욕심병을 치료할 줄 압니다.

불보살님들께서는 수행하실 때 어려운 사람을 찾아다니면서 구제하시고 구걸하는 사람이 찾아오면 자기가 찾아가는 수고를 하지 않고도 보시할 곳이 생겼다고 고마워하면서 그 사람이 설사 목숨을 요구하더라도 흔쾌히 보시 하셨다는 말씀을 상기하면서 저의 인색을 다스립니다.

불자님들은 어떠신지요?

혹시 보시가 잘 안 되거든 그 원인이 어디에 있는가를 자세히 살펴보십시오. 욕심, 인색, 멀쩡한 사람이 왜 구걸하느냐는 생각, 이런 정도일 것입니다. 이런 것들은 모두 복을 짓지 못하게 하는 방해꾼들입니다.

나누는 일은 무조건이어야 되고 베푼다는 마음도 없이 나누어야 최고의 보시바라밀이 됩니다. 부처님께서는 '어려운 이웃은 내가 복을 지을 수 있는 최상의 복밭(福田)'이라 하셨습니다. 부처님께서 몸소 경험하시고 실천하신 틀림없는 진리입니다.

보시는 복의 근원이고, 보시 자체가 복입니다. 아마도 보시하면서 뿌듯한 기분을 많이들 느껴보셨을 것입니다. 보시하면서 느끼는 그 뿌듯함이 크면 클수록, 많으면 많을수록 행복도 커집니다.

모쪼록 복밭(내 손길, 내 능력이 필요한 곳)을 찾아 부지런히 나누시기 바랍니다.

나누는 일은 행복을 만드는 일입니다. 아니, 나누는 일, 그것이 행복입니다.

나무아미타불!

2012년 9월 11일

좋은 말만 합시다

몇년 전 한 텔레비전 프로그램에서 말의 힘에 대한 실험을 해 방영한 일이 있습니다. 이미 보신 분들은 느끼신 바가 많으실 것입니다. 보시지 못하신 분들에게 이 좋은 정보를 알려드리고 싶고, 이미 보신 분들에게도 유익하리라 생각되어 다시 소개합니다.

금방 한 쌀밥을 열 개의 병에 담고 다섯 개에는 '고맙습니다'를, 다섯 개에는 '짜증나'라고 써 붙이고 각기 다른 사람 다섯 명에게 주어 한쪽에는 가끔씩 고맙습니다, 좋습니다, 사랑합니다 등 긍정적인 말을 하고, 한쪽에는 짜증나, 미워, 싫어 등 부정적인 말을 하게 하였습니다.

얼마 후 판이한 결과가 나왔지요. 신기하게도 긍정적인 말을 해 준 병의 밥은 하얀 곰팡이로 덮여 구수한 향을 풍겼고, 부정적인 말을 해 준 병의 밥은 보기에도 역겨운 검푸른 곰팡이로 덮였을 뿐만 아니라 썩은 악취가 진동하게 되었습니다.

누구라 할 것 없이 많은 생각을 하게 하는 유익한 프로그램이었지만 특히 음식을 담당하는 사람이라면 반드시 명심해야 할 좋은 정보라 생각합니다. 음식을 만들 때의 마음가짐에 따라 가족에게 보약을 먹일 수도 있고, 독약을 먹일 수도 있기 때문이지요.

또 이런 실험도 있지요. 같은 종류의 식물을 똑같은 화분에 똑같은 흙으로 심고 한쪽에는 칭찬을, 한쪽에는 악담하기를 1개월 정도 해 비교해 보면 칭찬받은 식물은 싱싱하고 무성하게 자라며, 악담을 들은 식물은 생기도 없고 눈으로 확인할 수 있을 정도로 덜 자란다는 사실은 이미 많이 알려진 사실입니다.

이러한 사례들은 무엇을 의미하는가?

우리가 무심코 하는 말에도 주변을 변화시키는 나름의 힘이 있음을 보여주는 것입니다. 특히 의도적으로 마음먹고 하는 말에는 엄청난 힘이 있어 자신이나 이웃을 성공하게도 하고 실패하게도 한다는 진리를 깨우쳐 주는 것입니다. '말이 씨가 된다,' '말에 복이 들어 있다,' '말에 독이 들어 있다'는 등 말에 대한 말이 많은 까닭을 알게 하는 것이기도 합니다.

'긍정적인 말이 주는 놀라운 긍정의 힘', '부정적인 말이 주는 놀라운 부정적인 힘'을 분명히 인식하여 자신에게도 배우자에게도, 자식에게나 이웃에게도 말하기 전에 다듬고 다듬어 입으로 옮겨야 하겠습니다.

또한 지금까지 살아오면서 나 자신은 어떻게 말했고, 현재 어떤 말을 하면서 살고 있는지 살펴보아야 할 것입니다. 독기를 뿜어 자신, 자녀, 배우자, 이웃의 성공을 해쳤는지, 복덕을 뿌려 자신과 주변 사람들의 행복을 도와왔는지를 살펴보아야 합니다. 그리고 지금부터 부정적인 말은 완전히 닫아 버리고, 긍정적인 말만을 의도적으로 골라서 해야 되겠습니다.

말에는 다음과 같은 세 가지 놀라운 힘이 있다는 학계의 연구 발표가 있습니다.

첫째, 각인력(刻印力)이 있다는 것입니다. 어느 대뇌학자는 뇌세포의 98퍼센트가 말의 지배를 받는다고 발표한 적이 있습니다.

어떤 사람이 매일 5분간 다음과 같은 말을 세 번씩 외쳤답니다. "나는 위대한 일을 할 수 있다. 나는 나의 내부에 위대한 가능성을 간직하고 있다. 나는 아직도 발휘되지 않은 능력을 간직하고 있다."

이렇게 계속해서 말을 하다 보니 그는 가슴속으로부터 끓어오르는 자신감과 열정을 느끼기 시작했고, 드디어 그는 무엇이든지 할 수 있는 사람이 되었답니다.

두 번째, 견인력(牽引力)이 있다는 것입니다. 말은 행동을 유발하는 힘이 있어 말하면 뇌에 박히고, 뇌는 척추를 지배하고, 척추는 행동을 지배하기 때문에 내가 말하는 것이 뇌에 전달되어 내 행동을 이끌게 된다고 합니다. '할 수 있다'고 말하면 할 수 있게 되고, '할 수 없다'고 말하면 할 수 없게 된다는 것이지요. 그러므로 항상 적극적이고 긍정적인 말을 해야 합니다.

세 번째, 성취력(成就力)이 있다는 것입니다.

젊은 청년이 노만 빈센트 필 박사에게 찾아가서 물었습니다. "박사님 어떻게 하면 세일즈를 잘할 수 있을까요?"

필 박사는 조그만 카드를 꺼내어 그 청년에게 주면서 "나는 훌륭한 세일즈맨이다. 나는 세일즈 전문가다. 나는 모든 준비가 되어있다. 나는 프로다. 나는 내가 만나는 고객을 나의 친구로 만든다. 나는 즉시 행동을 한다"라고 적으라고 했습니다.

필 박사 지시대로 청년은 카드에 적은 대로 되풀이하여 완전히 외우게 되어 고객을 방문하기 전에는 몇 번씩 되풀이해서 외웠고, 이렇게 반복해서 하는 동안에 청년에게 기적이 일어났습니다. 자신에 대한 긍정적인 말이 그 청년을 유능한 세일즈맨으로 바꾸어 버린 것입니다.

무하마드 알리는 조 프레이저와의 15회전 권투 경기에서 1,000만 달러, 버그너와의 경기에서 250만 달러 등 엄청난 돈을 벌어들인 유명한 권투 선수였는데 그는 권투 경기에 앞서 꼭 명언을 남기곤 했습니다. "나비처럼 날아서 벌처럼 쏘겠다", "소련 전차처럼 쳐들어 갔다가 프랑스 미꾸라지처럼 빠져 나오겠다", "일본군의 진주만 기습같이 하겠다" 등등, 수많은 승리의 월계관을 받은 그는 나중에 이런 말을 했습니다.

"나의 승리의 반은 주먹이었고, 반은 말에 있었다."

이같이 성공한 사람들은 항상 적극적이고 긍정적인 말만 하였음을 발견하게 됩니다. 이러한 예를 보더라도 항상 적극적, 긍정적, 희망적, 미래 지향적인 말만 해야 한다는 사실을 알 수 있습니다. **부정적인 말은 농담이라도 하지 말아야 합니다.**

'데일 카네기'는 "성공한 사람들은 세 가지 말, 곧 '없다', '잃었다', '한계가 있다'는 말은 절대로 하지 않았다"고 말했습니다.

산승도 없다고 하는 말은 절대로 하지 말라는 말을 자주 합니다. 누군가 물질적 도움을 요청하거나 임시변통을 요청하면 힘을 따라 돕고 양해를 구할지언정 없다고 거절하지는 말라고 말합니다. 산승은 '말이 씨가 된다는 말이 진리'라고 믿기에, 없다고 말하면 실제로 틀림없이 없어질 것임을 알기에 상대방을 위하여 그렇게 이야기하는 것입니다.

자녀를 둔 부모나 선생님들의 말은 그 누구의 말보다 중요합니다. 자녀가, 제자가 좀 부족하거나 문제가 있더라도 늘 그 아이의 잠재 가능성을 믿어 주고, 숨겨진 가능성이 발현되도록 격려와 칭찬을 아끼지 말아야 합니다.

'너는 이런 점이 참 좋다', '너는 우리 가문(학교)의 큰 기둥이 될 거다', '너는 분명 국가 사회에 좋은 일꾼이 될 것이다'. 그냥 지나치는 말이 아니라 진심으로 자식을, 제자를 신뢰하고, 진정성을 가지고 격려하며 칭찬의 말을 해 주어야 합니다. 말은 반드시 씨가 되기에 그렇게 해야만 합니다.

자녀나 남에게 격려하고 희망적인 말을 해 주는 것도 중요한 일인데 그보다 더 중요한 것은 자기 자신을 격려하고 칭찬하며 희망을 주는 말을 해 주는 것입니다. 내가 바로 서지 못하고, 행복하지 못하다면 누구인들 나의 말을 경청하고 받아들이겠습니까?

내가 바로 서고, 희망적이고, 성공적인 사람이 되기 위해서는 자기를 격려해야 합니다. '나는 참 괜찮은 사람이야', '나는 정성스러운 사람이야', '나는 일을 바르게 선택하는 사람이야', '나는 인복 재복이 참 많아', '나는 행복해', '나는 가능성이 많은 사람이야', '내가 해내지 못할 일은 없어' 등등 이러한 희망적이고 긍정적인 말들을 매일 몇 번이고 자기를 향하여 반복해서 말해 주고, 자녀나 이웃에게 말해 주는 것도 큰 공덕이 되리라 믿습니다.

물론 우리 불교에는 이 세상 어디에서도 찾아볼 수 없는 덕담과 희망적인 말이 있습니다. '성불하십시오', '아미타불'이라는 인사말이 그것입니다.

'성불하십시오'라고 하는 인사말은 '당신은 부처님 되실 분입니다'라는 의미이고, '아미타불'이라는 인사말은 '당신이 아미타부처님이십니다'라는 의미입니다.

말한 대로 이루어지는 것은 정말로 '진리'입니다. 말에는 그런 힘이 있습니다. 말은 씨가 됩니다.

행복을 말하면 행복이, 불행을 말하면 불행이 이루어집니다. 성공을 말하면 성공이, 실패를 말하면 실패가 이루어집니다. 어떤 말을 할 것인가는 여러분의 선택입니다.

산승은 저 자신과 모든 이웃을 향하여 '부처님 법을 만난 불자님들은 반드시 행복해집니다!', '여러분은 모두 부처님이십니다!' '고맙습니다', '덕택입니다', '보답하겠습니다', '나는 행복하겠습니다', '모든 중생을 행복하게 하겠습니다' 이러한 말을 생활화하겠습니다.

불자 여러분도 여러분의 말을 만들어 매일 외워 보시
지요.

나무아미타불!

2015년 9월 3일

정신의 새마을 운동을 일으키자

정해년도 벌써 3월을 맞이하게 되었습니다. 입춘이 지나고 겨울잠에서 갓 깨어난 개구리들의 정겨운 울음소리가 봄이 우리 가까이에 성큼 와 있음을 알리고 깨끗한 달빛이 영평사의 밤을 더욱 맑게 밝히고 있습니다.

산승은 달빛이 맑은 새벽 선정에서 나와 부처님과 불자님들의 은혜를 가슴에 깊이 새깁니다.

지난 2월 8일부터 11일까지 문화관광부가 주관한 제4회 내나라여행박람회에 영평사의 "연꽃차와 구절초 꽃차" 시연이 초청받아 영평사 대중들이 4일간 서울 출장 꽃차 시연을 했습니다. 행사가 끝나고 모두 병이 났지만 많은 시민들에게 영평사가 좋은 이미지로 알려지는 계기가 되어 뿌듯했습니다.

나흘 동안의 꽃차 다담(茶談)시연에서 대략 8천여 명이나 되는 많은 분들이 오시어 영평사의 구절초 꽃차와 백련꽃차를 음미하시고 모두 행복해 하던 모습이 아직도 눈에 선합니다.

동남아 여러 나라 사람들, 그리고 미국, 프랑스, 독일, 영국, 일본 등 동서의 많은 외국인들이 다녀갔습니다. 행사가 끝난 지 20일이 다 되어 가는데도 산승에게 '흐뭇하면서도 질투심이 일어날 만큼 부럽고, 아름다우면서도 화나는 감정'이 가라앉지 않는 일이 있습니다. 그것은 바로 우리가 민족적으로 미워하는 일본인들의 작은 행위에서 비롯됩니다. 예로부터 동양 삼국(한국, 중국, 일본)에는 차문화가 발달했습니다. 차 마시는데도 예법이 있고 도(道)가 있다 하여 다예(茶禮), 다도(茶道)라고 이름한 차 마시는 법들이 그것이지요. 산승이 하고자 하는 말은 다도 이야기가 아니라 삶에 있어서의 기본과 그 교육의 중요성에 대해 생각을 하게 해주는 아름다운 일이 있어 소개하고자 합니다.

일본 분들과 덕담을 주고받으며 구절초 꽃차와 백련꽃차를 대접하면서 느낀 점입니다. 내·외국인을 막론하고 많은 분들이 생전 처음 마셔보는 백련꽃차에 감탄하고 감사해 했지만 하루 종일 차를 내고 있을 산승의 수고를 헤아리는 사람은 단 한사람도 없었습니다.

사실 차탁(茶卓: 차를 내는 상)이 너무 넓어 손님들이 비운 찻잔을 팽주(烹主: 차 내는 사람)가 가져오기엔 좀 힘들었거든요.

매일 2000여명, 4일간 차를 마시고 간 7·8천명의 많은 분들이 하나 같이 팽주의 어려움을 발견하지 못한 겁니다. 서양인이나 동남아인은 그렇다 치더라도 동방예의지국을 자처하는 우리 한국인들, 그것도 유치원생을 데리고 온 선생님도, 아들딸 데리고 온 부모님들도, 신사연(紳士然) 숙녀연(淑女然) 하는 이들도 약속이라도 한 듯 무례했습니다. 사실 산승은 몰려드는 손님이 반갑고 차 대접하고 설명하는데 너무 행복해서 이러한 무례를 발견하지 못했었습니다.

그러던 중 일본인들이 다녀 간 뒤에야 한국인과 일본인, 일본인과 세계인을 비교 평가하는 번뇌를 일으키게 되었습니다. 일본인들의 기본예절에 대해서, 아니 기본의식에 대해서 종종 듣고 오랜 역사 속에서 비록 견원지간과도 같은 사이여서 많은 애증이 교차되는 사이지만 그들의 정신을 동경하던 터였습니다.

그들은 아이들이 말 배우고 걸음마를 시작할 때부터 가정에서 유치원에서 학교에서 사회에서 예절 봉사 환경 등 모든 분야의 기본, 즉 참 삶의 법칙을 가르친다지 않습니까. 산승은 그들의 교육에 대하여 간접적으로나마 듣고 머지않아 일본인들이 어떠한 양상으로든 세계를 지배할 것이라고 말해왔습니다. 그리고 일본인들을 만날 때 마다 그러한 마음이 커져가는 것을 느낍니다. 이번 꽃차 다담 시연에서도 그것을 본 것입니다.

일본인은 4일 동안 여섯 팀을 만났는데 여섯 팀 모두 약속이라도 했는지 예절과 배려가 몸에 배인 일본인임을 자랑이라도 하듯이 찻잔을 팽주 앞으로 미소와 함께 공손히 밀어 주고 일어나는 것이었습니다. 작은 일 같지만 결코 작은 일이 아닙니다.

앞에서 산승이 '흐뭇하면서도 질투심이 일어날 만큼 부럽고, 아름다우면서도 화가 나는 감정'이라고 한 이유가 바로 이것입니다. 얼마나 흐뭇한 일입니까? 예절이라곤 한 가지도 남아있지 않은 듯한 지구촌의 지금 우리와 가까운 일본에 예절이 생활화 되어 있으니. 얼마나 부럽고 질투 나는 일입니까? 동방예의지국이요 엄격히 말하자면 그들의 형님격인 한국인들은 전혀 잊고 있으니. 얼마나 아름답습니까? 아직도 남을 배려할 줄 아는 지구인이 가까이 그것도 아우나라에 있으니, 여러분은 화나지 않습니까? 삶의 기본을, 사람의 정신을 매장한 한국의 부모 선생 지도층 국가 종교계 그리고 부끄러움을 모르는 한국인에 대하여!

예절이란 과연 무엇일까요? 거창하게 이야기하지 않더라도 우리는 그것이 상대방에 대한 존중과 배려라는 것을 알 수 있습니다. 서로가 서로를 존중하는 배려, 그것이 바로 예절의 처음이자 마지막이 아니겠습니까? 그리고 상호 존중과 배려가 사회 질서의 기본이며 인류행복의 요체라 해도 지나친 말은 아닐 것입니다.

우리나라는 195~60년대 절대 빈곤의 시대를 거쳐 비록 IMF라는 국가적인 위기를 겪기는 했지만 그래도 우리는 OECD에 가입을 했으며 세계경제에 일익을 담당하는 선진국이기도 합니다. 허나 경제의 국제적 위상을 뒷받침할만한 알맹이, 즉 정신은 지극히 빈곤하다 할 수 뿐이 없다는 것이 숨길 수 없는 부끄러운 사실입니다.

이 정신적 빈곤을 극복하는 방법이야 많겠지만 우리는 우선동방예의지국으로서의 정신을 회복해야겠습니다.

절대 빈곤의 시대를 극복한 것이 바로 '새마을 운동'이듯이 우리의 정신문화를 다시 살리고 민족정기 회복, 국민성회복을 위하여 "정신의 새마을 운동"이라도 일으켜야 되지 않겠나 싶습니다.

옷깃만 스쳐도 오백생인연이라는 말이 있습니다. 이것

은 인연의 지중함을 나타낸 말이기도 합니다. 지구인으로 만난 것도, 동양인으로 만난 것도, 한국인으로 만난 것도 불자로 만난 것도 참으로 지중한 인연입니다.

일상생활 속에서의 소중한 만남, 이 만남을 서로에 대한 존중과 배려, 즉 예절로 채워 나간다면 그 인연들은 더욱 좋은 만남으로 승화되어 상생의 세계 불국정토는 앞당겨 건설되어 질것입니다.

불자 여러분! 남이야 어떠하던 나부터, 나만이라도 기본에 충실 합시다. 나만이라도 이웃을 존중하고 배려하는 보살의 삶을 살도록 부단히 정진합시다.

나무아미타불!

원력의 삶을!

중생이 살아가는 데는 여러 가지 유형이 있다. 부처님의 가르침에 비추어 본다면 원력(願力)의 삶과 업력(業力)의 삶으로 나눌 수 있다.

원력의 삶이란 고통바다 윤회의 사슬을 끊고 모든 존재와 더불어 행복으로 가는 삶이고, 업력의 삶이란 행복을 등지고 더욱 깊은 고통바다로 빠져들어 윤회를 거듭하는 삶이다.

얼마 전 대만불교 성지순례를 다녀왔다. 정확히 말하자면 국제공불재승공덕회(國際供佛齋僧功德會)에서 봉행하는 대법회를 견학도 하고 동참하기 위한 일이었다.

이 법회는 부처님의 분부로 목련존자(부처님의 십대제자 중 신통제일)가 18무간 아비지옥에 떨어진 어머님의 고통을 구제하기 위하여 행했던 우란분재를 재현한 법회다. 공덕회원들이 1년간 헌금한 공양금으로 매년 우란분절을 지나 첫 번째 일요일에 봉행되는 연례행사인데, 각국 스님들 2천여 분과 신도 3만여 불자들이 동참하는 장엄한 법회다.

이 법회의 처음부터 끝까지의 모든 일은 2천여 명의 불교 자원봉사자들의 지극한 신심 속에 진행된다 하니 이 또한 부러운 것 중의 하나이다. 대만 불교 현황은 국민의 98퍼센트가 불자이기도 하지만 한국 불교계와 불자들이 배우면 좋은 점이 너무나 많다.

법회장소는 교외에 있는 실내 체육관인데 버스에서 내리자 미리 대기하고 있던 봉사자들이 경건한 목소리로 '아미타바(아미타불)'와 함께 합장배례 하고 양산을 받혀 스님 한 분 한 분을 실내 좌석까지 안내하는데 2백 미터는 족히 될 길 양쪽을 빼곡히 메운 불자들이 합장배례로 환영하는데 모두 '아미타바 아미타바'를 연창하는 가운데 다수의 불자들이 중국 특유의 보시금이 든 빨강 봉투를 맨땅에 무릎 꿇고 머리 위로 바쳐 들고 지나는 스님들이 받기를 청하는데, 극락세계 입구가 이런 정경이 아닐까 싶었다.

2시간여 법회의 경건함과 임시 설치한 법단(무대)의 장엄함은 그대로 극락세계의 상품연대(上品蓮臺)에 화생(化生)한 착각을 일으키기에 족하다.

국제공불재승공덕회를 이끄는 스님은 이 세상 모든 선망부모님 영가와 무주고혼 영가까지 왕생극락케 하려는 지장보살의 원력으로 20년 가까이 우란분법회를 봉행하고 있다니 머리 숙여 우러를 뿐이다. 더구나 연신 행복한 미소 속에 행사를 돕는 봉사단, 공덕회원들이 스님의 원력을 따라 함께 한다는 것이 더욱 대견스럽다.

두 번째 방문한 곳은 정사정사자제공덕회(精思精舍慈濟功德會)인데, 관세음보살 화현으로 추앙받는 비구니 증엄법사(證嚴法師)께서 이끄시는 세계 최고 최대로 공인하는 국제 자선구호단체였다.

이 증엄법사님은 부유한 집 딸로써 부모님 슬하에서 철저한 불교 수행을 하다가 비교적 늦은 30세가 다 되어 출가하신 분이다.

출가 동기는 '여성이 시장바구니를 들고 가족을 부양하는 것도 행복일 테지만 천하가 망하고 흥하는 일에는 마땅히 남성과 마찬가지로 여성들도 사회에 대한 책임을 져야 한다. 자비심으로 사회에 참여하여 전 인류에게 도움을 줘야 한다. **모든 사람들이 가정을 사랑하는 마음을 사회로 확대하여 천하의 중생을 사랑해야 한다. 이것이 바로 헛된 삶이 아닌 진정한 삶이 아닌가!**' 라는 대비원력(大悲願力)이다.

질병과 가난으로 고통 받는 이웃을 모두 구제하겠다는 원력으로 뜻을 함께하는 네 명의 출가제자와 삼십 명의 재가제자들과 창고방에서 신발 만드는 일을 시작으로 백 원이 생기면 즉시 백 원을 구제 사업에 쓰면서 매일 오십 전(우리돈 20원)의 회비를 납부하는 회원 30명으로 출발하여 43년 만에 전 세계 종교와 인종을 초월하여 5만 명의 정예 봉사자, 매월 300원(우리돈 만이천원)의 회비 납부하는 회원 4백만 명, 년 중 1회 이상 후원하는 1천만 명의 후원자, 재난시 세계 어느 곳이고 제일 먼저 달려가는 8백만 명의 자비자원봉사자(구호 활동에 들어가는 모든 경비를 자기가 부담)를 **가지게 된 세계 최고 최대 자선구호단체**로 발전하였으며 앞으로의 발전 가능성은 무한대라 한다.

또한 대만 내에 최고의 시설과 의료진을 갖춘 대형 병원이 일곱 개인데 진료비는 완전 실비를 실시하는 의

료 구호불사, 유치원부터 고등학교가 6개, 종합대학 1개를 갖춘 완전 무료의 교육불사, 10여개 지역에 위성방송, 라디오 등 대중매체를 갖춘 텔레비전 방송국, 불교잡지, 신문, 출판 등 문화불사, 그야말로 증엄법사님의 손길은 중생이 필요로 하는 모든 곳에 뻗어나가고 있다.

이 모든 분야에 종사하는 유급 직원이 2,500명, 매일 자원봉사자 3,000명이 자부심과 긍지를 가지고 공덕을 쌓을 수 있게 해주신 법사님에 대한 고마운 마음으로 일하고 있다니, 한 사람의 원력이 인류에게 주는 희망이 이렇게 크며 이렇게 많은 사람들이 행복할 수 있음에 원력의 삶과 업력의 삶을 다시 한 번 생각하게 한다.

증엄법사님은 **중생과 부처는 평등하기에 중생들의 본래 성품을 계발할 수 있도록 도와야 한다**고 강조하신다.

"나는 부처님께서 설하신 '중생이 부처다'라는 사실을 믿는다. 모든 중생과 나는 둘이 아니다. 마찬가지로 부처님께서 사랑과 자비심을 가졌듯이 중생 역시 그러하다. 부처님께서 큰 지혜를 지녔듯이 중생 또한 그러하다. **사람들이 주머니 속의 돈을 꺼내 사람을 구제하지 못하는 것은 범부의 습성(업력) 때문이다. 그러나 그들도 부처님과 똑같은 자비심을 가졌기에, 그들의 심성을 계발하기만 한다면 가장 선량한 마음, 가장 진실한 행복을 누리도록 할 수 있을 것이다.**"

법사님의 자비 보살행을 만분지일도 옮기지 못했지만

이 글을 보시는 불자님들의 지금 마음은 어떠신지요?

산승은 견학하는 내내 행복감과 억울함과 부끄러움, 부러움, 그리고 한없이 작아지는 나를 보았습니다. 그리고 20일이 지난 지금도 더욱 생생하게 떠오릅니다.

먼 이웃나라이지만 원력보살이 계심에 행복하고, 이 나이토록 허송세월했으니 억울하고, 시주밥만 축냈으니 부끄럽고, 대만의 스님들과 불자님들은 하는데 산승은, 우리 불교는 왜 안하는지 한 없이 한 없이 부끄럽습니다.

자신이 한없이 작아지는 느낌은 보는 이를 압도하는 건물 규모나 단체활동 현황만이 아닙니다. 증엄법사님의 원대한 자비원력, 보살행, 그 많은 참여자들의 공감하는 정신이 산승을 작게 하고 또다시 희망과 원력을 가다듬게 하는 것이었습니다.

이제 다시는 업력에 끌려가지 않으렵니다. 이제 결정코 전 존재의 행복을 돕는 원력의 삶을 살렵니다. 함께하는 도반이 있으면 더 좋겠고 그렇지 못하더라도 나는 결정코 이 길을 가렵니다. 이 길만이 고통바다 윤회의 질긴 사슬을 끊고 모든 존재와 행복의 조화를 이루는 길임을 분명히 깨달았기 때문입니다.

이번 순례길에 불자님들께서 모아 주신 110만원의 성금을 이 길의 기금으로 적립하고자 합니다. 모두 동의해 주시겠지요?

불자님들은 업력의 삶을 사시는지, 원력의 삶을 사시는지 확인하고 싶습니다. 원력의 삶에 함께 하시고 싶으신지 묻고 싶습니다.

우선 이번 추석은 더 나누고자 합니다.

나무아미타불!

기분 좋음이 행복

반갑습니다. 기분 좋으시죠?

예, 그러하시다면 당신님들은 이미 충분히 행복하신 사람입니다.

지난 여름에 사찰체험 온 초등학교 3학년 어린이들에게 **"행복이 무얼까요?"** 하고 물었더니, 뛰어 들어가 퐁당 빠지고 싶은 초롱초롱한 눈망울을 반짝이면서 조금도 망설임 없이 거의 이구동성으로 **"기분 좋은 거요! 즐거운 거요!"** 이렇게 대답하는데 깜짝 놀라고 크게 부끄러움을 느낀 사건이 있었습니다.

그래도 어지간히 열심히 살아온 인생 칠십 여년, 수행하는 척하면서 반백년이라는 세월을 죽이고서야 겨우 짐작한 진리를 열 살배기들이 그렇게 자연스레 대답하는데 어떻게 놀라지 않고 부끄럽지 않을 수 있겠습니까?

그래도 정신을 가다듬고 **자기 혼자 혹은 몇 사람만 기분 좋은 거는 진짜 행복한 일이 못되니 모든 사람, 모든 이웃생명까지도 기분 좋을 일을 많이 하라**면서 칭찬해 주었는데 기성세대인 오늘 관중 여러분께는 혼자 혹은 몇몇이 기분 좋으려다가는 반드시 패가망신 한다는 경고 메시지를 날립니다.

각설하옵고, 이 중은 반백년 전에 절대고결지순한 선모화의 유혹에 넘어가 푹 빠지고 삼십년을 한 울안에 살다가 그들과 모의하여 유난히 행복을 찾아 방황하는 이들을 유인하기 어언 이 십년에 이르렀습니다. 처음엔 중이 생뚱맞은 일을 한다는 부끄러움도 있었지만 줄잡아 이백만 명은 유인하여 기분 좋게 했다고 보면 잘했다는 생각입니다.

이 긴 세월 꽃을 가꾸어 주신 동네 할머님들, 축제 때마다 턱없이 부족한 주차공간 때문에 도로와 앞뒤 마당까지도 흔쾌히 내어주시는 효제동민 여러분, 우리 신도회 자원봉사자님들, 교통안전과 치안에 각별하신 세종경찰서장님, 예산지원을 아끼시지 않는 시장님과 의장님, 단무지 팔아 구절초 꽃 가꾸는 영농비를 지원하시는 일미농산 회장님, 그리고 구절초 꽃사랑으로 행복하신 여러분, 모든 분들께 진실한 고마움을 표합니다. 고맙습니다.

이십 년의 경륜의 결정체 음악의 무대를 고마우신 여러분께 고이 바칩니다.

나무아미타불!

모두 놓아버리자

행복이란 무엇인가? 그 행복은 얻을 수 있는 것인가?

이 문제는 아마도 인류 유사 이래 끊임없이 제기되어 온 그러나 명쾌한 해답을 찾지 못한 문제 중의 하나일 것이다. 그 해답을 찾기 위하여 사람들은 많은 일을 꾀해왔고, 그 결과물이 우리가 맞이한 오늘의 현실이라고 말한다면 부정하는 사람이 있을까?

자세히 살펴보면 오늘보다 밝은 내일을 욕망하는 것은 비단 인간뿐만이 아니다. 이웃집 강아지도 그러하고 밀림의 맹수도, 개천의 물벌레도 마찬가지다. 그 뿐이랴 한 알의 씨앗을 떨어뜨리기 위하여 긴 가뭄과 장마를 견뎌내는 이름 모를 작은 풀(오만스런 인간들에 의하여 억울하게도 잡초라고 치부되지만) 한 포기에서도 행복에로의 욕구는 발견된다.

만물의 본능이랄 수 있는 행복에로의 욕구가 없었다면 이 우주에 남아있을 아무것도 없을 것이라고 말한다면 너무 지나친 비약이 될까? 아무튼 만물은 행복하고자 욕망하며 그 욕망이 지금의 그 존재 그 모습을 있게 했다고 보는 것은 과히 어긋나지 않을 것이다.

다만 문제는 대다수의 인간들은 만 년 전에도 진정한 행복을 얻을 수 없었고 눈부신 과학의 발달을 이룩한

오늘날의 인류도 만족할만한 행복을 느끼지 못한다는
데 있다. 그러니 다음 날 이 욕구가 충족된다는 믿음
을 가질 수 없음도 자명한 일이다.

그 이유는 무엇인가? 많은 원인이 있겠지만 인류가 추
구해온 행복이라는 가치관이 제대로 설정되지 못했다
는 것이 가장 큰 요인일 것이다. 너무 외향적이고 말
초적인 물량충족에 치우쳐있었다는 말이다. 이제까지의
가치관 자체가 인류의 진정한 행복을 방해하는 큰 병
이다.

이 병을 치료하고자 한다면 이 병을 만들기까지 걸린
시간과 인간 지능이 쌓아올린 금자탑이라고 하는 물질
문명을 이룩하기까지 쏟은 그 이상의 노력이 필요할
것이다. 하지만 진정한 행복을 위해서는 이 병은 치유
되어야 한다. 이제까지 욕망하고 추구해온 가치관들이
수정되지 않는 한 인류의 최대 염원인 행복과 평화는
이루어질 수 없기 때문이다.

법조계에 출세해야만 행복할 줄로 착각한 사람을 한
예로 생각해보자.

원하는 법학대학에 갔고, 단잠 한번 자보지 못하고 친
구들과 여유로이 자연과 어우러져 보지도 못한 채 공
부하여 법관의 자리를 얻었다. 그 기쁨은 형언할 수
없었으리라. 그러나 그 성취감, 행복감은 오래 가지 못
했다. 그 자리만 얻으면 행복하리라고 기대했는데 목표
를 향하여 공부할 때만 어림반푼이다. 그도 그럴 것이
권위라는 것의 속성도 현재에 늘 부족한 것이니 더 올
라가야 하고 더 올라가자니 동료를 무자비하게 밟아야

지, 상사 비위 맞추어야지, 청탁이 들어오니 그 유혹을 뿌리칠 수도 받아드릴 수도 없지, 상사의 부당한 지시를 거부할 수도 없으니 자기 의지대로 할 수 있는 일은 하나도 없다. 그러니 늘 불안하고 초조하고 부족하다. 청운의 꿈이었던 사회정의와 봉사 따위를 떠올려 보지만 그 속의 풍토와 자신의 허황된 욕망은 갈등과 불안만 조장한다. 이것은 한마디로 불행이다.

이 세상에 가장 불쌍한 사람은 자기 의지대로 살지 못하고 피동적으로 사는 사람일 것이다. 많은 인간들의 삶이 위에서 살펴본 예의범주에 벗어나지 않는다. 그러니 세상이 온통 불행하다는 신음소리다. 그럼에도 어찌해야 할 바를 모르고 그칠 줄도 모르고 가던 방향으로 계속 달려가니 가련한 일이다.

이제 방향을 전환해야 한다. 삶의 질에 대하여, 가치관에 대하여 의식의 대전환을 시도해야 할 때도 되었다. 간단하다. 지금까지 가지고 있던 모든 것을 과감하게 놓아버리면 가능하다. 최고의 가치로 착각한 나머지 만난의 고통을 감수하면서 쟁취한 재물 명예 지식 등등을 다 버려야 한다. 원망 슬픔 사랑 미움 호오미추 선악시비 따위도 다 놓아버려야 한다. 그러면 반드시 새롭고 올바른 길이 열린다. 이보다 더 간단한 방법이 또 있을까?

귀중한 공양물을 세존께 드리고자 두 손으로 공양물을 받들고 오는 제자에게 부처님께서는 "놓아버려라" 하셨다. 제자는 공손히 부처님 앞에 공양물을 올렸다. 그러한 제자에게 부처님은 또다시 "놓아버려라" 하시니 제자는 저의 손에는 아무것도 없습니다. 무엇을 또 놓아 버리라는 말씀입니까? 하고 여쭙자, 부처님은 또 재삼 "놓아버려라" 라고만 말씀하셨다. 그 찰라 제자는 놓아 버리라는 진정한 뜻을 깨달아 아라한과를 얻었다.

또 선사들께서도 도를 묻는 제자에게 "놓아버려라, 놓 아버려라" 할 뿐 일체 다른 가르침을 주지 않으므로써 제자의 안목을 열어주는 일이 종종 있다.

혹자는 세간에서 어떻게 출세간의 고준한 수행자처럼 살 수 있겠느냐고 반문할 것이다.

대답은 "놓아버려라." 이것 뿐 다른 답은 없다.

"놓아버려라!" 그러면 행복이 보이리니, 그대로 행복하 리니.

나무아미타불!

멸사봉공滅私奉公은 부처님의 삶

평화통일의 단초가 될 남북정상의 만남을 엿새 앞두고 봉행하는 불기 2562년 제2642회째 부처님오심을 봉축하는 점등식에는 우리 민족 70년의 비원(悲願)과 우리 세종시가 추진하는 행정수도 완성이 반드시 이루어기를 바라는 간절하고도 원대한 소원의 연등에 점등하자는 제언을 먼저 드립니다.

이러한 우리 민족의 비원과 세종시민의 간절한 소원을 이루기 위해서는 평소에 바라던 자기의 탐욕을 채우려는 작은 소원은 버려야 합니다.

부처님께서는 결코 울긋불긋한 장엄등이나 탐욕이 가득한 연등 따위는 아무리 많이 드려도 받으시지도 않으실 것이고 전혀 기뻐하시지도 않으십니다. 아마도 금년 생신에는 특별히 멸사봉공을 다짐하는 연등을 애타게 기대하실 것만 같습니다.

지금 대한민국 전직 대통령들을 비롯하여 정치 사회 경제 문화 등 전 분야 대다수의 지도층들이 국리민복의 공익보다는 사익에 깊이 빠져있는 세태를 보더라도 그러실 것이 분명하고, 부처님의 전 생애가 온전히 멸사봉공의 삶이셨기에 그렇게 짐작되어집니다.

국민의 혈세를 받고 일하는 공무원들이 늘 견지하는

멸사봉공이라는 숙어는 공직자에게만 국한된 언어가 아니라 모든 사람에게 요구되는 윤리강령과도 같은 언어입니다.

공무처리에 있어 사사로운 친분이나 자기의 사상 종교 등의 신념이 개재되어서도 안 되고, 그 직위를 이용하여 자기 이익을 취하지도 말라는 공무수칙과도 같은 것입니다. 더 넓은 의미는 누구라 할 것 없이 삶에 있어 자기 욕망 충족에 치우치지 말고 널리 공공의 이익을 위해 최선을 다하라는 경훈(警訓)으로, 불교적으로 말한다면 중생을 향한 보살의 자비원력행과 같은 의미라 할 수 있습니다.

싯다르타 태자가 세속의 온갖 영화와 권세가 보장 되어있는 국왕이라는 꽃길을 버리고 일체중생의 생명평화와 조화로운 행복을 이끌어주시는 부처님으로 사신 것은 멸사봉공의 표본이며, 인류에게 제시하신 공존공영의 생활규범입니다.

우리는 이제 곧 연등에 불을 붙이고 초파일에는 원찰을 찾아 가지가지 소원의 연등공양을 올립니다.

무술년에 맞이하는 제2642회 부처님오신날 봉축연등에는 소소한 자기 욕심을 버리고 공공의 이익을 지향하는 멸사봉공을 다짐하는 원력의 연등에 점등하시고, 우리 민족 70년의 숙원 평화통일의 비원(悲願)을 가득 채운 연등에 점등하시며, 세종시 행정수도완성의 큰 소원의 연등에 점등하시기를 권장합니다.

전직 두 대통령이 감옥에 들어가는 부끄럽고 공분하지

않을 수 없는 현실을 직면한 지금 매년 봉축법회에 인용되지만 조금도 식상하지 않고 늘 가슴 설레게 하는 부처님의 탄생 메시지 '천상천하 유아독존' 같은 웅변이 오히려 생경한 수식어에 지나지 않는다는 서글픈 생각이 드는 것은 산승만의 얕은 감정은 아니리라 생각합니다.

우리는 지금 이 서글픈 현실의 원인은 무엇인가를 살펴보아야 합니다. 바로 봉공(奉公)을 버리고 사익(私益)을 선택한 것이 그 원인입니다. 원인과 과정에 따라 결과가 나타나는 것은 우주의 철칙입니다. 많은 성인 가운데 우리 부처님께서 유독 이 우주의 철칙 인과응보의 도리를 가장 명확하게 가르쳐 주신 까닭은 중생 행복을 바라시는 대 자비심의 발로(發露)입니다. 인류가 인과의 도리를 따르면 세계는 진화하고 행복해지기 때문입니다.

봉공행(奉公行)은 보살 원력이어서 행복을 낳고, 사익(私益)은 중생업력이어서 반드시 고통을 끌어옵니다.

콩을 심어 콩을 거두듯이 선행은 행복을, 악행은 불행을 안겨준다는 인과의 도리를 알려주시려고 부처님은 일부러 오셨습니다. 부처님 가르침의 핵심인 인과의 도리를 분명히 알고 따르는 것보다 부처님을 더 기쁘게 해드릴 것은 없을 것입니다. 멸사봉공을 다짐하는 일이야말로 인과의 도리를 따르는 일이고 부처님 탄신을 봉축하는 최상의 선물입니다.

모쪼록 부처님오심을 봉축하는 지금 세종시 공무원 모두 시민의 공복으로서 '멸사봉공'이라는 연등에 점등하시기를 희망하며 권장합니다. '멸사봉공'의 연등에 점 등할 줄 알아야 비로소 위민행정을 펼칠 수 있게 되고, 세종시가 지향하는 '실질적인 행정수도, 사람중심 행복도시, 조화로운 균형발전, 시민참여 열린 시정'이라는 4대비전의 실현과 12대 시정목표를 만족할 만하게 달성할 수 있을 것입니다.

우리 함께 멸사봉공의 등에 점등하여 정의롭고 공정한 사회, 차별 없는 세상, 모든 시민이 행복한 세종을 구현하여 우리민족 70년 숙원 남북평화통일과 세종시의 행정수도 완성을 우리 깨어있는 세종시민, 그리고 으뜸 도시 으뜸불자인 오늘의 우리가 견인합시다.

불기 2562년 부처님오심을 봉축하는 멸사봉공의 등에 점등하신 사부대중 모두 어떤 중생에게나 차별 없이 내려주시는 부처님의 지혜광명과 자비의 구름아래 소원하는 바 좋은 뜻들이 모두 이루어지기를 축원하면서 말씀 맺습니다.

'멸사봉공'할 줄 아는 당신들이 낱낱이 부처님이십니다.

나무아미타불!

제2642회 부처님오신날 법어

인디언의 지혜

인디언 격언 20가지를 통하여 인디언의 지혜에 귀를 기울여 보자.

우리는 인디언의 지혜에 귀를 기울일 필요가 있다. 인디언들은 '우주 삼라만상은 모두 서로 연결되어 있다'는 믿음을 가지고 있다. 마치 부처님께서 설하신 '이것이 있으므로 저것이 있고 이것이 없으므로 저것이 없으며, 이것이 생기므로 저것이 생기고 이것이 소멸되므로 저것이 소멸된다'는 연기법(緣起法)과 같은 말이다. 그들의 영적인 가치관은 자연과 대지에 대해 겸허하고 감사와 사랑이 가득하다. 자신과 타인 그리고 자연에 대해 존중하고 인정하며 조화로운 존재로서 삶의 모든 일을 신성하게 대하는 등 인디언의 지혜는 부처님의 가르침과 다르지 않아 불자님들과 함께 살펴보고자 한다.

1. 내 뒤에서 걷지 말라, 난 그대를 이끌고 싶지 않다.
   내 앞에서 걷지 말라, 난 그대를 따르고 싶지 않다.
   다만 내 옆에서 걸으라, 우리가 하나 될 수 있도록.

   ❀ 첫 번째 지혜는 부처님께서 설하신 일체중생이 깨달음의 성품이 있어 모두 부처 될 수 있다는, 일체중생의 평등성을 잘 들어낸 말이라 하겠다.

2. 처음부터 끝까지 자신의 삶을 살아야 한다. 누구도 그대를 대신해 살 수 없다.

❀ 두 번째 지혜는 유일신(唯一神) 신앙교들이 창조주를 의지하라는 무지(無智)를 꾸짖는 몽둥이다. 역시 부처님께서 누누이 당부하신 '네가 너의 주인이니 자신을 의지하고 다른 부처나 신에 의지하지 말라'는 가르침과 같다.

3. 꿈은 날짜 옆에 적어 놓으면 목표가 되고, 목표를 잘게 나누면 계획이 되며, 그 계획을 실행에 옮기면 꿈이 실현된다.

❀ 세 번째 지혜는 보살이 중생행복을 위한 원력을 세우고 육바라밀(보시 지계 인욕 정진 선정 지혜)을 닦아 완성하여 원력을 회향하는 것과 같다.

4. 가장 풍부한 의미를 담고 있는 말은 침묵이다.

❀ 네 번째 지혜는 부처님께서는 외도(外道: 다른 종교인)들의 비난과 공격에 침묵으로 깨달음을 주셨다.

5. 네가 태어났을 때 너는 울었고 세상은 기뻐했다. 네가 죽을 때에는 세상이 울고 너는 기뻐할 수 있는 삶을 살라.

❀ 다섯 번째 지혜는 어떻게 살 것인가를 잘 계시하는 지혜이다. 죽음을 초연하고 기쁘게 맞이할 수 있는 삶을, 다음 생을 환희롭게 맞이할 수 있는 삶을 산 사람이라면 세상 사람들이 떠나보내기를 아쉬워할 것이 아니겠는가?

6. 더 많이 줄수록 더 많은 좋은 것이 그대에게 돌아온다.

❀ 여섯 번째 지혜는 인과응보의 도리를 잘 나타내는 지혜다.

7. 다른 사람에 대해 나쁜 말을 하지 말라. 특히 그 사람이 없는 자리에선.

❀ 일곱 번째 지혜는 칭찬하라, 덕담하라, 칭찬과 덕담으로 신뢰하는 사회를 이루라는 것이다.

8. 어제 때문에 오늘을 다 보내지 말라.

❀ 여덟 번째 지혜는 과거는 이미 지나갔으니 매달려도 이익이 없고 미래는 아직 오지 않았으니 오지 않은 일에 미리 걱정하지 말고, 오직 이 순간 현재에 충실하라는 가르침이다.

9. 모든 살아있는 것을 존중하라. 그러면 그것들도 널 존중할 것이다.

❀ 아홉 번째 지혜는 생명평등 생명평화의 불교 첫 번째 계율, 불살생과 통한다.

10. 얼마나 더 가야하느냐고 물을 때마다 너의 여행은 더 오래 걸릴 것이다.

❀ 열 번째 지혜는 결과를 미리 추정(推定)하지 말고 꾸준히 정진하라는 의미다.

11. 평화를 외치는 것만으론 충분하지 않다.

평화롭게 행동하고, 평화롭게 살고, 평화롭게 생각해야 한다.

❀ 열한 번째 지혜는 매사 구호가 아니라 실천하라는 말이다.

12. 사람의 눈은 혀가 말할 수 없는 것을 말한다.

❀ 열두 번째 지혜는 말은 꾸며서 할 수 있지만 눈빛은 꾸밈 없이 순간적으로 사실, 진실을 드러낸다.

13. 다른 사람들의 가슴에 상처를 입히지 말라.

그대의 불편한 감정과 독기는 결국 자신에게로 돌아온다.

❀ 열세 번째 지혜는 다른 사람 눈에 눈물이 나게 하면 자기 눈에서 피눈물이 난다, 남을 속이려면 자기 양심이 먼저 속는다는 말씀과 같다.

14. 언제 어디서나 오직 진실하게 행동하라.

정직은 생명을 가진 모든 존재가 거쳐야 할 시험이다.

❀ 열네 번째 지혜는, 우주의 본바탕이 진실이며 우주의 질서는 정직이기 때문이다.

15. 대답하지 않는 것 또한 대답이다.

❀ 열다섯 번째 지혜는, 대답하지 않는 것이 확실한 대답이 되는 경우가 흔하다.

16. 우리는 모든 것들 속에서 모든 것들과 연결되어 있다.

❀ 열여섯 번째 지혜는 이 역시 부처님의 연기(緣起)의 도리(道理)와 같다. 공기와 나, 나와 식물, 식물과 동물, 동물과 흙이, 모두 연결되어 있다. 서로서로 연결되어 서로서로 도우면서 존재한다는 사실을 부처님은 깨달으셨고 인디언들도 연기적인 지혜를 터득하였으니 참으로 놀라운 일이다.

17. 다른 사람들의 철학적 종교적 신념을 존중하라. 자신의 지식과 믿음이 옳다고 다른 사람들에게 강요하지 말라.
❀ 열일곱 번째 지혜는 개개인의 신념(信念)이나 철학(哲學)은 같을 수 없다는 것이다. 신앙 또한 그러하다. 옳고 그름도 정해져 있지 않다. 다른 사람들의 이런 것들은 마땅히 존중되어야 한다. 다른 종교를 모두 부정하는 어떤 신의 노예(유일신 신봉자)들에게 울리는 좋은 경종(警鐘)이지만, 그들은 경종으로 들을 만한 지혜도 없으니 불쌍한 일이다.

18. 다른 사람의 '모카신'을 신고 두 달 동안 걸어보지 않고서는 그를 판단하지 말라.
❀ 열여덟 번째 지혜는 다른 사람을 함부로 평가하지 말라는 의미이다. 속사정도 모르면서 속단으로 흔히 저지르기 쉬운 시비를 경계하는 것이다. '모카신'은 인디언들이 신는 뒤꿈치와 바닥 창이 없는 신발이다.

19. 지식을 추구하지 말고 지혜를 추구하라.

지식은 과거의 산물이지만 지혜는 미래를 가져다준다.

✤ 열아홉 번째 지혜는 지식이란 것이 과거의 산물일 뿐만 아니라 다른 사람이 흘린 찌꺼기다. 지혜란 자기의 수행체험을 통하여 얻어지는 내면에서 것으로 삶을 바르게 인도한다.

20. 백 명의 사람이 함께 살아도, 각자가 나머지 사람을 보살핀다면 그것이 바로 '한마음'이다.

✤ '한마음'! 이 '한마음'이야말로 모든 부처님들의 바람이다. 또한 모든 보살님들이 한 중생도 빼놓지 않고 구제하려는 자비심이다.

이상 살펴본 바와 같이 인디언들은 아마도 모두 부처님의 지혜를 이미 터득한 사람들이었거나 그 조상이 어느 부처님이셨을 것이 분명합니다. 그렇지 않고서야 이런 지혜로운 삶을 살 수 없기 때문에 이런 생각을 하게 됩니다.

모쪼록 여러 번 읽고 깊이 새겨 실생활에 적용하여 행복을 얻으시기 바랍니다.

나무아미타불!

부처님의 효

오늘은 효도에 관해서 함께 공부하면서 자신은 효자인 가 불효자인가를 살펴보는 시간을 가지고자 합니다.

자고로 동서고금을 통하여 효도 문제는 인생사 가운데 가장 중요한 문제로 인식 되어 왔다 해도 과언이 아닐 것입니다. 뿐만 아니라 각 종교의 가르침에서도 효도의 중요성을 강조하고 있다 하겠습니다. 효도야말로 인륜 의 근원이 되는 도리이며 인간에 있어 공통된 본연의 가치관이라 할 수 있기 때문에 아무리 강조해도 지나 치지 않는 일이라 생각됩니다.

효 하면 유교, 유교하면 효라는 선입견을 가지게 되고, 부모를 떠나 출가 하는 불교와 제사를 지내지 않는 기 독교는 불효의 종교라는 오해가 있는데 사실은 각 종 교마다 효도에 대한 그 나름의 가르침이 있습니다. 유 교의 가르침 가운데 '효는 만복의 근원이요, 백행의 기 본이다'라는 말씀이 대표적인 가르침일 것입니다. 머리 카락 손톱까지도 부모님으로부터 받은 것이니 신체의 일부라도 손상하는 것도 불효라고 보았고 주로 인륜의 기본으로 규정하는 등 유교의 효는 다분히 인본주의에 가깝다 할 수 있습니다.

기독교에서는 기독교가 발생한 그 지역정서의 특성상

동양인들이 생각하는 효도와는 많은 차이점이 있어 현재 한국의 기독교계에서 조차 그리스도의 효 사상을 찾아내기가 난감하다고 실토하는 실정이지만 계율로 정하여 효도할 것을 명령하고 있습니다. 다만 하나님 안에서의 효도, 즉 효도는 단순한 부모 공경이 아니라 하나님을 경외하는 마음에서 우러나와야 된다고 강조함으로써 부모님보다는 신을 잘 섬길 것을 명령하고 있음을 알 수 있습니다. 이렇게 볼 때 기독교의 효는 신본주의에 기초한다고 볼 수 있습니다.

이들 두 종교의 가르침에 비해 불교의 효는 어떤 주의에도 초연하다 할 수 있습니다.

모든 중생은 부처님이시고, 모든 중생은 전생 나의 부모님이시라는 인식을 바탕으로, 부모님도 부처님이 되실 분으로서 부모님께 효도한 사람이 성불한다는 등 많은 경전에서 효도를 권장하시고, 또한 **최상의 효행**은 부모님께서 진리를 깨달으실 수 있도록 도와드리는 것이라고 말씀하시고 있어 굳이 말한다면 성불주의에 기초한다고 할 수 있을 것 같습니다.

부처님의 효에 대한 대표적인 가르침은 '세상의 어떠한 신을 섬김보다도 부모님을 지성으로 섬기는 일이 최고의 선이다. 부모님이야말로 최고의 신이기 때문이다'와 '선의 최상은 효도보다 더 큰 것이 없고, 악의 최상은 불효보다 더 큰 것이 없다'일 것입니다.

물론 '부모님 뜻을 거스르지 말라. 부모님을 기쁘게 해 드려라. 부드러운 옷 부드러운 음식으로 봉양하라. 부모님의 마음을 상하게 하지 않는 한도 내에서 진리를 따르시도록 권하라'는 등의 세세한 가르침들도 많습니다. 모든 가르침에서도 그렇듯이 이 효도 문제에 있어서도 부처님의 가르침만큼 근원적이고 광의적이며 궁극적인 효도는 없다고 할 수 있습니다.

그 근거는 모든 중생이 나의 전생부모였고, 심지어는 흙 물 불 바람까지도 내 지난 생의 부모님의 뼈와 살이었다고 보는데 있고, 제자들에게 자주 하신 말씀 가운데 '나는 세세생생 모든 부처님들의 지극한 효행을 본받아 행했으므로 덕이 높아지고 복이 왕성해져서 마침내 부처가 되어 삼계에 독보하게 되었느니라.'고 하신 말씀에 있다 하겠습니다.

조선시대의 유교 인사들이 불교는 부모 형제 국가 다 버리고 출가하여 자기 일신의 안일만을 추구하는 패역지도(悖逆之道)라고 폄훼하고 공박했던 시절도 있었고, 지금도 그렇게 오해하는 사람들이 있지만 불교는 예나 지금이나 모든 존재를 부처님으로 인식하고 모든 생명들을 전생의 부모형제로 보며, 출가 목적이 자기만의 안일이나 영달을 위함이 아니라 일체 중생의 진정한 행복을 위함에 있으니 세상의 어떠한 효도의 가르침보다도 더 크고 진정한 효도의 종교라 할 수 있습니다.

또한 부처님의 효도에 대한 가르침은 어떤 성인들의 그것보다 직접적이고 실천적이라 할 수 있습니다.

한 예로, 어느 날 부처님께서 천이백오십 명의 제자들과 길을 가시다가 길옆의 한 무더기 뼈를 발견하시고 흙먼지를 불고 하시고 뼈 무더기에 오체투지로 절을 하셨습니다.

이에 영문을 몰라 어리둥절 하는 대중을 대신하여 아난존자가 부처님께 여쭈었습니다.

세존이시어! 부처님께옵서는 삼계의 대도사이시고 사생의 자부이시온데 무슨 까닭으로 누구의 것인지도 모를 다 썩은 뼈 무더기에 절을 하십니까? 도무지 그 뜻을 알지 못하겠나이다. 바라옵건대 자비로 저희들의 의심을 풀어 주시옵소서.

이에 부처님께서는 자비롭고 한없는 연민의 음성으로 '아난아 너희들이 나에게 출가하여 수행한지 오래 되었는데도 아직도 모른단 말이냐? 저 뼈는 나의 전생 부모님의 뼈니라. 뿐만 아니라 이 세상의 모든 남성은 나의 누겁(累劫)전생 아버지요, 여성은 나의 누겁전생 어머니이시니라.' 라고 말씀하시고 부모님의 은혜의 막중함과 그 은혜에 보답할 것을 설하셨으니 이 경전이 바로 저 유명한 '대보부모은중경(大報父母恩重經)'입니다.

또한 부처님께서는 성불하신 후 곧 고국을 방문하여 부왕을 찾아뵙고 법을 설하시어 부왕과 여러 왕족들을 진리의 세계로 인도하심으로써 출세간적인 진정한 효도를 하셨고, 부왕의 장례식에 향로를 받들고 부왕의 관을 몸소 화장장까지 인도하심으로써 세간적 효행까지도 소홀히 하시지 않으신 세심한 가르침이라 할 수 있습니다.

귀하신 몸을 땅에 던져 이름 모를 뼈 무더기에 절하시고 부왕의 관을 메시는 등 몸소 효행을 보이심은 당시의 출가대중은 물론 미래 중생들에게 효도의 중요성을 강조하신 세상의 어떠한 효의 가르침보다도 살아있는 큰 가르침이라 하지 않을 수 없습니다.

　부모를 효도로써 섬기는 데서 오는 과보는,
　보살이 받는 과보와 동등하다. [증일아함경]

부모님의 은혜는 부처님의 은혜와 동등하고,
부모님을 섬기는 데서 오는 과보는
불보살님을 섬기는 데서 오는 과보와 동등하다.

만약 '부모를 해하는 자가 있다면 그는 무량 아승지겁을 통하여 재앙을 받는다'는 등의 가르침에서 효도의 과보로 얻을 복과 불효의 과보로 받게 될 재앙에 대해서도 많은 가르침을 남기셨습니다.

또한 '대승본생 심지관경'에서는 '아버지가 베푸신 은혜 태산(恩惠泰山)과 같이 크고 높으며, 어머니가 베푸신 은혜(恩惠)가 바다와 같이 깊고 넓다'라고 부모님의 은혜(恩惠)를 말씀하시는데 그러한 아버지의 은혜를 자은(慈恩)이라고 하며, 어머니 은혜를 비은(悲恩)이라고 하셨습니다.

아버지의 자은(慈恩)에서 '자(慈)'를 어머니의 비은(悲恩)에서 '비(悲)'를 따서 불교(佛敎)의 기본사상(基本思想)인 자비라는 단어가 생겨난 것입니다. 이 자비의 의미는 바로 부모님이 자식을 사랑하시는 마음으로 일체 중생을 연민의 정으로 사랑하는 것을 말합니다. 여타 종교들의 사랑과 같은 조건부 사랑이 아닌 무조건적인 사랑이 자비이지요.

부처님은 부모님의 10가지 은혜를 말씀하셨는데 그 내용은 '잉태(孕胎)하여 지켜주신 은혜, 해산하실 때 수고하신 은혜, 자식을 낳고 모든 근심을 잊으신 은혜, 쓴 것을 삼키고 단 음식을 뱉어 먹이신 은혜, 항상 자식은 마른자리에 뉘시고 젖은 자리에 누우신 은혜, 젖을 먹여 주신 은혜, 깨끗하지 않은 것을 씻어주신 은혜, 자식이 멀리 갔을 때 걱정하시는 은혜, 자식을 위해서는 나쁜 일도 마다하지 않으시는 은혜, 죽을 때까지 자식을 애처롭게 여기시는 은혜', 이상과 같이 10가지 부모님의 은혜를 제시(提示)하시면서 효도로써 그 은혜에 보답할 것과 그 방법을 설하시고 계십니다.

잠시 명상을 통하여 자신은 어떤 자식이며, 어떤 부모인가를 생각해 보십시오.

예, 어떠셨나요? 어떻게 해야 할지도 아셨죠?

예, 좋습니다. 오늘 법회 마칩니다.

나무아미타불!

효도 어떻게 할 것인가?

지난 법회 때는 효도에 대한 3대 종교의 가르침들을 간략하게 알아보면서 효도의 중요성을 재인식하고, 자신은 부모님에 있어 어떤 자식인가를 돌아보게 된 계기를 만들어 보았습니다.

그러면 오늘은 효도를 어떻게 할 것인가, 부모님을 어떻게 봉양해야 하는가를 함께 짚어보도록 하겠습니다.

흔히 말하기를 자식을 낳아보고 길러 봐야 비로소 부모님의 은혜를 만분지일이나마 안다고들 합니다. 여기 법우님들 모두 어머니, 할머니 아니신 분이 한 분도 없는데 과연 자식을 낳고 키우면서 부모님 은혜 얼마나 아시게 되었는지요. 부모님께서 겪으셨을 고충 얼마나 아셨나요? 만분지일이라도 짐작이나마 했다면, 조금이나마 아주 조금이나마 보답하셨는지, 보답할 마음이라도 내어 보았는지요.

알면 뭐 합니까? 그 순간뿐이지요. 양심과 비양심이 공존하는 중생인지라, 자기를 우선시 하면서 비양심 쪽으로 끌려가지요. 그러니 당연히 금방 망각하고 불효를 거듭하게 되지요. 그렇지만 순간순간이라도 잘못하고 있구나, 효도해야지 하는 마음을 자주 내십시오. 자주 반성하고 마음을 내다보면 어느덧 자기가 효자 효부가 되어 있을 것입니다.

자식에게 쏟는 사랑 만분지일만 부모님께 바쳐도 효자 효부 못될 사람 없다고 하지요. 법우님들은 어떠신지 요. 또 효도까지는 아니더라도 부모님을 모시면서 무언 가 대가를 바란다거나 조건을 달지는 않았는지, 요리조 리 못 모실 핑계거리를 찾지는 않았는지 돌아보아야 합니다.

요즘 부모님 모시는 일조차도 조건부가 많다는 말도 많이 들어서 잘 압니다. 부모님을 형제간 협상하는 물 건으로 전락시키는 불효자들도 많다는 말도 흔하게 들 리고요. 유산 때문에, 이목 때문에…

정부에서도 세금을 감면해주는 등 이런저런 퇴폐풍조 를 조장하는 웃지 못할 효 권장정책도 피는 실정이니 효도니 인륜이니를 거론하는 것 자체가 시대착오적인 일인지도 모릅니다. 자고로 불효자를 벌하고 효자를 표 창하여 효를 계도하고 장려하는 일은 늘 있어왔고 백 번 지당한 일이지만 물질적 이익을 먼저 주면서 부모 봉양을 유도하는 불행한 시대, 총체적 불효의 시대가 또 있었을까 하는 씁쓸한 생각을 합니다.

다만 부모님 봉양하는데 부득이 조건부를 허용한다면 단 한 가지 자식 때문이라는 조건부를 제안하고 싶습 니다. 내가 자식이기 때문에 어떤 어려움이 있어도 내 가 모신다, 낳아주셨기 때문에 나의 부모님 봉양을 그 누구에게도 양보할 수 없다, 길러주셨기 때문에, 가르 쳐주셨기 때문에 부모님을 모시고, 나의 자식들이 내가 부모님께 하는 모든 것을 보고 있기 때문에 효도로써 부모님을 모신다는 조건부가 유행한다면 얼마나 좋을까 하는 망상을 피워보는 겁니다.

또 요즘 노인 요양병원이 생기는데 문병을 가보면 영락없는 '현대판 고려장'이라는 착각을 일으키는 것은 이 산승만의 오해는 아닐 것입니다. 다소 소홀하게 모시더라도 격리시키는, 고려장시키는 불효는 저지르지 말아야 할 것입니다. 법적 고려장 시대에도 은밀한 곳에 감추어 모시고 효도한 자식이 있는가 하면 오늘날에도 허울 좋은 요양병원이나 아예 먼 타향이나 이국땅에 버리는 극악무도한 자식도 있다는 소식이 종종 들립니다. 부모님 봉양을 이런저런 조건부로 한다는 것은 있어선 절대로 안될 일들이라고 생각 됩니다.

인연법을 잘 아는 우리 불자님들은 부모님과 만난 것은 숙생의 깊은 인연이라는 사실을 잘 아십니다. 좋은 감정이거나 나쁜 감정이거나 이것은 순전히 자신의 과거 업 때문이니 더욱 좋은 인연으로 만들어가기 위해서라도 효성을 다해야 합니다.

부모님이 왜 소중하시며, 왜 효도로써 봉양해야 하는가?

오늘의 나를 있을 수 있게 하신 분이시오, 바로 나의 원인이시오, 뿌리이시오, 나의 모두이시기 때문입니다. 더이상 어떤 수식어도 필요하지 않습니다. 간단한 도식을 그려 본다면 부모님은 뿌리요, 나는 나무요, 자식은 열매다. 이 정도로 표현해 볼 수 있겠지요. 이 가운데 어느 것 하나 소중하지 않은 것은 없습니다.

하나라도 빠지거나 부실하면 연속성이 끊어지지요. 단

절된다는 것은 무엇을 의미 하는 것입니까? 족보가 이어지지 못한다는 의미이지요. 가문이 문을 닫는 것이지요. 불효 가운데 가장 큰 불효는 대를 잇지 못하는 것이라고 합니다.

공맹시대의 효자들처럼 부모님 상에 삼년 시묘살이를 하자거나 손톱도 깎지 않는 그런 효도를 그대로 실천하자는 것은 아닙니다. 성인들의 가르침을 근간으로 하여 이 시대 환경에 맞추어 부모님 봉양에 정성을 바치자는 것입니다. 효도는 아니더라도 최소한 불편함이 없으시도록 모시자는 것입니다.

몇 가지 제언코자 합니다.

　우선 부모자식으로 만난 깊은 인연을 인식하자.
　조석 문안은 반드시 드리자.
　조석으로 별도의 절, 참회 감사 다짐의 삼배를 드리자.
　며느리들은 부모님의 식성을 파악하여 맞추어 봉양하고, 자주 무엇이 드시고 싶으신가를 여쭈어 공급하자.
　매월 용돈을 드리고 부족하지 않으셨는지를 여쭙자.
　직계 자손들이 모두 모여 생신을 축하해 드리자.
　타계 하셨다면 천도재를 지내 드리거나 부모님 이름으로 불우이웃돕기를 반드시 자녀들과 함께 하자.
　자기 생일에는 부모님께 꽃과 특별 용돈을 준비하여 큰절 올리고 낳아 주시고 키워 주시고 가르쳐 주신 고마움의 말씀을 드리자.
　부모님을 모시고 가벼운 여행이나 목욕이라도 모시자.

자식이나 손자 생일에 개선해야 할 사항

생일의 풍속도를 바꾸자.

생일은 자기가 태어난 날이 아니라 부모님이 자기를 낳아주신 날입니다. 어머님이 열 달 동안 갖은 고통을 다 참으시고 온갖 정성을 다 바쳐 보호하시다가 죽음을 무릅쓰시고 비로소 낳아 주신 날인 것입니다. 그런데도 자기가 축하나 받고 앉아 있어서야 사람이라 할 수 있겠습니까? 노고를 위로해드리고 감사드려야 마땅한 도리가 아니겠습니까?

생일의 의미가 재정립되어야 불효자식이 덜 나옵니다. 자식 생일에 미역국 끓여 주고 잔치해 주는 것은 완전히 뒤바뀐 풍습입니다. 미역국은 산모인 어머님이 드셔야 되고 잔치도 수고하신 부모님이 받으셔야 맞는 것이지요.

물론 탄생을 축하해 주는 일이야 좋은 일이지요. 아이들 생일에 친구들 초대하고 케익 자르는 것도 좋지만 우선 되어야 할 일은 아이들이 자기를 낳아주신데 대한 고마움을 알게 해주어야 합니다.

말을 알아들을 수 있는 유치원생부터는 제 생일날 자기 용돈으로 꽃 한 송이라도 사서 어머니 아버지 가슴에 달아드리고 큰절 올리고 '낳아주셔서 고맙습니다.' 정도의 인사를 하도록 가르치자.

조부모님이 계시면 조부모님께도 똑같은 예를 갖추게 하자.

옆구리 찔러 절 받기가 계면쩍다면 엄마 생일에는 아빠가, 아빠 생일에는 엄마가 유도한다.

성장하는 정도에 따라 인사말은 적절히 조정

내가 노후에 자식이 어떻게 대해 줄까를 걱정 말고 지금 자식노릇을 잘하라. 자식은 120퍼센트 부모의 행위를 따른다.

효자 집안에 효자 나고 불효자 집안에 불효자 나는 것은 천리이다.

나는 효자인가 불효자인가를 냉철하게 살펴볼 일이다.

나무아미타불!

1996년 8월 16일, 〈영평사보〉

효심불심

절기(節氣)상으로 백중(百衆)이 들어 있는 음력 7월은 불교적으로는 효도의 달이라 할 수 있습니다. 이 백중날은 불교의 오랜 전통인 내 조상님뿐만 아니라 법계(法界)에 방황하는 일체 유주무주(有主無主) 영가(靈駕)님들을 극락세계로 인도해 드리는 우란분재(盂蘭盆齋)날이기 때문이지요.

전국 사찰에서는 백중 49일 전부터 왕생극락을 발원하는 칠칠재 기간으로 나무아미타불 염불과 대승경전을 독송하는 기도 외에 살아계신 부모님께 평소보다 더 잘 모시는 효도의 기간입니다.

이 효도의 달에 효도의 방법과 부모자식간의 인연을 부처님의 말씀과 옛 스님의 말씀으로 살펴보고자 합니다.

유사 이래 많은 성인(聖人) 가운데 부처님만큼 효도를 강조하고 효도의 방법을 친절하게 가르쳐주신 분은 없습니다. 산승이 가장 감명 받은 효 말씀은 "세상의 어떠한 신을 섬기는 것보다 부모님을 효도로 봉양하는 것이 최고의 선행이다, 부모가 최고의 신(神)이기 때문이다"라는 말씀입니다. 돌아가신 부모님을 마귀라고 제사도 지내지 말라고 가르치는 어느 종교와는 너무나 비교되는 가르침이지요.

이 우주의 유형무형(有形無形) 일체를 왜곡됨이 없이 있는 그대로 보시는, 즉 진리를 온전히 깨달으신 부처님께서 말씀하시는 효도를 약간 살펴보겠습니다.

부처님께서 설하신 삼세인과경에 "너희는 부모에 효도하라. 마땅히 부모가 아니면 너희가 어찌 이 몸을 세상에 나타나게 되었으며, 설사 태어났더라도 핏덩이 연약한 몸으로 어찌 성장할 수 있었겠느냐. 어머님이 한 번 출산할 때에 서 말 서 되의 붉은 피를 흘리고, 여덟 섬 너 말이나 되는 젖을 먹여 양육하였느니라.'고 하셨고, '부모가 계시므로 우주의 근본 되는 이 몸을 얻게 됨이요, 사람의 도리와 책임을 가르쳐 오늘의 너희를 길러 주셨느니라. 그러므로 부모님 생존 시에는 지성으로 봉양할 것이고, 세상을 떠난 후에는 영가를 잘 봉안하여 왕생극락을 발원할 것이며, 설령 자신의 부모가 아니더라도 병약한 노인을 내 부모님 같이 보호하고 봉양하여라. 너희가 너희 부모를 마땅히 봉양하면 천룡팔부[天龍八部: 부처님께 귀의한 중생들을 잘 보호해주는 선신善神들]가 항상 보호하여 줄 것이고, 너희가 만일 부모에게 불효한다면 선신들은 자연히 너희들이 저지른 패악(悖惡)의 정도에 따라 직접 앙화(殃禍)를 줄 것이며, 너희가 늙어 병약할 때에는 결정코 너도 너희 자식들로부터 버림을 받을 것이니라"라고 하셨습니다.

100여 년 전 중국에서 염불수행을 권장하신 인광대사님은 부모자식간의 인연을 상세히 밝혀 인과응보의 엄연함을 말씀하셨습니다.

말씀하시기를 **"부모와 자식 사이에는 네 가지 인연이 있다오. 첫째는 은혜를 갚는(報恩)인연이고, 둘째는 원한을 갚는(報怨)인연이며, 셋째는 빚을 갚는(償債)인연이고, 넷째는 빚을 받아가는(計債)인연이라오.**

은혜를 갚는 인연이란 부모가 자식에게 전생에 큰 은혜를 입어 그 은혜에 보답하기 위하여 금생에 자식의 자식으로 태어나 생전에 부모가 기뻐하도록 극진히 봉양하고 사후에는 영가(靈駕)가 흠향하도록 장례와 제사를 정성껏 모시는 것이오, 나아가 국가사회에 이바지하고 백성에게 혜택을 끼쳐 청사(靑史)에 길이 이름을 남김으로써 후세 사람들로 하여금 그 사람을 흠모하면서 그 부모까지 존경받도록 훌륭한 도덕을 닦은 역사 속의 수많은 충신과 효자들이 그런 사람들이오.

원한을 갚는 인연이란 부모가 자식에게 전생에 원한을 사서 앙갚음하기 위하여 자식이 다시 자식으로 태어나 앙갚음을 하는데 작게는 부모 마음을 거스르고, 크게는 사회적으로 큰 죄를 저질러 형벌을 받는데 그 화(禍)가 부모에게 미치게 하며, 살아생전에는 맛있고 따뜻한 봉양을 올리지 않고 죽은 뒤에는 황천에서 모욕을 당하게 하며 더 심한 경우에는 권세나 요직에 앉은 신분으로 부정부패와 불궤(不軌)의 죄악을 저질러 가문과 친족을 파멸시키고 조상의 무덤까지 파헤치며 천하 후세 사람들로 하여금 그 사람을 욕하면서 그 부모에게까지 침 뱉게 만드는데 중국의 왕망(王莽)이나 조조(曹操) 동탁(董卓) 진회(秦檜) 등과 같은 간신·역적이 그 대표적인 사람들이라오.

빚을 갚는 인연이란 자식이 전생에 부모에게 진 재산상의 빚을 갚으려고 다시 그 부모의 자식으로 태어난 경우로 진 빚이 많으면 평생토록 뼈 빠지게 일해 받들어 모시지만 빚이 적으면 잘 봉양하다가 중간에 돌변하여 그만두기도 하오. 예컨대 힘들여 공부하여 부귀공명을 조금 얻는가 싶더니 그만 요절한다든지 가업이 잘 되어 재산을 좀 모으다가 갑자기 죽는 수도 있는데 순전히 빚을 갚기 위하여 왔으므로 다 갚았으니, 가버리는 것이라오.

빚을 받아가는 인연이란 부모가 전생에 자식에게 재산상의 빚을 진 까닭에 그 빚을 갚으려고 자식의 자식으로 태어난 경우인데 빚이 적으면 생활비나 학비를 들여 가르치고 혼수를 장만하여 결혼시켜 이제 자립하고 사회활동 할 만하니 그만 수명이 다해버리기도 하며 빚이 많으면 집안 재산을 탕진하고 패가망신하기까지 한다오."라고 하였습니다.

이러한 법문을 통하여 우리의 만남은 우연이 아니라 서로가 오랜 세월 속에서 서로가 만들어낸 결과임을 명확히 알 수 있습니다. 부부인연, 형제인연, 친구인연도 모두 자기가 만든 것임을 알아야 합니다.

그리고 인과응보는 우주자연의 철칙으로 털끝만큼도 어긋남이 없어 뿌린 대로 거둔다는 사실을 깊이 깨달아야 하며, 깨달았다면 부지런히 좋은 인연을 많이 지어야 합니다.

또한 한량없는 옛적부터 저질러온 죄업을 참회해야 합니다. 우란분재는 효도와 죄업 참회를 한꺼번에 닦는 것입니다.

칠칠재도 절반이 넘어갔습니다. 남은 기간 나무아미타불 염불수행으로 더욱 정성을 바쳐 모두 큰 공덕 지으시기 바랍니다.

나무아미타불 나무아미타불 나무아미타불!

제 4부. 무량광명의 노래

마음은 모든 일의 근본
세상만사 이놈의 조화라
오늘의 내 모습 이놈의 그림자
오늘 요동친 맘 내일의 내 모습
한 번 착하면 만 년 행복
한 번 악하면 만 년 불행

오직 참 '나'에 살뿐!

참 나에겐
부처님, 하느님과 똑같은
능력을 다 갖추어 있다.

그러므로 남을 의지하거나
기타 밖에서 구하지 말라.
오직 참 나를 믿고
참 나에 의지하라.

이 세상 모든 존재
인(因)과 연(緣)에 의해서 생멸한다.
이것이 변함없는 진리다.
이 진리를 잘 인식하여 거슬리지 말라.

세상에서 가장 어리석은 사람은
참 나 속에 우주를 창조한 보물이 있는 줄 모르고
참 나를 버리고
밖(부처, 하늘을 포함한 모든 남)에서 구하는 사람이다.

참 나는 우주요 조물주이니
참 내가 지금 일으키는 한 생각은 중요하기 이를
데 없다.

그 한 생각의 마음 밭에 좋은 씨앗을 뿌려라.

뿌린 대로 싹이 트리니 잘 가꾸라.
그러면 꽃 피고 열매 맺어
나도 먹고 남도 줄 수 있으리라.

오직 참 나에 살라.
오직 참 나에 맡겨라.
하늘, 땅, 부처와 더불어 상응하리니
이것이 행복의 궁극이며,
영원을 사는 길이니라.

극락정토 가렵니다

1. 아미타불 계신나라 극락이라 그곳에는, 나무아미타불!
   지옥아귀 축생수라 괴로운삶 없다하니, 나무아미타불!
   무 량 한 광명나라 극락정토 가렵니다, 나무아미타불!

2. 아미타불 계신나라 극락이라 그곳사람, 나무아미타불!
   절 대 로 육도윤회 떨어지지 않는다니, 나무아미타불!
   무 량 한 광명나라 극락정토 가렵니다. 나무아미타불!

3. 아미타불 계신나라 극락이라 그곳사람, 나무아미타불!
   누구누구 할것없이 금색의몸 얻는다니, 나무아미타불!
   무 량 한 광명나라 극락정토 가렵니다. 나무아미타불!

4. 아미타불 계신나라 극락이라 그곳사람, 나무아미타불!
   생긴모습 한결같이 빼어나서 평등타니, 나무아미타불!
   무 량 한 광명나라 극락정토 가렵니다. 나무아미타불!

5. 아미타불 계신나라 극락이라 그곳사람, 나무아미타불!
   백천만억 나유타겁 지난일들 다안다니, 나무아미타불!
   무 량 한 광명나라 극락정토 가렵니다. 나무아미타불!

6. 아미타불 계신나라 극락이라 그곳사람, 나무아미타불!
   백천만억 나유타국 모든나라 다본다니, 나무아미타불!
   무 량 한 광명나라 극락정토 가렵니다. 나무아미타불!

7. 아미타불 계신나라 극락이라 그곳사람, 나무아미타불!
   백천만억 나유타불 모든설법 듣는다니, 나무아미타불!
   무 량 한 광명나라 극락정토 가렵니다. 나무아미타불!

8. 아미타불 계신나라 극락이라 그곳사람, 나무아미타불!
   백천만억 나유타중생 마음마음 다안다니, 나무아미타불!
   무 량 한 광명나라 극락정토 가렵니다. 나무아미타불!

9. 아미타불 계신나라 극락이라 그곳사람, 나무아미타불!
   백천만억 나유타국 순식간에 다녀오니, 나무아미타불!
   무 량 한 광명나라 극락정토 가렵니다. 나무아미타불!

10. 아미타불 계신나라 극락이라 그곳사람, 나무아미타불!
    나란생각 분별집착 생각조차 없다하니, 나무아미타불!
    무 량 한 광명나라 극락정토 가렵니다. 나무아미타불!

11. 아미타불 계신나라 극락이라 그곳사람, 나무아미타불!
    정정취는 물론이고 바른깨침 이룬다니, 나무아미타불!
    무 량 한 광명나라 극락정토 가렵니다. 나무아미타불!

12. 아미타불 계신나라 극락이라 그곳사람, 나무아미타불!
    한량없는 광명으로 온세상을 비춘다니, 나무아미타불!
    무 량 한 광명나라 극락정토 가렵니다. 나무아미타불!

13. 아미타불 계신나라 극락이라 그곳사람, 나무아미타불!
    목숨수명 한량없어 생사윤회 없다하니, 나무아미타불!
    무 량 한 광명나라 극락정토 가렵니다. 나무아미타불!

14. 아미타불 계신나라 극락이라 그곳사람, 나무아미타불!
    성문보살 많고많아 헤아릴수 없다하니, 나무아미타불!
    무 량 한 광명나라 극락정토 가렵니다. 나무아미타불!

15. 아미타불 계신나라 극락이라 그곳사람, 나무아미타불!
    누구누구 할것없이 수명무량 장수하니, 나무아미타불!
    무 량 한 광명나라 극락정토 가렵니다. 나무아미타불!

16. 아미타불 계신나라 극락이라 그곳에는, 나무아미타불!
    착한사람 뿐이어서 악한사람 없다하니, 나무아미타불!
    무 량 한 광명나라 극락정토 가렵니다. 나무아미타불!

17. 아미타불 계신나라 극락이라 그곳에는, 나무아미타불!
    시방세계 모든부처 아미타불 찬탄하니, 나무아미타불!
    무 량 한 광명나라 극락정토 가렵니다. 나무아미타불!

18. 아미타불 계신나라 극락이라 그곳에는, 나무아미타불!
    아미타불 열번염불 모두극락 왕생하니, 나무아미타불!
    무 량 한 광명나라 극락정토 가렵니다. 나무아미타불!

19. 아미타불 계신나라 극락이라 그곳삼성, 나무아미타불!
    임종찰라 염불중생 반겨맞아 주신다니, 나무아미타불!
    무 량 한 광명나라 극락정토 가렵니다. 나무아미타불!

20. 아미타불 계신나라 극락이라 그곳에는, 나무아미타불!
    극락왕생 발원하면 모두왕생 한다하니, 나무아미타불!
    무 량 한 광명나라 극락정토 가렵니다. 나무아미타불!

21. 아미타불 계신나라 극락이라 그곳사람, 나무아미타불!
    붓다처럼 삼십이상 팔십종호 갖춰지니, 나무아미타불!
    무 량 한 광명나라 극락정토 가렵니다. 나무아미타불!

22. 아미타불 계신나라 극락이라 그곳사람, 나무아미타불!
    중생위한 보살외에 모두모두 일생보처, 나무아미타불!
    무 량 한 광명나라 극락정토 가렵니다. 나무아미타불!

23. 아미타불 계신나라 극락이라 그곳사람, 나무아미타불!
    모든불국 부처님들 공양올려 모신다니, 나무아미타불!
    무 량 한 광명나라 극락정토 가렵니다. 나무아미타불!

24. 아미타불 계신나라 극락이라 그곳사람, 나무아미타불!
    가지가지 공양구들 마음대로 갖춰지니, 나무아미타불!
    무 량 한 광명나라 극락정토 가렵니다. 나무아미타불!

25. 아미타불 계신나라 극락이라 그곳사람, 나무아미타불!
    누구라도 일체지를 연설할수 있게되니, 나무아미타불!
    무 량 한 광명나라 극락정토 가렵니다. 나무아미타불!

26. 아미타불 계신나라 극락이라 그곳사람, 나무아미타불!
    누구라도 금강불괴 튼튼한몸 얻는다니, 나무아미타불!
    무 량 한 광명나라 극락정토 가렵니다. 나무아미타불!

27. 아미타불 계신나라 극락이라 그곳에는, 나무아미타불!
    사람이나 만물이나 장엄하기 한량없어, 나무아미타불!
    무 량 한 광명나라 극락정토 가렵니다. 나무아미타불!

28. 아미타불 계신나라 극락이라 그곳사람, 나무아미타불!
    닦은공덕 많던적던 나무높이 다안다니, 나무아미타불!
    무 량 한 광명나라 극락정토 가렵니다. 나무아미타불!

29. 아미타불 계신나라 극락이라 그곳사람, 나무아미타불!
    경 전 을 읽는대로 지혜변재 이룬다니, 나무아미타불!
    무 량 한 광명나라 극락정토 가렵니다. 나무아미타불!

30. 아미타불 계신나라 극락이라 그곳사람, 나무아미타불!
    지혜변재 그모두가 한 량 이 없다하니, 나무아미타불!
    무 량 한 광명나라 극락정토 가렵니다. 나무아미타불!

31. 아미타불 계신나라 극락이라 그곳에는, 나무아미타불!
    맑고맑은 그정토가 모든정토 비춘다니, 나무아미타불!
    무 량 한 광명나라 극락정토 가렵니다. 나무아미타불!

32. 아미타불 계신나라 극락이라 그곳사람, 나무아미타불!
　　백천가지 향기맡고 보리마음 일어나니, 나무아미타불!
　　무 량 한 광명나라 극락정토 가렵니다. 나무아미타불!

33. 아미타불 계신나라 극락이라 그곳사람, 나무아미타불!
　　아미타불 광명받아 안락함을 누린다니, 나무아미타불!
　　무 량 한 광명나라 극락정토 가렵니다. 나무아미타불!

34. 아미타불 계신나라 극락이라 그곳사람, 나무아미타불!
　　아미타불 이름듣고 총지법인 얻는다니, 나무아미타불!
　　무 량 한 광명나라 극락정토 가렵니다. 나무아미타불!

35. 아미타불 계신나라 극락이라 그곳사람, 나무아미타불!
　　아미타불 이름듣고 대장부로 변한다니, 나무아미타불!
　　무 량 한 광명나라 극락정토 가렵니다. 나무아미타불!

36. 아미타불 계신나라 극락이라 그곳사람, 나무아미타불!
　　아미타불 이름듣고 성불까지 한다하니, 나무아미타불!
　　무 량 한 광명나라 극락정토 가렵니다. 나무아미타불!

37. 아미타불 계신나라 극락이라 그곳사람, 나무아미타불!
　　하늘신이 오체투지 예경공경 한다하니, 나무아미타불!
　　무 량 한 광명나라 극락정토 가렵니다. 나무아미타불!

38. 아미타불 계신나라 극락이라 그곳사람, 나무아미타불!
　　입고싶은 의복들이 뜻과같이 입혀지니, 나무아미타불!
　　무 량 한 광명나라 극락정토 가렵니다. 나무아미타불!

39. 아미타불 계신나라 극락이라 그곳사람, 나무아미타불!
고뇌없는 나한처럼 모든안락 얻는다니, 나무아미타불!
무 량 한 광명나라 극락정토 가렵니다. 나무아미타불!

40. 아미타불 계신나라 극락이라 그곳에는, 나무아미타불!
보고싶은 불국정토 보배나무에 비친다니, 나무아미타불!
무 량 한 광명나라 극락정토 가렵니다. 나무아미타불!

41. 아미타불 계신나라 극락이라 그곳사람, 나무아미타불!
아미타불 이름듣고 온갖질병 없어지니, 나무아미타불!
무 량 한 광명나라 극락정토 가렵니다. 나무아미타불!

42. 아미타불 계신나라 극락이라 그곳사람, 나무아미타불!
무량제불 공양해도 삼 매 에 머문다니, 나무아미타불!
무 량 한 광명나라 극락정토 가렵니다. 나무아미타불!

43. 아미타불 계신나라 극락이라 그곳사람, 나무아미타불!
아미타불 이름듣고 좋은부모 만난다니, 나무아미타불!
무 량 한 광명나라 극락정토 가렵니다. 나무아미타불!

44. 아미타불 계신나라 극락이라 그곳사람, 나무아미타불!
아미타불 이름듣고 모든공덕 이룬다니, 나무아미타불!
무 량 한 광명나라 극락정토 가렵니다. 나무아미타불!

45. 아미타불 계신나라 극락이라 그곳사람, 나무아미타불!
보등삼매 성취하여 일체제불 뵙는다니, 나무아미타불!
무 량 한 광명나라 극락정토 가렵니다. 나무아미타불!

46. 아미타불 계신나라 극락이라 그곳사람, 나무아미타불!
　　듣고싶은 모든설법 저 절 로 들린다니, 나무아미타불!
　　무 량 한 광명나라 극락정토 가렵니다. 나무아미타불!

47. 아미타불 계신나라 극락이라 그곳사람, 나무아미타불!
　　미타명호 듣자마자 불퇴전에 이른다니, 나무아미타불!
　　무 량 한 광명나라 극락정토 가렵니다. 나무아미타불!

48. 아미타불 계신나라 극락이라 그곳사람, 나무아미타불!
　　미타명호 듣자마자 삼종법인 얻는다니, 나무아미타불!
　　무 량 한 광명나라 극락정토 가렵니다. 나무아미타불!

나무아미타불 나무아미타불 나무아미타불 나무아미타불
나무아미타불 나무아미타불 나무아미타불 나무아미타불
나무아미타불 나무아미타불

아미타불 본심미묘진언 다냐타 옴 아리다라 사바하(세 번)

계수서방 안락찰　접인중생 대도사
아금발원 원왕생　유원자비 애섭수

부설거사 사허부구게 浮雪居士四虛浮漚偈

妻子眷屬森如竹　거느린 처자권속 삼이나 대처럼 많고
金銀玉帛積似邱　쌓여진 금은옥백이 산더미 같아도
臨終獨自孤魂逝　임종에 당하여 외로운 혼만 떠나가니
思量也是虛浮漚　생각하면 이 또한 허망한 뜬거품이로다

朝朝役役紅塵路　험난한 세상길에 매일매일 고군분투하여
爵位載高已白頭　벼슬이 조금 높아지자 머리 이미 희었네
閻王不怕佩金魚　염라대왕은 벼슬아치를 두려워 않나니
思量也是虛浮漚　생각하면 이 또한 허망한 뜬거품이로다

錦心繡口風雷舌　말재주가 뛰어나서 입으로는 요설변재
千首詩輕萬戶候　천 글귀 시서로 만호후를 희롱해도
增長多生人我本　다생겁 아만의 근본만 늘게 하나니
思量也是虛浮漚　생각하면 이 또한 허망한 뜬거품이로다

假使說法如雲雨　설령 구름일듯 비 내리 듯 설법을 잘하여
感得天花石點頭　하늘이 감동하여 꽃비 뿌리고 돌장승이
　　　　　　　　고개를 끄떡여도
乾慧未能免生死　마른 지혜로는 생사를 못 면하나니
思量也是虛浮漚　생각하면 이 또한 허망한 뜬거품이로다.

이 게송은 신라 진평왕 때의 부설거사가 세속명리(世俗名利)만 쫓아 허둥대는 중생들의 어리석음을 깨우쳐 주기 위하여 네 구절로 나누어 설하신 시 형태의 법문으로서 요즘 사람에게도 좋은 가르침이 되고 있습니다.

그러면 좀 더 자세히 살펴봅시다. 첫 번째부터 세 번째 구절까지는 세상 사람들이라면 누구나 많이 갖고자 하는 욕망들에 관한 내용입니다. 하지만 이런 것들은 희망하는 만큼 얻기도 어렵거니와 얻었더라도 끝내는 생전에 다 없어지거나 마지막 가는 길, 즉 죽음 길에는 다 놓고 가야되는 아무짝에도 쓸모가 없는 것들입니다.

배우자와 자식이나 형제 혹은 일가친척이 없는 것보다는 있는 것이 좋은 줄로 압니다. 또 권속이 많으면 때로는 문제를 일으켜 괴로울 때도 있지만, 살아가면서 울타리가 되는 것 같아 위안을 삼기도 하지요. 그러나 막상 가장 다급한 죽음 앞에서는 처자권속, 일가친척, 그 누구도 아무런 힘이 되지 못하지요. 살아서는 그렇게 가깝던 그들이, 살점이라도 나눌 것 같던 그들이 한 사람도 저승길을 막아 주거나 같이 가주지 않으니 아무리 많은들 무슨 소용이겠습니까?

재물 또한 그렇습니다. 재산이 없으면 당장 죽는 줄 알고 재산을 쌓기 위하여 얼마나 노력했던가. 그것을 얻기 위해 양심을 저버린 일은 얼마이고 또 친구, 친척을 배반한 일은 얼마이던가. 그렇게 어렵고, 비열하고, 구차하게 쌓아 온 재물은 하루아침 티끌이라. 오늘은 있었지만 내일은 보장 못 하는 것이 이것이지요.

그뿐인가요? 죽을 때엔 이 세상의 어떠한 재벌도 그 좋아하던 재산 한 푼도 못 가지고 갔다는 사실을 우리 모두 다 너무 잘 압니다.

그러니 이런 처자권속이나 재산이 어찌 허망하지 않으며 물의 소용돌이에 의하여 만들어져 그 위를 잠시 떠돌다 사라지는 거품과 무엇이 다르겠습니까? 벼슬이나 사회적 명성도 그렇지요.

이 세상은 험난하고, 시끄럽고, 추하기가 시궁창 같고, 전쟁터와 다르지 않기에 '홍진로(紅塵路)'라고 하지요.

이렇게 험난한 세상에서 매일 아침부터 저녁 늦게까지 힘들게 공부하고 일해서 벼슬길에 올라 지위가 조금 높아져 보람도 느끼고 긍지도 가져 보지만 애석하게도 머리는 이미 반백이라, 문득 죽음의 문턱에 다다릅니다.

더구나 염라대왕은 그 따위 재산이나 권세를 두려워하지 않는다는 사실입니다. 염라대왕은 망자가 이승에서 재산이 얼마였고 벼슬은 무엇이었나를 보지 않고 얼마나 사람답게 살았는가, 못되게 살았는가를 살펴 심판을 합니다.

진정한 불자는 염라대왕이 있고 없고를 논하기 전에 선인선과(善因善果)요 악인악과(惡因惡果)임을 잘 알지요. 이승에서의 자기 행위에 의하여 다음 생을 받는다는 진리를 압니다. 이승에서는 자기 세력이나 명성에 의지하여 허세를 부렸지만 저승에서는 그런 권세 따위가 아무런 힘이 되지 못하고 다만 자기가 지은 선악의 업을 따라 가는 것입니다. 그러니 벼슬도 명성도 물 위에 뜬 거품처럼 허망한 것이지요.

또 어떤 사람들은 말재주나 글재주 혹은 어떤 기술로 세상을 희롱하지요. 대개 재산이 많거나, 벼슬이 높거나, 말재주가 있거나, 문장에 소질이 있는 사람들치고 겸손한 자가 별로 없지요. 요즘 무슨 박사다, 무슨 장인(匠人)이다, 심지어는 이름깨나 알려진 스님, 신부님, 목사님들도 자부심과 긍지는 높아 자기를 드러내고 싶어 안달이지요.

체면상 마구 들어내지는 못하더라도 내심 자기가 최고라는 자부심으로 착각 속에 사는 이들이 많지요. 흔히 이러한 자부심이나 긍지는 내로라하는 아만심만 키워 남을 무시하고 짓밟아 만인 위에 군림하려는 못된 행위로 나타납니다.

재산, 벼슬, 명예, 재주 같은 것들은 사람 마음을 어지럽히고, 영혼을 더럽혀 타락시킬 뿐 삶의 본질에서 보면 한갓 오물이요 아침 이슬이며 저녁연기에 불과한 것입니다.

어찌 보면 권속이나 재산, 지위, 말재주, 글재주, 이런 것들은 인간 세상에 필요한 것이기도 하지요. 잘만 사용하면 아주 유익한 도구가 되기 때문입니다. 이 도구를 사회 복지를 위하여, 중생 행복을 위해 사용한다면 얼마든지 많아도 좋고, 또 많아야 합니다. 그러자면 그것들을 가진 자들의 마음이 중요하지요.

맑은 물도 소가 마시면 우유가 되고, 독사가 마시면

살상의 독이 되죠. 또 좋은 보검(寶劍)이 장수의 손에 있으면 적을 물리쳐 나라를 지키고, 국민을 편안케 하지만, 사악한 사람이 가지면 흉기로 변하죠. 그렇기 때문에 **재산, 지위, 재주를 가지기에 앞서 일체중생을 위할 보살의 마음을 갖추는 일이 무엇보다도 중요하다** 하겠습니다. 설사 그렇더라도 세속적으로 추구하는 이런 것들은 한계가 있고, 잠시 떠 있는 거품과 같은 줄을 분명하게 인식해야 합니다.

이 세 번째까지의 게송이 세속인들을 경계한 말이라면 네 번째 게송은 출가 수행자를 경계한 말이라 할 수 있습니다.

스님들은 중생 교화를 위하여 설법을 잘하고픈 욕망이 있습니다. 그러나 부설거사는 경계합니다.

설사 설법을 잘해서 구름 일 듯, 비 내리듯 하여 하늘이 감동해서 꽃비를 흩뿌리고 돌장승이 고개를 끄떡여 긍정할지라도 본래 마음을 깨치지 못하고 남에게 배우고, 보고, 들은 지식으로 하는 말이라면 제자백가(諸者百家)와 팔만장경을 바로 거꾸로 자유자재 인용하여 설하여도 설법하는 자신이나 듣는 청중에게 아무런 도움이 되지 못합니다.

부처님의 말씀을 끌어 설해도 본인이 깨치지 못한 상태에서 하는 설법은 공허하고 거품 같은 말로서 생사윤회만 거듭하게 하는 잡스런 말에 불과합니다. 오직 본래마음을 깨달아 그 본래마음에서 우러나는 소리여야 비로소 참다운 법문(法門)이어서 나와 남이 함께 생사윤회의 길을 끊을 수 있는 설법이 됩니다.

사람 된 이유를 잘 알아야 합니다. 인간 세상에 온 것은 보통 일이 아니라 생사윤회를 끊어 영원히 행복한 삶을 얻기 위해 온 것입니다. 영적으로 한 단계 내지는 몇 단계를 뛰어 오르기 위해 온 것입니다. 사람 몸 받은 금생에 못하면 다음 생은 어찌 될지 장담 못하는 것입니다. 명심, 명심하여 일생을 헛되게 보내지 맙시다.

부설거사의 4허부구게를 자주 외워 자신을 채찍질해 아무 믿을 것이 못되는 세속의 부귀공명에 빠지지 말고 오직 생사윤회를 영원히 끊을 일을 합시다.

생사윤회를 끊는 방법은 많지만 염불 정진이 가장 좋습니다. 잠에서 깨어나서 깊은 잠에 들 때까지 언제나 어디에서나 어떤 일을 하든 그 가운데 항상 "나무아미타불" 육자염불을 놓치지 마십시오.

나무아미타불!

2005년 12월 24일

뿔 달린 호랑이

有禪有淨土 猶如戴角虎
現世爲人師 將來作佛祖

참선수행도 있고 염불수행도 있으면
마치 뿔 달린 호랑이와 같아,
현세에 사람들의 스승이 되고
장차 부처님이나 조사가 될 것이오.

無禪有淨土 萬修萬人去
但得見彌陀 何愁不開悟

참선수행이 없더라도 염불수행이 있으면
만 사람이 닦아 만 사람 모두 왕생하나니,
단지 아미타부처님을 친견하기만 한다면
어찌 깨닫지 못할까 근심하리오.

有禪無淨土 十人九蹉路
陰境若現前 瞥爾隨他去

참선수행만 있고 염불수행이 없으면
열 사람 중 아홉은 길에서 넘어지나니,

저승의 경계가 눈앞에 나타나면
눈 깜짝할 사이 휩쓸려 가리라.

無禪無淨土　鐵牀倂銅柱
萬劫與千生　沒個人依

참선수행도 없고 염불수행마저 없으면
뜨거운 쇠침대에서 구리기둥 껴안는 격이니,
억만 겁이 지나고 천만 생을 지내도록
믿고 의지할 사람 몸 얻지 못하리라.

자력(自力)수행과 타력(他力: 불력)수행의 관계를 밝히
고 참선과 정토(염불)의 쉽고 어려움을 비교한 글 중에
가장 명쾌하고 알기 쉬운 법문은 단연, 뚜렷하고 가장
알기 쉽게 이야기한 설법은 영명(永明) 연수(延壽)대사
님의 사료간(四料簡: 네 수의 게송)이 으뜸입니다.

이 사료간에 비추어 본다면, 참선과 경전에 밝지 못한
보통의 불자들은 참으로 염불해야 마땅하지만, 참선과
경전에 달통한 사람들도 더욱 열심히 염불수행에 매진
해야 합니다. 제아무리 깨달았다 하더라도 아직 증득하
지 못했으면, 결국 "나무아미타불" 염불을 해야 생사윤
회를 벗어나 극락성불학교에서 진정한 해탈이 가능하
기 때문입니다.

영명대사님은 아미타부처님의 화신(化身)이신데, 중생을
일깨워 생사고해에서 건지기 위하여 대자비를 베푸셨
습니다. 사료간은 참으로 사바고해를 건너는 자비로운

배[慈航]요, 대장경의 핵심이자 수행의 거울이라 할 수 있습니다.

우리 범부들은 근기가 하열하고 공부도 얕은데다가 오탁악세(五濁惡世)에 거짓 스승과 이교도들까지 득실거리니, 생사윤회를 벗어나기란 참으로 어려운 말법시대가 되고 말았습니다. 그러니, 오늘날 사람들의 근기에 적합한 수행법으로는 오직 정토법문밖에 없으니, 진실하게 믿고 간절히 발원하며 아미타불 염불에 일심으로 정진하여 서방정토에 왕생하길 구해야 할 것입니다.

참선이나 위빠사나, 경전공부 등은 모두 전적으로 자신의 힘에 의지하여 생사해탈하는 수행법인 반면, 염불수행은 부처님의 원력과 가피력에 함께 의지하여 생사윤회를 벗어나기가 훨씬 수월한 수행방편입니다. 생사의 바다를 건너는 일에 비유하자면, 자력에 의지하는 참선이나 위빠사나는 스스로 헤엄치는 것과 비슷하고 부처님의 가피력에 의존하는 염불수행은 큰 배나 비행기를 타는 것과 같습니다. 직접 헤엄치다 보면 거센 파도에 휩쓸리거나 기력이 다해 물에 빠질 염려가 크지만, 큰 배나 비행기를 타면 저 언덕(彼岸)에 틀림없이 닿게 될 것이기에, 이 두 수행법의 안전성과 효율성은 누구나 쉽게 비교할 수 있을 것입니다.

결론적으로, 자신의 힘에 의지하는 참선이나 위빠사나로 견성하여 생사윤회를 끝내기란 근기가 뛰어난 구도자가 아니면 참으로 쉽지 않습니다. 반면, 아미타불 염불로 정토왕생을 구하는 염불법문은 단지 간절한 믿음과 왕생발원이 진실하며 염불수행을 굳게 지속해가면

생사를 벗어날 수 있게 됩니다.

이 글을 본 불자님들 가운데 참선을 하는 분들은 염불 수행을 병행하여 '뿔 달린 호랑이'처럼 인천의 스승이 되길 바라며, 참선도 염불도 하지 않는 불자님들은 반 드시 염불에 관심을 갖고 공부해서 삼악도에 떨어지는 불행을 왕생성불이란 완전한 행복으로 전환하는 기회 를 갖기 바랍니다. 아울러, 아미타불 염불을 해오신 정 토행자님들은 더욱 일심불난(一心不亂)하게 염불정근에 매진해서 개인적인 왕생극락은 물론이요 정토불교 포 교를 통한 한국불교 중흥에도 앞장서 주시길 발원합니 다.

나무아미타불!

어서 오소서

어서 오소서
시나브로 영그는 가을 햇발 사이에
끝없이 드리워진 구절초 하얀 꽃길로
두런두런 정담 나눌 고운님과 벗하여
어서 오소서

지천에 흐드러져 가을을 손짓하는 코스모스는
화려함을 넘어 현란스럽고
찬 서리 녹여 내리는 국화의 기상은
고절(高節)을 극(克)하여 오만스러운데
질척한 장맛비, 대지를 불살라버리려는
잔혹한 가뭄을 잘도 견뎌내고
현란과 오만 사이에서 소리소리 없이
순수(純粹)를 웅변하는 구절초 꽃!
그 소박한 하얀 얼굴에 입맞춤 하소서

어미 품이 그리워 달려드는 자식을
누구라서 허물 있다 말할 것이며
포근하고 안락한 어미의 품을
누군들 그리워하지 않으리오
시름도 설움도 모두 다 품어줄
새하얀 어미의 품으로 안겨오소서

현란함에 눈 잃고, 오만함에 마음 잃어
황량한 사막 외로이 헤매는 벗님네들
선모화(仙母花) 어미의 가슴 이미 열었고
단풍 더욱 붉었으니
아름다움 절경, 참다운 사랑
예서 이루소서.

4340년 10월 오늘,
어서오소서
곱디고운 구절초 환하게 웃어주는
그리운 어머니 품 같은 이 터로
어서 오소서

사랑은 아픔이다

사랑은 아픔이다
가슴 저미는 아픔이다
그리고 사랑은 喜悅이고 幸福이다
어머니 젖가슴만큼이나
따스하고 달콤한 행복이다

삶고 태워 죽이려던 기나긴 여름
내 가슴 또한 숯 검탱이 되었다
命줄 차마 끊지 못해
모질게도 살아남은 九折草!
듬성듬성 그러나 보란 듯이 꽃피워

사그라지는 가슴 깊은 사랑의
심지를 돋우어 일깨운다
사랑하기를 잘했다
비록 가슴 저미는 아픔이었지만
사랑하기를 참 잘했다

大韓民國 가을 대표 토종꽃 구절초!
어머니의 가슴만큼이나 포근한 仙母花!
아픈 시름 다 슬어주는 菩薩꽃 구절초!
척박한 산비탈에 피고지고 지고피는
새 하이얀 그대 품에 億劫無明 쉬었소!

仙母花(구절초 꽃)

나는 구절초 꽃을
우리 白衣民族의 어머니 가슴이라 합니다.
가을의 문턱에서 먼저 피우는
코스모스의 아름다움을
누구 있어 감히 부정하리오만
자극적인 때깔 현란한 춤사위가
오히려 가슴을 울리지 못함은
그렇다 치더라도
찬서리 凌蔑하는 菊花
그 氣像이 오히려
천박하게 느껴지는 것은 어인 까닭입니까?

仙母花!
그 질척한 장맛비를 타고 넘어
작열하는 긴 긴 暴炎을 알몸으로 견뎌
眩亂과 傲慢 사이에
소리 없이 가슴을 여는
그대의 雄辯은
純潔! 清淨!
그리고 어머니의 사랑이지요?

당신의 수줍어 하이얀 얼굴은
현란하지도 오만스럽지도 아니 한

우리 모두의 어머님 가슴입니다
잘난 자식 못난 자식 가리지 않고
포근히 감싸 안는 어머니의 가슴입니다
4352년 우리는 또다시
세상의 모든 자식이 어미의 가슴을 그리듯이
당신의 따스한 가슴에 안깁니다.

仙母花

그대 정녕 땅에서 오셨는가?
아니면 어느 純粹의 별에서
찌들어 이젠 거의 못쓰게 된
人間의 맑은 거울을 찾아주려
짐짓 오셨는가?
긴긴 雪寒風에
大地와 함께 얼음 되어
生命으로 孕胎하셨소

봄!
한 떨기 풀잎으로 돌멩이들 동무삼아
三伏의 작렬하는 태양 凌蔑하며
맞장 뜨자 온몸으로 덤벼들어
쥐어짜도 땀 한 방울 아니 날
긴긴 가뭄을 잘도 견뎌내셨소

모두 지쳐 잠들어가는
凍土의 문턱에서
오! 仙母花!
그대 알몸으로 저들에게 던지는
話頭는 비움! 淸淨! 純粹!
丁寧 그것이죠?
여기 그대 無我의 가슴에

잦아든 魂 있다면
仙母花!
당신의 話頭는 풀렸다 할 수 있겠죠?

구절초 꽃

나는 말할 수 없습니다!
이 세상에 存在하는 어떠한 美辭麗句로도
당신의 至高한 품새를 나는 말할 수 없습니다
아름다운 詩想이 떠오르기도 하더이다
하지만 가슴 속 깊은 샘으로부터
掩襲해오는 두려움! 두려움!
나는 그 두려움이 무엇인지 압니다
아! 당신님은
犯할 수 없는 내 靈魂의 伴侶!

당신은 天巧를 가진 畵家라 해도
화폭에 담을 수 없을 거요
그것을 試圖하는 자체가
당신에겐 큰 冒瀆임을
나는 잘 알아요 잘 알아요
아무리 精巧한 사진틀로도
찍어낼 수 없습니다
그러기엔 독일산 사진기가
너무 무뎌요

그래서 당신님을
絶對神性이라 불러도 보았소

하지만 그것도 당신을 그려내기엔
너무너무 역부족임을 알았소
그러니 할 수 없소
작렬하는 태양아래 바위동무 되어
나무 풀과 어우러져
늘 그렇게 피고 지는
구절초 꽃으로 …

방생은 윤회의 고리를 끊는 일

방생의 노래

내 몸의 자유자재 바라고 있다면
잡히여 죽을 목숨 풀어서 살리고
병들은 중생을 도와서 고치면
자유는 돌아와 내 목숨 지키네.
방생 방~생 자~비 방생(慈悲放生)
방생 방~생 구~고 방생(救苦放生)

내 가족 부귀창성 바라고 있다면
죄 없이 죽을 목숨 돌이켜 살리고
굶주린 중생을 도와서 보태면
행복은 찾아와서 내 가족 섬기네.
방생 방~생 자~비 방생
방생 방~생 구~고 방생

방생(放生)은 죽음에 놓인 생명을 살려주는 것입니다.
죽어가는 사람을 포함하여 일체 생명을 조건 없이 내
생명을 보살피듯이 살려주는 것이 방생입니다. 이 방생
수행은 불교에만 있는 독특한 수행방법이지요. 세상의
어떠한 종교에서도 찾아볼 수 없는 방생의식을 불교에
서는 중요하게 여기는 까닭은 부처님의 생명평등·생
명존엄 사상에 기인합니다.

부처님을 사생의 자부(四生慈父)라 하는데 사생이란 이 우주에 존재하는 생명체들이 태어날 때 나름대로 다른 모습으로 나는데, 그 모습이 네 가지이므로 모든 중생을 통틀어 사생(四生)이라 합니다. 그 태어나는 유형으로는 태에 의지하는 태생(胎生), 알에 의지하는 난생(卵生), 축축한데 의지하는 습생(濕生), 이것이 저것으로 몸을 변화시켜 나는 화생(化生)이 그것입니다.

부처님은 이들을 모두 평등하게 보시고 차별 없이 사랑하시므로 이 **'모든 생명들의 자애로우신 어버이'**라 부릅니다. 부처님은 단세포 동물로부터 최고의 신(神)까지도, 심지어는 모든 식물도 그 생명은 평등하다 하셨습니다. 그리고 낱낱의 생명가치는 절대 존엄하다 하시며 모든 생명들의 조화롭고 평등한 행복을 위하여 헌신하셨습니다.

유사 이래 어떠한 성인도 생명가치를 이렇게 철견하신 분도, 차별 없이 사랑하신 분도 없습니다. 그래서 석가모니부처님이 우주 최고의 성인, 최고의 스승이라는데 이의를 제기하는 사람은 없습니다. 적어도 이 시대의 양식 있는 사람, 정신적 지도자들은 그렇습니다.

불교에서 가장 큰 악행은 생명을 죽이는 것이고 가장 큰 선행은 생명을 살리는 것이라 합니다. 계율 가운데 '이웃 생명을 괴롭히거나 죽이지 말라(不殺生)'는 가르침을 맨 앞에 세우신 것만 보아도 부처님의 생명존중·생명평등·생명사랑사상을 가히 짐작할 수 있는 일이지요. 불살생계는 단지 죽이지 않을 뿐만 아니라 죽음에 처한 이웃 생명을 자비심으로 보살피고 살려내라는 적극적인 생명사랑의 가르침입니다. 이 **불살생계의 적극적인 실천이 바로 방생수행**이지요.

방생을 많이 하면 가장 높은 선과를 얻어 항상 즐겁고, 마침내는 육도윤회의 고통을 벗어난다고 하셨습니다. 누구나 자신의 목숨을 가장 소중하게 여깁니다. 그래서 내 목숨이 소중한 만큼 다른 사람들의 목숨도 소중합니다. 그러니 아무리 어리석은 사람일지라도 우주보다 더 큰 황금과 목숨을 바꾸지 않는 것이지요.

인간의 목숨이 소중한 만큼 생명 있는 모든 중생들의 목숨도 다 소중하다는 것이 부처님의 가르침입니다. 부처님께서는 이렇게 대자대비하신 마음으로 삼계 모든 중생들의 고통에서 벗어나는 길로 인도하십니다.

살생은 비단 목숨을 빼앗는 것만이 아닙니다. 악한 말을 하거나, 폭력을 사용하여 상대의 자비로운 마음을 손상시키는 것도 살생과 같습니다. 또한 남의 성공을 방해하는 등 앞길을 막는 일도 목숨을 빼앗는 것과 다름없는 살생입니다. 반면, **이웃이 성공하도록 적극 돕는 일은 방생 중의 방생**이라 할 수 있겠지요.

중국의 고승 '천태 지의대사'는 방생하는 사람의 마음가짐을 다음과 같이 말했습니다.

"1) 방생을 하는 자는 항상 자기 집안의 어른을 공경하고 가정을 먼저 평안하게 하라.

2) 방생을 하는 자는 마음속으로라도 남을 해치는 생각도 하지 말라.

3) 방생을 하는 자는 이웃 부모형제가 고통을 받거든 나의 고통으로 알아 고통을 덜어 주어라.

4) 방생을 하는 자는 사람을 대하되 항상 부드럽게 대하고, 나쁜 욕을 하지 말며, 남이 주지 않는 물건을 갖지 말며, 거짓말을 하지마라.

 5) 방생을 하는 자는 지나친 나의 이익을 취하거나 부정한 방법으로 이익을 구하지 말라. 남을 돕고 대가를 바라지 말라.” 하셨고,

적석도인은 방생해야 할 때를 자상하게 설하셨는데 살펴보겠습니다.

적석도인의 일곱 가지 방생(赤石道人 七放生)

첫째는 자식 없는 자는 반드시 방생하라.

세상 사람이 자식을 두고자 함에 약 먹기로 힘을 쓰나, 그러나 왕왕히 한평생 먹더라도 효험을 못 보는 자 많은지라. 그러므로 나는 말하기를 병이 있거든 약을 먹고 자식이 없거든 방생하라 하노니, 대저 천지의 큰 덕은 가로되 생(生)함이라. 그러므로 사람을 생하고 만물을 생해서 생생지리(生生之理)가 끊어지지 않나니, 진실로 생해 주는 마음으로 마음을 삼아서 저를 생해 주는 것이 반드시 생함이라. 방생(放生)만 하고 보면 꼭 다 남자(男子)의 경사를 얻을 것이다.

둘째는 자식을 배거든 반드시 방생하여서 산모를 보전하라.

세상 사람은 자식을 잉태하매 혹 귀신에게 빌어서 생산에 안녕을 바랄 뿐 방생하여서 만전지책(萬全之策)이 있음을 알지 못하는 도다. 대저 잉태해서 자식을 보는 것은 사람과 만물이 다르지 않고 사람과 만물은 천지의 생한 바라. 짐승의 새끼 잉태함을 내가 구하여 주는데 내가 자식 잉태함이 있으면 하늘이 어찌 보호하지 않으랴.

셋째는 기도함에 반드시 방생하여서 복을 맞으라.

세상 사람이 말하기를 부처님은 소식(素食)하고 귀신은 혈식(血食)한다 하나니, 이는 크게 오해이다. 대저 부처님은 하늘과 신의 스승이요. 신이란 자는 부처님을 받들어 어김이 없는 자이라. 호생지덕(好生之德)은 신불(神佛)이 같은 바니, 진실로 신불의 호생지덕(好生之德)을 체달하야 금수만물이 급한 경우를 당하거든 다소를 막론하고 보는 대로 사서 놓아 줄지며, 만일 금전이 없어서 어찌할 수 없거든 염불이라도 하여 주면 자연히 상천이 감동 되어 복을 얻음이 한량없을 것이니라.

넷째는 미리 닦으려(예수재)거든 방생부터 먼저 하라.

세상 사람이 매양 스님을 청해 불사를 지어서 미리 닦는 것은 진실로 죽은 뒤에는 육도(六途)에 윤회함에 업식이 망망(茫茫)할지라. 미리 불보살이 불쌍히 생각하여 줌을 구함이 아닌가. 대저 세간자선(世間慈善)은 방생보다 더 좋은 것이 없으니, 자비지심(慈悲之心)으로 방생하여 불보살의 자비지덕에 감동되면 반드시 불보살의 복을 입을 것이니라.

다섯째는 재계(齋戒)를 가짐에 반드시 방생하라.

제불보살이 중생의 재계 가짐을 좋아하심은 만물에 자비심 가지기를 바람이라. 일체중생이 불자 아님이 없나니, 진실로 재계를 가지는 날에 더욱이 방생으로 힘을 쓰면 제불보살이 몇 배나 환희심을 내지 아니하랴.

여섯째는 녹(祿)을 구함에 먼저 방생하여 복을 쌓으라.

개미가 송기(宋祈)에게 보은하고 용자(龍子)가 사막(思邈)에게 보은하였으니 방생하여 이익을 얻음은 결코 헛됨이 아니라. 대저 부귀·명복은 요행으로 되지 않고 오직 복을 지은 자가 반드시 명복을 얻나니 사람이 어진 마음으로 물을 아껴서 그 목숨을 구제할 것 같으면 나의 구제를 입은 자가 기회를 보아 보답할 것은 정한 이치가 아닌가.

일곱째는 염불함에 반드시 방생부터 하라.

산중에 있어서 참선을 하다가 하루아침에 견성오도(見性悟道)하려는 자는 말할 것 없지만, 세속에 살면서 염불하는 자는 자비심으로써 방생을 주로 할지라. 미물을 구제함이 사람을 구제함보다 낫다 함은 아니지만 사람이 극형을 당하는 것은 대개 자작장난(自作障難)이나, 동물은 무슨 죄로 참혹한 환란을 자주 만나는가. 누구든지 연지대사와 영명연수선사께서 방생으로써 급무(急務) 삼음을 보아 깨칠지니라.

이상 살펴본 바와 같이 단순히 물고기 몇 마리 놓아주면서 큰 복을 구하거나 미물방생을 비판내지는 미신으로 치부하는 것은 위 천태지의대사님과 적석도인의 방생관련 당부 말씀에 맞지 않습니다. 부처님의 생명평등·생명존엄·생명사랑 가르침에 맞지 않음은 더 말할 나위 없는 일입니다. 참 불자라면 "생명 있는 모든 것(중생)은 다 소중하므로 살생하지 말라", "위험에 처해 있는 모든 생명을 자비심으로 보살펴 구호하라" 하신 자비의 가르침을 늘 견지해야 할 것입니다.

방생은 병든 중생을 구호하고 가난한 중생을 구호하며 죽어가는 생명을 살려낼 뿐만 아니라, 중생의 윤회고를 해탈시켜 주는 것이 진정한 방생입니다.

방생의식에 반드시 법문과 염불을 하는 이유는 해방되는 생명과 해방시키는 사람이 모두 보리심(菩提心)을 일으켜 생사윤회의 사슬을 끊기 위함인 것입니다.

임진년 윤달 생전예수재에는 모두 해탈하는 방생을 하시기 기대합니다. 나무아미타불!

행복의 실천 강령

서로 존중하고 도와주라. 이것이 서로 행복해지는 비결이다.

모든 일에 앞서 남의 입장에서 한번 생각하고 행동하라.

한번 남을 칭찬하면 너와 네 자식이 열 번 칭찬받고, 한번 남을 헐뜯으면 너와 네 자식이 천만 번 헐뜯기리라.

너 잘난 체 뽐내지 말라. 친구 잃을 밑거름이요, 못난 체 겸양하라. 모두와 화합되리라.

가진 체 뽐내지 말라. 질투 받을 밑거름이요,

잠잠히 베풀라, 귀신도 흠모하리라.

남이 성공하도록 숨어서 도우라. 너와 네 자식들에게 부귀영화가 끊이지 않으리라.

남이 실패하도록 심술부려라. 너와 네 자식들 눈에 눈물이 마르지 않으리라.

남을 편안케 해줄 마음만 내어도 너 먼저 편안해지고, 남을 괴롭히려 마음 내면 너 먼저 괴로워야 되리라.

뜻이 착하고 진실하면 하늘과 불보살님이 보살피시고,

뜻이 악하고 거짓되면 온갖 악한 귀신과 삿된 무리들이 모여든다.

이 세상에서 가장 강한 것은 아름다운 마음이다. 아름다운 마음은 투쟁 없는 승리를 낳는다.

진실한마음, 바른 마음, 착한 마음, 존중하는 마음, 자기를 낮추는 마음, 배려하는 마음, 정성스러운 마음, 베푸는 마음이 아름다운 마음이다.

부모님을 효성으로 모시는 것이 최고의 선행이다 모든 부모님은 최고의 신이기 때문이다.

또 한 해를 마감합니다.

동지가 얼마 남지 않았으니 지나온 일년을 되돌아보면서 스스로 반성하는 시간을 가져보아야 하겠습니다.

올해 세운 계획은 얼마나 이루었는지, 이루지 못했다면 그 원인이 무엇인지를 밝혀내야 할 것입니다. 또 일상생활 가운데 자기가 무슨 일을 했는지, 잘한 것은 무엇이고 잘못한 일은 무엇인지를 정확하게 알아야 새롭고 가치 있는 새해를 설계할 수 있기 때문입니다.

부처님 가르침을 따라 산다면 특별히 설계가 필요하지 않겠지만 중생인지라 부처님 가르침을 따르기 보다는 자기 욕심을 쫓아가기 일쑤라 늘 악업만 짓게 됩니다.

그러니 지난 한해를 되돌아보는 것도 필요하고 새해를 시작하면서 다짐하면서 설계를 해 두는 것도 좋은 것입니다.

인간은 늘 이웃과 관계를 가지게 됩니다. 산다는 것 자체가 이 관계여서 관계를 얼마나 잘하느냐에 따라서 성공과 실패, 행복과 불행이 결정 납니다.

그러면 위의 글을 보면서 한 해를 회고해 보십시오. 그리고 새해를 맞이하면서 실천강령으로 삼아 보십시오. 그리고 괜찮다 싶으면 가족 혹은 직장 구성원이 함께 매일매일 읽고 행동으로 옮겨 보십시오. 삶에 조금은 도움이 되리라 사료됩니다.

나무아미타불!

불멸의 행복이란 무엇인가

맺는 글

모든 생명은 끊임없이 행복을 추구한다. 태초부터 지금 이 순간까지 계속해 온 동물, 식물 등 모든 존재들의 이 행복 추구는 앞으로도 계속될 것이다.

일을 하는 것도, 먹는 것도, 레포츠를 즐기는 것도, 종교를 가지는 것도 모두 이 행복하기 위한 수단이며 노력이다.

모든 존재의 최대 화두는 어떻게 하면 행복할 수 있는가, 불멸의 행복(永平)이란 무엇이며 그것은 얻을 수 있는가 하는 문제이리라.

행복에 관한 한 인간 중생이 수단 방법을 가리지 않고 가장 극렬하고 맹렬히 추구한다 할 수 있을 것이다. 그런 나머지 가장 추악한 방법까지 동원하여 자신을 불행하게 하고 사회를 혼란하게 만들기 일쑤다.

우리 부처님께서는 중생들은 크게 나누어 다섯 가지를 얻으면 그런대로 행복하게 느낀다는 오욕락(五慾樂)을 말씀하셨다. 소위 재물욕, 이성욕, 식욕, 휴면욕(게으름), 명예욕이 그것인데 이것들은 생각만 해도 즐겁고, 얻기 위하여 노력하는 과정에서도 행복하고, 얻을 수 있다는 막연한 기대만 해도 행복감에 젖게 되므로 다섯 가지를 욕구하는 즐거움이라 하셨을 것이다. 그런데 중생들은 이 다섯 가지를 다 얻었더라도 결코 만족해 하지 않고 더 가지려 한다.

왜 그런가? 탐욕은 한량없기에, 원래 그런 것이기에 그렇다. 중생마다 얻어 충족시키고자 하는 그것들은 본래 채워지지 않는, 채워질 수 없는 속성을 지니고 있는데 중생들은 깨닫지 못하고 채우려고만 허둥댄다. 중생의 욕망, 즉 탐욕이 한계가 없기에 오욕락도 채울 수 없는 것이건만 그 실상을 아는 자는 드물다.

그 탐욕에 의한 즐거움, 즉 행복은 무상한 것이기에 조금 얻었는가 하면 없어져 오래 유지되지 않는 것이 오욕락의 속성이기도 하다. 지금 있다가도 잠시 후에는 없어질 수 있는 것들이 재물이나 명예 등등 오욕락인데 그것들이, 내 것만은 영원히 나와 함께 할 줄로 착각하는 것이 사람 중생의 어리석음이다.

이 오욕락은 아무리 많이 축적했더라도 진정한 즐거움이 못된다. 오욕을 즐기고 탐닉하다가 패가망신한 사람은 많아도 성공한 사람, 즉 끝까지 그것을 지켜 행복했던 사람은 없다.

다섯 오(五) 자, 욕구할 욕(慾) 자, 즐거울 락(樂) 자인 **오욕락(五慾樂)이** 다섯 오, 욕보일 욕(辱) 자, 쓸 고(苦) 자 **오욕고(五辱苦)가 된다.** 이 다섯 가지 욕망들은 아무리 많이 가져도 만족스럽게 여겨지지 않아 끝내는 모욕을 당하고서야, 망신을 당하는 고통을 맛보아야 그 욕구를 멈추게 되니 즐거움이나 행복이 아니라 차라리 고통이라 해야 할 것이다.

더구나 이것들은 많이 가지고자 하면 할수록 더 부족하게 느껴지는 것들이다. 이것들에 대한 탐욕, 욕구가 크면 클수록 더욱 모자라니 고통도 더욱 커진다. 탐욕과 고통은 정비례한다. 탐욕이 크면 고통도 커지고, 탐욕이 적어지면 고통도 작아진다. 그러니 중생들이 그토록 가지고자 하는 이 오욕락은 진정한 즐거움, 영원한 행복의 조건이 될 수 없다.

잠시 고통은 왜 생기는가를 살펴보자. 탐내고, 화내고, 삿된 소견을 일으키는 등 세 가지 독한 마음이 원인이다. 삼독심(三毒心)은 왜 생기는가? 자기만을 위하는 이기심(利己心)이 원인이다.

이기심은 무엇이 원인인가? 나(我), 내 몸이 있다는 착각이 원인이다. 나, 내 몸, 내 것이라고 착각한 나머지 이기심이 일어나 탐욕하게 되고 그 욕구가 충족되지 않으니 화를 내게 되고, 탐내고 화를 내어도 이루어지지 않으니 나만 이롭다면 어떠한 일도 저지르고자 하는 어리석음을 저질러 한량없는 고통을 자초한다.

이렇게 자기만 이롭고자 하는 삼독심을 일으켜 악업만을 쌓아 태어난 중생에게는 생로병사(生老病死)라는 근본 고통과 애별리고(愛別離苦), 원증회고(怨憎會苦), 불여의고(不如意苦), 오음성고(五陰盛苦) 등 끼어드는 네 가지 고통, 즉 팔고(八苦)가 있다.

생자필멸(生者必滅)이라, 태어난 자는 누구든지 반드시 죽는다. 생겨난 것은 무엇이든지 반드시 소멸된다. 이 일은 중생 된 자는 누구도 면할 수 없는 철칙이다. 그러므로 나고, 늙고, 병들고, 죽는 것을 중생의 근본고통이라 하는 것이다. 그 외 네 가지 고통은 잘하면 면할 수도 있는 것들이기에 끼어든 고통이라고 한다.

이렇게 보면 산다는 것 자체가 온통 고통의 늪이다. 그러니 이 세상을 고해(苦海)라 하는 것이다.

그렇다면 **인간은 영원히 행복할 수 없는가?**

당연히 행복할 수 있다. **근본 고통인 생로병사를 해탈하는 것이 그 최상의 해결책이다.** 생사 없는 자리를 증득하면 근본 고통은 사라지고, 사랑하는 사람을 만들지 않으면 헤어지는 고통은 없을 것이며, 미워하는 사람을 만들지 않으면 껄끄러운 만남은 없을 것이고, 분수 없이 얻으려 하지 않으면 다 뜻과 같이 될 것이며, 중생의 몸이 없으면 고뇌는 없을 것이다. 이 여덟 가지 고통을 면하려면 마음을 바꾸지 않으면 불가능하다. 그러나 마음 바꾸는 일이 말처럼 그리 쉬운 일이 아니다.

어떻게 무엇을 기준으로 하여 바꿀까?

부처님과 성인의 가르침에 의지할 일이다. 부처님께서는 놓아 버려라 하셨고, 공자님은 적은 욕심으로 만족할 줄 알라 하셨으며, 예수님은 가난한 자가 행복하다 하셨다. 같은 의미의 가르침이다. 부처님의 말씀이 훨씬 넓은 의미가 담겨 있음은 물론이다.

두 분의 말씀이 보통 행복을 얻는 가르침이라면, 부처님의 말씀은 보통 행복은 물론 **불멸의 행복을 얻는 가르침**이라 할 수 있는 말씀이다.

그러면 재·색·식·수·명이 없는 자가 행복한가? 있

는 자가 반드시 행복한가? 아니면 아무것도 없는 자가 반드시 행복한가? 그렇지 않다. 없는 자는 가지고자 하는 고통이 있고, 가진 자는 더 가지고 싶고, 이미 쌓아 놓은 것을 잃지나 않을까 염려하는 고통이 있다.

행복은 가졌거나 가지지 못한 데 있지 않다. 자신의 의식 여하에, 가치관 여하에 따라 행과 불행이 결정된다. 행복하기 위해서는 의식의 대전환이 필요하다. 가치관의 재설정이 필요하다.

우선 중생 욕망은 채우려 하면 할수록 더욱 커져서 아무리 채우려 해도 채울 수 없는 속성을 지니고 있음을 파악해야 한다.

그러면 성인들의 가르침을 어떻게 이해할 것인가?

세상 사람들에게 부처님의 버려라, 비워라, 놓아 버려라 하신 말씀을 소개하면 고개를 끄떡이다가 다 버리면 어떻게 사느냐고 반문하고 항의한다. 그러면 나는 묻지 말고 버려 보라, 비워 보라, 놓아 보고 말하라 한다. 물을 마셔 보지 않고 어찌 그 물맛을 알겠는가? 포기하라는 말이 아님을 깨닫게 될 것이다.

예수의 가난한 자가 행복하다는 말은 공자님의 작은 욕심으로 만족할 줄 알라는 말과 같은 의미일 것이다. 역시 탐욕을 경계한 말씀이다.

공유할 줄 아는 것, 공유(共有)의 개념이다. **공유의 개념만 가져도 보통 행복은 향유하게 된다.** 적어도 오욕락에 있어서는 그렇다.

중생 근본 고통이라고 하는 생로병사의 문제를 살펴보자.

생자필멸(生者必滅)이라, 태어난 자는 누구나 죽는다. 생겨난 것은 모두 소멸된다. 태어나서 성장하는가 싶더니 늙어 가고, 병들어 가며, 끝내는 죽음을 향해 간다. 어느 것이고 생겨나면 잠시 그 모습이 유지되는 듯하지만 실상은 계속 변화하여 영원한 것은 없다. 그래서 세상은 덧없다. 무상(無常)하다. 원래 그런 것이다.

원래 그런 것을 그렇지 않은 것으로 착각하여 더 가져 보려고, 영원히 늙지 않고 잃지 않으려 발버둥치며 시궁창, 가시밭길을 마다 않고 헤매니 불쌍하기 그지없다.

우주에는 성주괴공(成住壞空)이 있고, 중생에게는 생로병사(生老病死)가 있다. 아무도 막지 못하고 면하지 못한다. 이것은 우주의 떳떳한 도리이니 즐겁게 받아들여라.

생(生)도 즐기고, 사(死)도 즐겨라. 생(生)이 삶의 한 과정이라면 사(死) 역시 삶의 한 면인 것을……

흔히 그렁저렁 살아가고 있다고 말하는데 이 말은 그 의미를 알고 하는 말이든 모르고 하는 말이든 삶에 대한 정확한 표현이다. 태어난 자는 죽음을 향해 가는데 죽음 또한 삶의 한 단면이기에 늘 살아가고 있는 것이다. 이 세상의 어떠한 존재에 있어 죽음은 없다. 없어지는 것도 없다. 끊임없이 순환하고 변화할 뿐. 그러니 알고 하든 모르고 하든 살아가고 있다는 말은 틀린 말이 아니란 말이다.

이렇게 생로병사를 받아 즐기면 자기 자신도 우주의 떳떳한 도리 속에 있는 많은 존재 가운데 하나임을 알게 되어 더 가지려 탐낼 것도, 뜻대로 안 된다고 화낼 일도, 못된 계략을 꾸밀 일도 없어 근심도 걱정도 없어지리니 고통인들 있겠는가?

그러면 끼어든 네 가지 고통은 어떠한가?

우선 친하거나 친하지 않거나 한 감정을 가지지 말라. 모름지기 친소(親疎)를 떠날 일이다. 친소를 떼어 버린 사람은 사랑하는 사람도 만들지 않으며, 미워할 사람도 두지 않는다. 그러니 헤어지는 고통인들 있을 것이며, 어찌 두려운 만남이나 고통스러운 만남이 있으랴.

분수 밖의 것을 구하지 말라, 얻지 못할 것이 없으리라. **나, 내 몸, 나의 것이 없음을 알라. 이 의식(意識)도 이 육신도 참된 것이 아니다.** 모두 인연에 의해 있는 듯이 보여 진짜로 있는 것으로 착각하는 것이다. 참나는 사랑도 아니며 미움도 아니다. 필요한 것은 늘 그대로 있다. 나, 내 몸 또한 있는 것이 아니다. 그러니 그 무엇에도 집착하지 말라. 평등심을 가져라. 다만 자비심을 일으켜 나만 잘살면 그만이라는 이기심을 되돌려 세상을 구하겠다는 원대한 욕망을 가져라.

나보다는 가족을, 가족보다는 이웃 사회, 그리고 **전 우주의 생명을 먼저 살펴라. 남이란 없다.** 남이란 없으므로 애당초 혼자 가지고 누릴 마음조차 없다. 밉고 고울 일도 없으며 탐·진·치를 일으킬 이유조차 있을 리 없다.

이기적일 때 온갖 탐욕과 삿된 소견과 비행이 생겨 자신을 속박하니 이기심은 불안과 불행의 씨앗이다. 모든 존재는 하나이기에 떨어져 개체적 삶을 살고자 하면 괴롭다. 소아적일 때 불행하다.

이타적일 때 더욱 원대하고 멋진 소견과 공명정대한 노력이 이루어져 자기의 울타리를 벗어나니 행복하다. 전체적이고 우주적일 때 편안하고 행복하다. 대아적일 때 행복하다. **전체적, 우주적, 대아적이란 모든 존재의 본래자리라는 말이다. 본래자리 본래고향은 안온한 것이다.** 우리 모두 본래자리로 돌아가야 한다.

자타불이(自他不二) 물아일여(物我一如), 한 꽃이요 한 몸이다.

나와 너는 둘이 아니며, 모든 존재와 나는 같은 바탕이니 하나의 꽃이고 한 몸인 것이다.

개체에서 전체로, 소아에서 대아로, 이기에서 이타로, 의식의 대전환, 의식 개벽을 이루어야만 진정한 행복은 이루어진다.

그러한 그대! 그대는 이미 행복이다.

나무아미타불!

염불하는 사람은 염불하는 즉시 완전한 행복을 얻게 됩니다.
한 시간 나무아미타불이면 한 시간 행복하고,
한 달 동안 나무아미타불이면 한 달 동안 행복합니다.
한 시간 나무아미타불이면 한 시간 아미타불이요,
한 달 동안 나무아미타불이면 한 달 동안 아미타부처님입니다.
자나 깨나 앉으나 서나 가나오나 죽으나 사나
언제 어디서든지 놓지지 말고 염불하십시오.

참사랑의 행복연습

1판 1쇄 펴낸 날 2019년 12월 20일(관음재일)

지음 광원환성
발행인 김재경 **편집** 허서 **디자인** 김성우 **마케팅** 권태형 **제작** 경희정보인쇄
펴낸곳 도서출판 비움과소통(blog.daum.net/kudoyukjung)
　　　　경기 파주시 하우고개길 151-17 예일아트빌 103동 102호
　　　　전화 031-945-8739 팩스 0505-115-2068
　　　　이메일 buddhapia5@daum.net

ISBN 979-11-6016-059-8 03220